동자동 사람들

일러두기

- 이 책은 저자의 연세대학교 문화인류학과 석사학위논문 「쪽방촌의 사회적 삶: 서울시 동자동 쪽방촌을 중심으로」(2020)를 바탕으로 하고 있다.
- 책에 등장하는 동자동 쪽방촌 주민들과 활동가들, 각종 단체 관계자들의 이름은 모두 가명이다.

동자동 사람들

왜 돌봄은 계속 실패하는가

정택진 지음

빨간소금

들어가며

가난을 쓴다는 것

　오멜라스(Omelas)는 행복과 즐거움이 넘치는 도시다. 바다에서 불어오는 따뜻한 바람과 환하게 내리쬐는 햇살 아래서 고통이나 고민 따위는 전혀 찾아볼 수 없다. 오멜라스의 시민들은 어른 아이 할 것 없이 거리로 쏟아져 나와 축제를 즐기고 오멜라스가 주는 온갖 풍요로움에 행복해 한다.
　오멜라스의 한 어둡고 구석진 건물 지하실에는 굳게 잠긴 벽장이 있다. 벽장 안에는 벌거벗은 아이가 갇혀 있다. 좁고 어두운 벽장 안에 갇힌 아이는 뼈가 앙상한 몸에 배만 튀어나왔고 배설물로 온몸이 짓물렀다. 아이는 동물에 가까운 신음소리를 내며 살려달라고 애원한다.
　놀랍게도 오멜라스의 시민들은 누구나 이 아이의 존재를 안다. 오멜라스의 시민은 일정한 나이가 되면 의례적으로 벽장 앞에서 아이와 마주해야 한다. 일종의 통과의례. 시민들은 오멜라스가 누리는 모든 기쁨과 행복이 벽장 안에 갇혀 있는 저 아이의 존재로 인해서만 유지될 수 있다는 점을 안다. 사람들은 곧 수많은 시민의 행복을 단 한 명의 행복과 맞바꿀 수는 없다는 사실을 깨닫는다. 시민들이 품은 일말의 죄책감과 연민은 이내 오멜라스의 행복과 즐거움 속에서 잊힌다.

하지만 이따금씩 지하실의 아이를 보고 난 사람들 중에는 집으로 돌아가지 않는 이들이 있다. 몇몇은 며칠간 침묵에 잠겼다가 한참을 걸어 오멜라스를 떠난다. 나이든 사람이든 어린 사람이든, 남자든 여자든 혼자서 오멜라스를 떠난다. 그리고 다시는 돌아오지 않는다.

어슐러 K. 르 귄의 단편소설 「오멜라스를 떠나는 사람들」에 등장하는 가상의 도시 오멜라스에서 시민의 행복과 아이의 행복은 결코 공존할 수 없다. 시민의 행복은 반드시 벽장 안에서 고통 받는 아이가 있어야만 가능하다. 벽장 안의 아이를 구하기 위해서는 반드시 자신이 누리는 행복과 즐거움을 포기해야 한다. 그래서 오멜라스에서 모두가 행복할 수 있는 방법은 없다. 사회 전체가 누리는 행복과 물질적 풍요는 사회의 한 구석에 버려진 채 가난, 고통, 질병의 모습으로 살아가는 누군가의 삶을 전제한다.

서울시 용산구의 일명 '동자동 쪽방촌'은 한국에서 가장 규모가 큰 빈민 밀집 거주 지역으로 현재 70동의 건물, 1,328개의 쪽방에 약 1,160명의 주민이 거주하고 있다. 1960~1970년대에 동자동은 도시 하층 노동자의 일시 거주 지역이었다. 도시 하층민들은 열악한 삶의 공간에 거주하며 근대화와 산업화를 위한 대규모의 저임금·미숙련 노동력을 공급했다. 1980년대에는 투기자본이 이 지역을 점령했다. 재개발 이익을 기다리는 시장의 논리 속에서 가난한 이들의 열악한 삶은 그대로 방치되었다. 1990년대의 외환위기 이후에는 노동시장에서 탈락한 대규모 인구가 쪽방촌으로 흡수되었다. '쪽방촌'이라는 이름이 등장한 것도 이 무렵이다. 가정과 일자리를 잃은 이들이 쪽방촌으로 모여들었다. 쪽방촌의 규모는 빠르게 불어났다. 오멜라스 한

구석의 어두운 벽장처럼 동자동 쪽방촌은 사회로부터 버려진 이들이 모여드는 공간이었다.

그로부터 20여 년이 지났다. 그동안 쪽방촌 주민을 돕기 위한 각종 시도가 폭발적으로 늘어났다. 기초생활보장제도와 무연고 공영 장례가 제도화되었고 서울시는 저렴쪽방 사업을 시작했다. 수많은 단체가 각종 생필품을 제공하기 시작했다. 소매를 걷어붙인 자원봉사자들이 매년 동자동 쪽방촌을 찾는다. 그러나 주민들은 여전히 '사회적 버려짐'을 경험한다. 범죄와 질병으로 일상이 파괴되며, 도움의 손길에도 인격과 자존감 박탈을 경험한다. 사람으로서의 필요와 욕망, 세계 안에서의 위치와 존재 방식은 부정 당한다.

주민들의 삶을 개선하기 위한 여러 시도는 경제적 측면을 넘어 주민들의 사회적 삶에 대한 개입이기도 하다. 개입은 개인과 개인의 관계, 산 자와 죽은 자의 관계, '우리'에 대한 감각, 정치적 연대에 이르기까지 주민들의 사회적 관계를 변화시킨다. 이 책은 쪽방촌을 위한 여러 개입에도 불구하고 주민들이 겪는 가난과 고통의 풍경을 사회적 관계 속에서 그려내고자 하는 시도다.

이 책은 현장연구를 바탕으로 한 석사학위논문 「쪽방촌의 사회적 삶 : 서울시 동자동 쪽방촌을 중심으로」를 재구성했다. 동자동 쪽방촌에서의 현장연구는 2019년 5월부터 2020년 2월까지 약 9개월간 이루어졌다. 이 책에 등장하는 대부분의 장면은 주민자조조직인 동자동사랑방과 사랑방마을주민협동회의 각종 활동에 함께 참여하며 직접 보고 듣고 경험한 것들이다. 현장감을 살리기 위해 이론적 논의와 방법론적 논의를 덜어냈으며 글의 구성과 문장을 매끄럽게 다듬었다.

많은 분의 도움이 아니었다면 이 책을 결코 완성하지 못했을 것이다. 먼저 일일이 열거하기 어려운 동자동 쪽방촌의 많은 주민과 박승민, 선동수 활동가에게 감사의 말씀을 전하고 싶다. 연구를 한답시고 동자동 쪽방촌을 찾아갔을 때 나는 그 말의 무게가 이토록 무거울 줄 몰랐다. 그럼에도 이들은 외부인인 나를 공동체의 일원으로 기꺼이 받아주었다. 내가 잘살고 있는 것인지 늘 돌아보게 만드는 이동현, 안형진, 김준희, 황성철 활동가, 언제나 밝은 기운으로 힘을 북돋아준 이경희 활동가에게도 감사드린다.

곁에 있는 것만으로도 많은 가르침을 주는 조문영 교수님, 매서운 지적과 날카로운 조언으로 연구 전체의 아이디어를 제공한 서보경 교수님, 먼 거리에서도 흔쾌히 심사를 맡아준 김지은 교수님에게도 깊은 감사의 말씀을 드린다. 세 교수님의 논평은 언제나 내게 새로운 지적 지평을 열어주었다. 그간 여러모로 보살펴준 연세대학교 문화인류학과의 모든 교수님들께도 감사드린다.

김원 교수님은 내 논문이 출판될 수 있도록 다리를 놓아주었다. 교수님 덕분에 분에 넘치는 소중한 기회를 얻었다. 감사의 말씀을 드린다.

매번 통보에 가까울 정도로 갑작스러운 나의 선택과 판단에도 항상 응원을 아끼지 않으시는 어머니와 아버지, 다 큰 손자 걱정에 밤낮으로 전화기를 붙잡고 계시는 할머니, 그리고 이제 새로운 가정을 꾸린 동생 수진에게도 고마움을 전한다.

　타인의 고통과 가난을 쓰는 일은 괴로웠다. 타자의 고통을 지적 유희의 재료로 소비하는 것은 아닌지, 이론적 기여, 학문적 참여, 지적 개입 등 그럴싸한 수사를 앞세워 스스로를 정당화하는 것은 아닌지 계속해서 내 자신에게 물어야 했다. 무엇을 쓰는지, 왜 쓰는지, 어떻게 쓰는지 끊임없이 의심하고 증명해야 했다. 벽장을 마주하고 난 오멜라스의 시민으로서 무엇을 할 것인지, 또 어떻게 살 것인지 고민해야 했다. 그러면서 점차 정신적으로 피폐해졌다. 그러나 이러한 질문을 정면으로 마주하지 않고 회피하는 것이야말로 연구자이자 저자로서 책임을 방기하는 일이라 생각했다. 이제 그 답을 찾는 일이 오롯이

내 몫으로 남았다.

  이 책을 읽는 독자에게도 같은 질문이 따라다닐지 모르겠다. 그러길 바란다. 이 작업을 통해 벽장의 안과 밖 사이에 일말의 '연결'이 만들어지기를 기대한다.

2020년 12월

정택진

차례

들어가며 가난을 쓴다는 것 4

1 쪽방촌의 어제와 오늘 13
· 동자동의 과거 19 · 불안정성의 공간 24
· 노동할 수 없는 사람들의 공간 30 · 쪽방촌이라는 '환경' 35
· 기초생활보장제도와 무연고 공영 장례 38
· 무료 물품 지원과 저렴쪽방 사업 44

2 돌봄의 역설 53
· 정영희 이야기 58 · 돌봄의 공백 62 · 상실 67
· 돌봄의 불가능성 73 · 자활의 불가능성 77 · 폭력 80
· 성적 욕망 83 · 관계 88 · 두려움 92
· 명의 도용 95 · 졸피뎀 97 · 수급비 관리 100

3 죽은 자를 기억하는 법 107
· 불만 111 · 애도와 기억의 시간 116 · 정체성의 유지 118
· 연고 있는 무연고자 120 · 망각의 윤리 123 · 만남 126
· 치료 128 · 책임과 돌봄 135 · 떠나보내기 138
· 차가워진 몸 141 · 연고자임을 증명하기 143
· 한강이 내려다보이는 곳 147 · 기억한다는 것 150

4 우리는 거지가 아니다 153

- 마비와 길들여짐 157   · 낙인화된 의존 161
- 긍정적 상호 의존 167   · 통제와 대상화 173   · 선별과 배제 177
- 빈곤의 전시 182   · 공짜 짜장면 186   · 천 원의 밥값 189
- 비난과 헐뜯기 193   · 배제와 축출 198   · 분리된 두 세계 204

5 방치된 시간의 무게 209

- 2015년, 9-20 강제 퇴거 사태 213   · 2019년, 같은 문제 216
- 승리의 기억 219   · 거짓말 224   · 주거권의 딜레마 229
- 낡아버린 공간의 역사 234   · 삶의 공간 241
- '공동의 것'의 위기 247

나가며 쪽방촌의 사회적 삶 251

주 264

참고문헌 278

1 쪽방촌의 어제와 오늘

동자동을 찾아가는 길은 그리 어렵지 않았다. 2017년 가을 예비연구 과정에서 동자동을 처음 방문하고 난 뒤 약 1년 반 만이었다. 서울역과 지근거리에 위치하는 덕에 한 번만 가보면 누구나 쉽게 다시 찾을 수 있다. 동자동과 쪽방촌의 존재를 모르는 사람은 있지만, 서울역을 모르는 사람은 없다. 나도 마찬가지다. 5월 말의 후텁지근한 날씨와 서울역을 오가는 사람들의 분주함으로부터 내 현장은 시작되었다.

서울역 11번 출구로 나와 벽산빌딩(현 게이트웨이타워)을 지나면 일명 '동자동 쪽방촌'의 초입이 등장한다. 우뚝 치솟은 빌딩들에 가려 눈에 잘 띄지 않는 데다 다닥다닥 붙어 있는 건물들 1층에는 온갖 음식점이 있어서, 1,000개가 넘는 쪽방이 있다는 사실을 알아채기조차 쉽지 않다. 쪽방촌 앞을 지나가는 시민들은 빌딩 숲 한가운데에 이렇게 허름한 건물들이 있다는 사실에 잠시 의문을 품을 뿐이다. 저녁이면 술에 취한 회사원들이 넥타이를 풀어헤친 채 내뱉는 고함 소리와 바로 옆 새꿈어린이공원에서 술판을 벌이는 쪽방 주민들의 목소리가 섞여 묘한 분위기를 자아낸다.

동자동 지역사에서 서울역은 떼려야 뗄 수 없는 존재다. 동자동과 서울역이 지리적으로 매우 가까울 뿐 아니라, 빈민 밀집 거주 지역이라는 동자동의 역사적 정체성이 서울역 때문에 만들어졌다. 내가 서울역을 통해 다시 동자동을 찾아왔듯, 맞은편에서 항상 같은 자리에 존재해온 서울역은 동자동의 과거와 현재를 연결하는 징검다리이자 동자동의 역사를 설명하는 주요 표지다.

서울역과 함께 동자동의 과거와 현재를 연결하는 또 하나의 표지가 있다. 동자동을 다시 찾았을 때 나는 이전에 보지 못한 새로운 시설을 발견했다. 돌다릿골빨래터는 폭염에 시달리는 쪽방촌 주민들의 고충을 덜어주기 위해 서울시가 2018년 설치한 무료 세탁 시설이다. '돌다릿골'은 지금까지도 남아 있는 과거의 희미한 흔적이다.

동자동의 과거

조선말까지 동자동은 육전조례(六典條例)에서도 이름을 찾아볼 수 없을 정도로 작은 동네였다. 동자동의 경계 안에는 여러 작은 마을이 있거나 걸쳐 있었다고 전해지는데, 그중 하나가 돌다릿골이다. 돌다릿골은 동자동과 서계동에 걸쳐 있던 마을로, 마을에 돌다리가 있다고 해서 붙여진 이름이다. 일제 강점기에는 한자 이름인 석교동(石橋洞)으로 불리기도 했다.[1] 서계동과 동자동 사이에 걸쳐 있는 또 다른 마을로 배다릿골과 새말이 있었다. 배다릿골은 말 그대로 배다리라는 다리가 있다고 해서, 새말은 새로 생겨난 마을이라고 해서 붙여졌다. 그 뒤 배다릿골과 새말은 각각 주교동(舟橋洞)과 신촌동(新村洞)으로 불렸다.

일제 강점기까지도 동자동이라는 명칭은 존재하지 않았다. 현재의 동자동 지역은 1914년부터 경성부(京城府)에 속해 일본식 지명인 고시정(古市町, ふるいちまち)으로 불렸다. 광복 뒤인 1946년 10월 일제식 행정구역 명칭을 전면적으로 개정하면서 정(町, まち)이 동(洞)으로, 정목(丁目, ちょうめ)이 가(街)로, 통(通, つう)이 로(路)로 개칭되었다. 고시정도 비로소 현재의 명칭인 동자동으로 바뀐다.

당시 용산구에 속한 35개 동을 살펴보면, 현재 동자동을 둘러싸고 있는 후암동, 갈월동, 남영동은 모두 용산구에 속해 있으나 동자동은 없다. 동자동이 용산구에 편입된 것은 1975년 10월 대통령령 제7816호에 따라 구 관할구역이 대폭 변하면서부터다. 이전까지 중구에 속해 있던 동자동, 도동 1가, 도동 2가의 일부가 다른 6개 동과 함께 용산구로 편입되었다. 1985년 9월에는 도로 건설이나 아파트 건립 등으로 주민의 생활권이 불합리하거나 경계가 분명치 못한 동을 대상으로 관할구역이 조정되면서 다시 도동 2가가 후암동에, 도동 1가가 동자동에 편입되었다(조례 제2016호). 1988년 1월에는 동자동 일부가 후암동에 편입되면서(조례 제2251호) 도동이라는 이름이 사라지고, 후암동과 동자동 사이에 현재와 같은 경계가 만들어졌다([지도 1]).[2]

동자동에 일부가 편입된 도동(桃洞)은 복숭아나무가 많아 '복숭아골'이라 부르던 데에서 유래했다고 전해진다. 그리고 동자동과 북동쪽 경계를 마주하고 있던 양동(陽洞)은 볕이 잘 드는 동네라 해서 '양짓말'이라 부르던 것을 한자로 표기한 것으로 전해진다. 본래 중구에 속해 있던 동자동(東子洞)은 서계동(西界洞)과 대칭을 이루어 동쪽에 있다는 의미에서 유래했다.

돌다릿골이라는 명칭이 근대화 이전 동자동의 흔적을 보여준다면, 서울역과 관련한 동자동의 역사는 한국전쟁 이후 늘 이곳에 달라붙어 있던 빈곤의 역사를 보여준다. 다소 복잡한 행정구역의 확장과 변화로 동자동의 법적·행정적 경계는 계속 바뀌었지만, 동자동은 언제나 빈민이 밀집해 거주하는 장소였다.

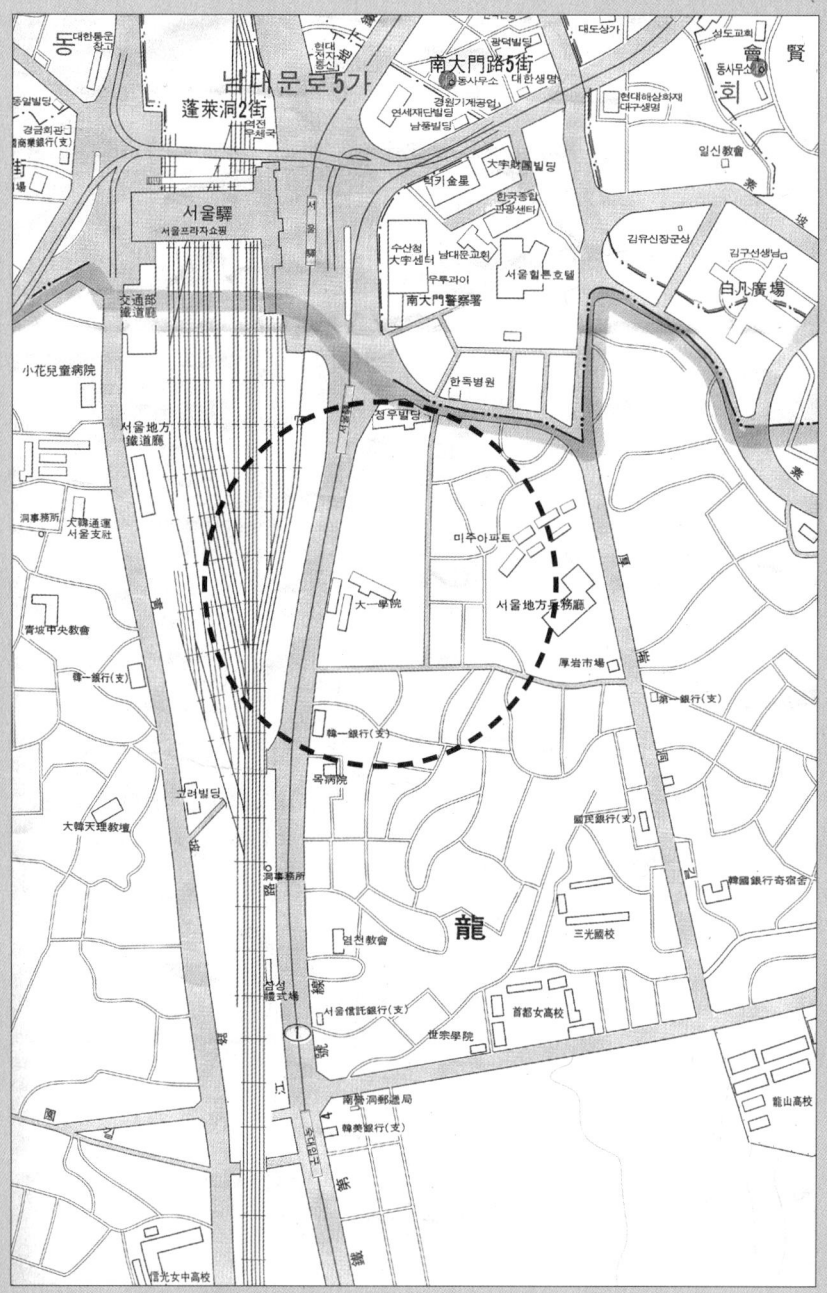

[지도 1] 지도 상단을 가로지르는 연한 선은 중구(선 위쪽)와 용산구(선 아래쪽)의 경계를 나타낸다. 지도 상단의 중구 남대문로5가는 과거 양동이었다. 점선 안이 현재의 동자동이다.

광무 4년인 1900년 서울역(당시 남대문역)이 최초로 개통된 뒤 주택가와 상가가 밀집한 이 지역은 한국전쟁을 거치며 극심한 전재(戰災)를 겪었다. 서울역은 인적·물적 자원 수송의 핵심지이자 서울로 진입하는 철도 교통의 관문이었다. 따라서 미군의 폭격이 서울역을 비롯해 철도, 도로, 교량이 밀집한 용산구에 집중되었다. 궁궐이 밀집한 종로구나, 주거지로 개발되기 시작한 동대문구와 성북구에 비해 피해 역시 심각했다.[3]

한국전쟁이 끝나자 폐허가 된 동자동 지역에 피난민과 빈민이 몰려들어 판잣집을 짓기 시작했다. 일부 건물은 서울역의 유동 인구를 상대로 숙박업을 벌였다. 남대문 상권 안에 위치한 데다가 서울역과 지리적으로 매우 가까워 유동 인구가 많았다. 도동(현재 동자동 및 후암동)과 양동(현재 남대문로5가)에는 판자촌과 함께 대규모 윤락 시설도 들어섰다.[4] 동자동의 지리적 위치와 서울역의 존재가 빈민 밀집 거주 지역이라는 정체성의 출발선이었다.

빈민 밀집 거주지이자 대규모 사창가라는 이 지역의 악명은 "정화"되어야 할 오염의 상징이었다. 1960년대 후반부터 정부가 성매매 밀집 지역을 집중적으로 단속하며 판자촌을 철거하기 시작했다. 1970년 당시 동자동의 행정 관할구인 중구는 6억 5,700만 원의 예산을 들여 남대문 일대와 도동, 동자동에 있던 약 512동의 무허가 건물과 여전히 성행하던 윤락가 철거 계획을 세웠다. 거주하던 2,700여 명의 주민은 광주대단지(현재 경기도 성남시)로 이주시킬 예정이었다. 빈곤과 빈민 운동의 역사에서 굵직한 사건으로 기록된 광주대단지 사건에도 동자동에서 흘러나온 역사의 얼룩이 묻어 있었다. "새봄의 새 사업"이라는 희망찬 이름으로 불린 이 사업은 1970년 10월, 양동과 도동 일대의 윤락가와 판자촌을 1년여 만에 "정화"한다.[5] 정부의 집중적인 단속과 철거로 많은 건물주가 성매매 업소로 이용되던 건물을 도시 노동자를 상대로 한 여관과 여인숙으로 용도를 변경했다. 현재의 쪽방과 비슷한 형태의 주거지가 생겨난 것이다.

그러나 1970년대 후반에도 여전히 동자동에 붙어 있던 "범죄의 온상", "서울에서 손꼽히는 윤락가", "악의 소굴"이라는 별칭은 사라지지 않았다. 어수룩한 밤 골목을 지나가다가 얼굴과 뒤통수를 얻어맞고 손목시계와 현금을 빼앗겼다던가, 난데없이 나타난 불량배에게 폭행을 당해 전치 5주의 부상을 입었다던가, 윤락업소의 성매매 여성이 지나가는 고등학생의 소매를 붙잡고 호객행위를 하는 일들이 하루가 멀다 하고 벌어졌다. 동자동은 "많이 정화되었다고는 하지만 아직도 수도 서울의 얼굴에 먹칠하는 곳"이었다.[6] 1970년대 말 소설가 김홍신이 『인간시장』의 집필을 위해 취재를 나갔다가 불량배와 인신매매범을 만나 고초를 겪은 현장, "법과 상식과 윤리와 도덕과 바른 소리로 해결할 수 없는 일"들이 매일같이 벌어지는 우범지대, 현대판 홍길동인 『인간시장』 속 주인공 장총찬이 활약하는 무대가

바로 양동, 도동, 동자동 일대였다.[7] 1981년 양동 일대의 주민들이 지금의 남대문로5가로 동명을 바꿔달라고 서울시에 진정을 넣은 까닭도 윤락가의 대명사이자 범죄가 횡행하는 우범지대의 이미지에서 탈피하고 싶어서였다.

불안정성의 공간

1970년대 말부터 40여 년간 이 지역에 살아온 쪽방촌 주민 노정수(57세)는 이 시절의 동자동을 다음과 같이 기억한다.

"옛날에 여자들은 몸 파는 사람도 있고, 노가다 다니는 사람 많고. 인력사무실 그런 거 많고……. 이삿짐 나르러 다니고 신문도 팔고 구두도 닦고, 순 그런 사람들. 솔직히 여기가 다 인생 막장이지, 돈 있으면 여기서 살겠어?"

노정수의 기억에 따르면 서울역 근처에 인력사무소가 몰려 있어서 일거리를 구하기 쉬웠다. 새벽이면 인력을 구하는 차량이 사람을 실어 갔다. 그래서 서울역과 가까운 곳에 거주하는 것이 생계유지에 유리했다. 월세도 다른 지역에 비해 상대적으로 쌌다. 동자동은 "몸 파는 사람", "노가다 다니는 사람", "이삿짐 나르는 사람", "신문 파는 사람", "구두 닦는 사람" 등 도시의 다양한 하층 노동자가 몰려드는 곳이었다.

형태는 다양하지만, 1970~1980년대의 동자동은 노동하는 사람의 공간이었다. 비록 안정적인 임금노동 시장은 아니었지만, 이들은 근대화와 산업화 과정에서 파생된 도시 하층 노동 혹은 비공식(informal)·저임금 노동시장에 종사했다. 노정수도 서울역 근처에서 손수레를 끌며 황도와 번데기를 팔았다. 때때로 단역으로 영화에 출연해 일당을 받거나 이삿짐을 나르고 파주까지 나가 공사 현장에서 일하기도 했다. 각자의 사정이 무엇이었건 이러한 도시 하층 노동은 때때로 합법과 불법의 경계를 넘나들었다. "범죄의 온상", "서울에서 손꼽히는 윤락가", "악의 소굴" 등 동자동에 덧씌워진 윤리적 낙인은 이러한 노동 특성에서 비롯되었다.

하지만 노정수와 같이 1970~1980년대부터 이 지역에 장기간 거주해온 주민은 소수에 불과하다. 현재의 동자동 주민들이 쪽방촌에 거주한 평균 기간은 12.8년이다.[8] 대부분의 주민이 1990년대 후반 IMF 외환위기 이후 한국 사회 전반의 구조적 변화가 일어나던 2003년 무렵부터 쪽방촌에서 생활하기 시작했음을 알 수 있다. 2016년 실태 조사에서도 2000년 이전 쪽방촌에 정착한 주민(17.3%)에 비해 2000년 이후 정착한 주민의 비율(83.7%)이 압도적으로 많은 것으로 나타났다.[9]

IMF 외환위기는 대규모 실업과 가정 해체, 빈곤과 불안정 노동의 증가를 불러왔다. 고도성장 신화가 무너지면서 대기업과 완전 고용 중심의 사회적 안전망은 더 이상 작동할 수 없었다. 노동시장에서 탈락한 대규모 실업 인구는 비정규·불안정 노동시장으로 흡수되어, 경제활동에 참여하면서도 빈곤에서 벗어나지 못하는 이른바 '노동빈곤층(working poor)'이 되었다.[10]

다시 노정수 이야기로 돌아가자. 신자유주의화가 초래한 불안정성 증가라는 진단이 임금노동시장 안의 변화를 이야기한다면, 노정수와 같이 근대화·산업화 시기부터 임금노동시장 밖에 존재했던 도시 하층민들은 이러한 진단의 바깥에 놓여 있다. 노정수는 1990년대 후반 외환위기가 불러온 삶의 변화를 크게 느끼지 못했다고 말한다.

"IMF라고 해도 그때는 이렇게 일거리가 없진 않았어. 큰 회사나 작은 회사는 돈이 안 풀리다보니까 어음 문제로 망하는 때가 많았는데, 우리같이 노가다하는 사람들은 그다지……. 차라리 그때는 경기가 안 좋으니 뭐니 해도 괜찮았는데, 지금은 너무 일이 없어."

외환위기는 대규모 정리해고와 부도 등의 사회 문제를 초래했다. 하지만 당시 "우리같이 노가다하는 사람들", 즉 이전부터 임금노동시장 밖에서 도시 하층 노동을 담당하던 이들에게 외환위기의 파장은 그리 직접적이지도 크지도 않았다. 다만 노정수가 느낀 변화가 있다면, 외환위기로 동자동 쪽방촌의 인구와 규모가 크게 증가했다는 사실이다.

"서소문 공원에서 텐트 치고 사는 사람도 오고, 서울역에서 사는 사람도 오고……. 그래서 그때 이후로 여기가 더 커진 거야. 여기저기에서 다 온 거지 뭐."

당시 외환위기의 결과를 집약적으로 보여주는 사회적 문제로 가장 조명 받았던 것이 서울역, 용산역, 영등포역 등지의 노숙인이다. 서울시 추산에 따르면 1998년 8월 약 2,000명이던 서울역 노숙인이 4개월이 지난 그해 말에만 4,000명 이상으로 불어났고, 1999년 2월에는 6,300명 이상으로 늘어났다.[11] 1999년 서울 지역 노숙인들이 응답한 노숙 원인을 살펴보면 40% 이상이 '실직 및 사업 실패'였다. 이는 IMF 구제 금융이 촉발한 경제적 요인이 노숙의 가장 큰 원인임을 보여준다.[12]

비적정 주거 시설 밀집 지역인 쪽방촌이 늘어난 노숙인의 일부를 흡수하면서 규모가 커지자 쪽방촌에 대한 다급한 제도적 관심이 이어졌다. 1999년 서울시 중구, 종로구, 영등포구가 쪽방 지역의 실태조사를 시행했으며, 2000년에는 종로구와 중구에 쪽방상담소가 설치되어 취업 알선, 의료 서비스 등을 제공하기 시작했다. 2002년에는 동자동을 포함한 서울의 5개 지역에 쪽방상담소가 설치되었다.

이처럼 외환위기를 계기로 한 한국 사회의 신자유주의화는 노동시장에 흡수되지 못하는 잉여인구를 낳았다. 대규모의 잉여인구가 동자동으로 흡수되며 쪽방촌의 규모는 확대되었다. 그러면서 여러 제도적 지원도 생겨났다. 그러나 노정수의 말에서 알 수 있듯이, 동자동은 외환위기 이전부터 근대화와 산업화에서 파생된 도시 하층민의 불안정성이 응축되어 있는 곳이었다. 외환위기를 거치면서 '쪽방촌'이라는 새로운 이름으로 불리기 시작했지만, 불안정성의 공간이라는 근본적 성격은 변하지 않았다.

요스타 에스핑-안데르센의 복지레짐 논의[13]를 활용한 여러 연구는, 공통적으로 한국의 발전주의 복지레짐이 국가 운영에 필요한 노동자나 안정적 노동시장에 위치한 핵심 노동자를 중점적으로 보호해 왔다고 분석한다.[14] 예컨대 1960~1970년대 개발주의 국가는 공무원연금(1960)과 군인연금(1963)을 통해 군인, 공무원, 교사 등에 대한 사회적 보호를 가장 먼저 시행했고, 경제 발전을 위한 가용 자원을 총동원하기 위한 목적에서 국민복지연금법(1973)을 제정했다. 또한 500인 이상의 대기업을 중심으로 의료보험(1976 개정, 1977 실시)을 운영함으로써 핵심 숙련노동자의 노동 유인을 높이고자 했다. 세제 혜택, 사내 근로복지기금, 사내 복지 시설 마련 등 1980년대 이루어진 각종 기업 복지에 관한 제도적 규정도 기업별 규모에 따라 차등적으로 적용되어 대기업일수록 복지 수준이 높았다.[15] 그러나 핵심 임금노동자를 대상으로 삼는 사회보험이 경제 발전을 위해 적극적으로 동원된 것과는 대조적으로, 빈민에 대한 공공 부조는 최소한의 보호만을 제공하는 생활보호법(1961) 이후 약 40년간 변화하지 않은 채 매우 기초적인 형태에 머물렀다.

발전주의 복지레짐의 유산은 대기업의 안정적 핵심 노동자와 그 밖의 불안정 노동자로 분리되는 이중 노동시장의 형성으로 이어졌다. 2014년을 기준으로 한국의 국민연금·건강보험·고용보험 가입률은 각각 68.9%, 72%, 69.3%였다. 이를 고용 형태에 따라 구분하면 정규직은 각각 82%, 84.7%, 82.4%, 비정규직은 37.9%, 45.2%, 44.0%로 정규직과 비정규직 간의 사회보험 가입률은 큰 차이를 보인다. 특히 비정규직은 사회보험 적용자와 비적용자 사이의 계층화가 극심하다.[16] 발전국가 시기 형성된 핵심 숙련노동자 중심 복지레짐의 유산이 고스란히 드러난다.

이처럼 1960년대 이래 만들어진 한국의 복지레짐에서 사회 정책과 기업 복지를 통해 노동 및 임금 안정성을 획득할 수 있는 집단은 소수에 불과했다. 노동시장에서 안정성을 보장받은 소수의 집단과 달리, 핵심 노동시장에 진입하지 못한 대부분의 인구와 노정수처럼 임금노동시장 바깥에 존재해온 도시 하층 노동자는 언제나 불안정성 속에 놓여 있었다. 다만 1970~1980년대의 급격한 경제성장으로 불안정성이 잘 드러나지 않았을 뿐이다.

한국 복지레짐의 특징은 외환위기를 계기로 더욱 심화되어 임금노동시장 내부의 불안정성은 더욱 가시화되고 증폭되었다. 그리고 이러한 변화는 방향성을 가진 사회적 힘으로 작동했다. 핵심 노동자의 지위를 획득하지 못한 이들은 도시 하층민의 공간인 동자동 쪽방촌으로 모여들었다.

노동할 수 없는 사람들의 공간

동자동의 과거를 묘사하던 노정수의 말은 "일거리가 없다"라는 푸념을 거쳐 과거에서 현재로 장면을 바꾼다. 노동하는 사람들의 공간이었던 동자동의 과거는 그가 묘사하는 동자동의 현재와 확연히 대비된다.

"지금은 일이 많이 없어져가지고……. 그때는 이렇게 일거리가 없진 않았어. 그때보다 더 빠듯하게 살더라고, 지금 사람들이. 그때는 그래도 돈이 좀 있었는데."

		2017년			2018년			2019년		
		주택수 (동)	쪽방수 (개)	쪽방 거주자 (명)	주택수 (동)	쪽방수 (개)	쪽방 거주자 (명)	주택수 (동)	쪽방수 (개)	쪽방 거주자 (명)
계		341	4,294	3,546	315	3,981	3,296	309	3,960	3,317
지역	돈의동	86	745	562	85	733	554	85	733	576
	창신동	57	508	375	57	509	363	57	505	365
	남대문	53	1,067	947	37	844	756	33	809	704
	서울역	70	1,270	1,088	68	1,341	1,151	70	1,328	1,158
	영등포	68	553	459	68	554	472	64	585	514

[표 1] 쪽방 거주 현황(서울특별시, 2019: 8)

안정적인 임금노동에 종사한 것이 아니더라도 최소한 "일"을 한 과거의 동자동 사람들은 현재보다 경제적 여력이 있었다. 그러나 도시 하층 노동조차 구하기 힘든 현재, 동자동 사람들은 과거보다도 더 "빠듯한" 삶을 살아간다.

과거보다 지금이 "더 빠듯하다"라는 노정수의 말은 곧장 수급과 건강이라는 주제로 이어진다.

"그리고 여기 있는 사람들이 다 몸이 안 좋아. 수급자가 한 팔구십 프로는 돼."

노정수는 동자동 주민의 대부분이 건강이 좋지 않아서 수급자인 예가 많다고 말한다.

노정수가 지적한 수급과 건강의 문제는 통계에서도 확인된다. 건강세상네트워크빈곤층건강권팀 외(2012)의 연구에 따르면, 동자동 쪽방 주민 가운데 건강이 나쁘다고 응답한 비율은 68.4%로 국민 평균인 23.8%보다 약 3배 높았다. 주민들은 고혈압(전체 주민의 40.6%), 관절염(29%), 치과 질환(25%), 당뇨병(23.1%), 정신 질환(21%) 등 다양한 질병을 앓고 있었다. 기대수명도 낮았다. 동자동 쪽방 주민들의 주관적 기대수명은 평균 73.4세로, 2016년 한국 남성의 평균수명인 77.3세에 미치지 못했다. 고령화 수준도 심각했다. 동자동 쪽방촌 거주자의 평균 연령은 2018년 한국인 전체 평균연령 42.1세보다 17.6세나 더 많은 59.7세다.

이렇게 열악한 건강 관련 수치는 동자동의 대부분이 "수급자"인 이유를 설명해주는 지표이기도 하다. 같은 조사에 따르면 동자동 주민의 72.8%가 기초생활보장 수급자다. 그 가운데 91.3%가 일반수급자, 8.7%가 조건부수급자다.[17] 더 최근에 수행된 쪽방 밀집 지역 건물 실태 및 거주민 실태 조사 결과(서울특별시, 2019, [표2] 참조)에서도 거의 같은 수치가 보고되었다. 이에 따르면 동자동 쪽방촌을 포함한 서울 전체 쪽방 주민 중 70.3%가 정부 보조금에 의존해서 생계를 유지한다.

일반수급자는 노령, 건강, 장애 등의 요인으로 노동이 불가능한 자를 말한다. 그리고 조건부수급자는 지자체와 국민연금공단이 실시하는 근로능력평가를 통해 노동이 가능하다고 평가받은 자를 말한다. 근로능력평가는 최근 2개월 이내에 발부된 근로능력평가용 진단서, 진료기록부 사본, 의사 소견서를 통한 의학적 평가와 국민연금공단의 활동능력평가를 종합해 이루어진다. 의학적 평가 결과 1~4단계 중 3단계와 4단계에 해당하거나 활동능력평가에서 평가 항목별로 일정 점수에 미달하는 경우가 아니라면 근로 능력이 있다고 판단해 조건부

구분	응답자수 (명)	정부 보조 (수급비)	근로 활동	그때 그때 다름	기존에 벌어둔 돈	가족의 도움	지인의 도움	없음	무응답
2017년	2,148	61.2	29.1	2.4	1.5	1.4	1.4	2.9	0.1
2018년	2,144	56.6	31.5	2.6	2.1	1.6	1.0	3.8	0.8
2019년	1,949	70.3	20.0	2.9	1.3	1.1	1.0	2.9	0.5

[표2] 쪽방 거주민의 주요 소득원 (단위 %) (서울특별시, 2019: 12)

수급자로 지정한다(보건복지부, 2020). 조건부수급자는 일반수급자와 달리 자활사업에 참여하는 조건으로 기초수급을 지급받을 수 있다.

70%가 넘는 주민이 수급자이며 그중에서도 일반수급자 비율이 월등히 높다는 점은 과거와 달리 주민들이 하층 노동시장에서 일할 수 있는 몸을 가지고 있지 않다는 뜻이다. 설령 노정수와 같이 일할 수 있는 조건이라고 하더라도 "일거리가 없어서" 일하지 못하거나, 아예 일할 수 없는 인구 집단이 동자동의 대다수를 차지한다.

노동 형태와 자본주의 축적 구조의 변화에 관한 여러 논의는, 자본주의가 황금기를 구가하던 1970년대 이전과는 달리 오늘날의 생산 시스템이 과거와 같은 성장과 고용을 창출하지 못한다고 지적한다. 그리고 이러한 시스템 안에서 사람들은 노동시장이 필요로 하지 않는 퇴출된 인구 집단으로서 임금노동에 의지하지 않고 살아간다.[18] 칼 마르크스가 말한 "잉여인구(surplus population)"는 노동시장 바깥에 존재하지만 산업예비군으로서 도시의 생산 체계 안에 잠재적으로 흡수될 수 있는 이들이다. 반면 후기자본주의에 등장하는 잉여인구는 말 그대로 더 이상 노동시장이 필요로 하지 않는 '잉여'다.[19]

이러한 논의들에서 주목해야 할 것은 잉여인구가 구조적으로 생산되는 방식과 더불어, 구조적으로 생산되는 잉여인구가 공간적으로 배치되는 방식이다. 클라라 한(Clara Han)[20]은 불안정성(precarity)과 프레카리아트(precariat, 저임금 저숙련 노동에 시달리는 불안정 노동계급)에 관한 기존의 논의가 북반구 국가 내부에서 계급적 축을 따라 존재해온 불안정 노동의 형태를 간과할 수 있는 위험을 지닌다고 지적한다.[21] 구조적으로 생산되는 잉여인구와 불안정성은 세계체제의 차원에서 차등적으로 등장할 뿐 아니라 한 국가와 사회 내부에도 존재할 수 있다. 사회에서 구조적으로 버려지는 인구 집단과 이들이 밀집하는 공간은 이처럼 불안정성이 공간적으로 차등화되는 방식 속에서 만들어진다.

외환위기로부터 약 20년의 시간이 흐른 지금 '버려짐의 공간'에 놓인 이들은 평균 12.8년이라는 거주 기간과 "건강"의 문제를 거치면서 더 이상 주변부 노동시장으로 흡수될 수도, 노동시장 바깥에서 도시하층 노동을 담당할 수도 없는 인구가 되었다. 일할 수 있지만 "일거리가 없어서" 일하지 못한다고 이야기하던 노정수도 결국 심한 당뇨병과 족저근막염으로 수급을 신청했다. 현재 조건부수급자로 수급을 받는다. 과거 동자동은 가난했지만 그나마 일하는 사람들이 모인 곳이었다. 그러나 지금 동자동은 일할 수 없는 인구 집단의 공간이자 임금노동시장 바깥에서 "생존주의적 임기응변(survivalist improvisation)"[22]조차 할 수 없는 사람들의 공간이다. 이제 노동하지 못하는 인구가 된 쪽방촌 주민들은 각자의 삶을 유지하기 위해 쪽방촌에서 이루어지는 여러 형태의 개입들에 전적으로 의존할 수밖에 없다.

쪽방촌이라는 '환경'

주민들이 노동할 수 없는 인구가 된 20년은 쪽방촌에 대한 여러 개입이 점차 확대되어 삶의 '환경'으로 자리잡은 시간이기도 했다. 일차적으로 환경은 인간을 포함한 모든 생명체에게 영향을 주는 자연과 자연물 또는 '자연적인 것(the nature)'과 '사회적인 것(the social)' 사이에서 인간에게 영향을 미치는 근대적 기반 시설을 의미한다. 그러나 미셸 푸코(Michel Foucault)의 논의에서 환경(milieu)은 더욱 포괄적인 의미로 확장된다. 푸코에게 환경은 통치술(art of government)이 개입하고자 하는 장이자 통치술에 의해 형성되고 관리되는 개념적 공간이다. 즉 통치술이 관여하고 개입하고자 하는 대상은 특정한 주체를 둘러싼 물질들의 순환과 배치이며, 이러한 개입이 만들어낸 환경 안에서 주체의 행위는 특정한 형태로 전개된다. 그러므로 통치의 문제는 곧 환경을 다루는 문제이기도 하다.[23]

정상(the normal)과 병리(the pathological)에 관한 조르주 캉길렘(Georges Canguilhem)의 논의 역시 환경 속에서 느끼는 개체의 경험적 측면을 강조한다. 캉길렘에 따르면 생명체는 주위 환경에 적응하기 위해 스스로의 존재 양식, 즉 '생명의 규범(vital norm)'을 세우고 거기에 따르는 생명 활동을 한다. 병리는 정상에 비해 새로운 규범을 세울 수 있는 잠재적 가능성이 부족할 뿐 생명체가 스스로 세운 규범이기 때문에 그 자체를 비정상으로 규정하는 것은 불가능하다. 정상과 병리, 생명과 질병은 오직 "사람들이 환경과 맺는 총체적인 관계에서 경험하는 사실들"에 근거해 이야기할 수 있으며 개체는 환경과의 관계에서 각자의 특이성(singularity)을 만들어나간다.[24]

푸코와 캉길렘의 논의에서 환경은 그것을 구성하는 자연과 물질의 총체를 의미할 뿐만 아니라 사물들의 배치와 개입, 그리고 개입 안에서 형성되는 주체성과 '삶'에 대한 느낌을 모두 포함한다. 이러한 통찰은 동자동 쪽방촌 역시 지리적 경계에 국한된 물리적 공간을 넘어 다양한 개입에 의해 형성되는 '환경'이자 개념적 공간으로 바라보아야 한다는 점을 말해준다.

현장연구 기간에 내가 만난 주민들은 동자동을 설명하는 데 대개 다음과 같은 몇 가지 유사한 서사를 공유했다. 노정수 역시 마찬가지였다.

첫째, 기초생활수급과 관련한 서사다. 노정수는 동자동을 설명하며 동자동의 "팔구십 프로가 수급자"라고 말했다. 즉 동자동 쪽방촌은 수급자들의 공간이다. 따라서 누군가 동자동 쪽방촌의 주민이라는 것은 곧 그/그녀가 수급자라는 뜻이다.

둘째, 죽음과 장례에 관한 서사다. "사람이 죽으면 때로는 썩을 때가 있어요. 제때 안 봐가지고." 무연고 사망과 부패한 시신 역시 동자동 쪽방촌을 설명하는 전형적인 소재다. 그리고 이러한 서사는 무연고 장례에 관한 언급으로 이어진다. "무연고 장례가 좋은 게 뭐냐면, 사람이 언제 시간을 맞춰서 돌아가신 것도 아닌데 돌아가시면 화장을 다 해주잖아요." 동자동 쪽방촌에서 무연고 공영 장례는 주민들이 삶의 마지막 순간에 보편적으로 맞이하는 절차다.

셋째, 여러 단체의 무료 물품 지원 활동이다. "여기 오면 쪽방상담소에서 뭐 주고 사랑방에서도 뭐 주고 이러니까 사람이 얻어먹는 버릇이 들어가지고 다시 재탕이 되는 거예요." 노정수는 공공임대주택 등을 통해 쪽방촌을 벗어난 사람들이 다시 이곳으로 돌아오는 주요한 이유가 여러 단체의 물품 지원 활동 때문이라고 지적한다. "얻어먹는 버릇"이라는 윤리적 평가와 별개로 동자동 쪽방촌은 제도화된 복지 기관인 "쪽방상담소"[25]이든 주민자조조직인 "동자동사랑방"[26] 이든 항상 누군가가 무언가를 "주는" 곳으로 설명된다.

마지막으로, 동자동 쪽방촌의 상징이기도 한 특정 건물이다. "특히 공원 앞에 세 건물이 유난히 그래. 노란색 그리고 하얀색. 거기 세 건물에 사람들이 많이 살아서 그런지 유난히 취약점이야." 노정수가 말하는 "공원 앞에 세 건물"은 동자동 중앙에 자리 잡은 9-18, 9-19, 9-20번지를 일컫는다. 기초생활수급, 무연고 사망, 그리고 각종 단체들의 물품 지원 활동이 동자동 쪽방촌을 설명하는 특징이라면, 이러한 특징을 가장 명시적으로 관찰할 수 있는 공간이 바로 이 세 건물이다. 특히 노란색으로 칠한 9-20번지 건물은 현재 서울시가 저렴쪽방 사업의 일환으로 운영하는 곳이다. 동자동 쪽방촌에 위치한 건물 가운데 가장 노후한 건물이면서도 많은 가구(51가구)가 밀집되어 있다.

   노정수의 말에서 동자동 쪽방촌은 낡고 해진 건물이나 열악한 위생 상태 등 공간의 물리적 특성만을 뜻하지 않는다. 오히려 기초생활수급, 무연고 사망과 장례, 물품 지원 활동, 그리고 저렴쪽방 사업과 같이 주민의 삶에 개입하고자 하는 다양한 시도들이 동자동 쪽방촌을 정의한다. 지난 20년간 형성된 다양한 모습의 제도적·비제도적 개입은 주민의 삶에 가장 큰 영향을 미치는 '환경'이 되었다. 환경으로서의 동자동 쪽방촌이란 주민의 삶에 영향을 미치는 이러한 개입과 그 효과를 포괄적으로 뜻한다.

기초생활보장제도와 무연고 공영 장례

   동자동 쪽방촌 주민 임준호(80대)도 노정수와 마찬가지로 젊은 시절 건축 현장에서 일용직으로 일했다. 용접과 철근을 다루는 일을 하다가 점차 일거리가 사라지고 건강이 나빠져 쪽방촌에 정착했다. 7~8년 전부터 기초생활수급자가 되었다. 장성한 자녀가 있지만 더 이상 연락이 되지 않는다고 했다.

임대주택 등 더 나은 거주지로 옮겨볼 시도를 해본 적 있느냐는 내 질문에 그는 고개를 저으며 동자동 쪽방촌에서의 삶을 단적으로 묘사했다.

"딴 데 가면 뭘 해요. 일 없이 사니까 내 몸뚱이 하나 잠자고 여기서 그냥 수급으로 먹고 자고 하면 끝나는 거지……."

그는 일과 관련해서 노정수와 비슷한 서사를 반복하며 동자동에서의 삶을 "수급"이라는 말로 압축해 표현했다. "일 없이" 산다는 것은 곧 자신이 수급자라는 사실을 뜻한다. 그렇기 때문에 동자동 쪽방촌에서 살아가는 것은 일정한 금액의 "수급"으로 "먹고 자고"를 반복하며 연명하면서도, 그러한 반복 이외에는 별다를 것 없이 "끝나버리는" 모습으로 나타난다.

2019년 현재 동자동 쪽방촌 주민의 67.8%가 기초생활수급에 의지해 생계를 유지한다.[27] 나머지 21.4%만이 근로 활동을 한다. 그런데 근로 활동하는 134명의 주민 중 노정수와 같이 국민기초생활보장제도에 따라 조건부수급자에게 지원되는 다양한 형태의 자활 근로에 종사하는 사람은 94명이다. 따라서 실제로 기초생활수급에 의지하지 않고 생계를 유지하는 주민은 40여 명에 불과하다. 여기서 다시 일용직 노동이나 단순 가내 수공업(상자나 봉투 접기 등) 등 매우 불안정한 도시 하층 노동에 종사하는 주민을 제외하면(32명), 상대적으로 안정적인 임금노동시장을 통해 생계를 유지하는 주민은 전체 주민의

0.6%(4명)뿐이다.

임준호가 말을 이었다.

"고향에 가면 동생도 있고 누나도 있고 다 있어요."

"그럼 가족들 만나러 가지는 않으세요?" 내가 물었다.

"오라 그래도 안 가요." 그가 퉁명스러운 말투로 대답했다.

"왜 안 가세요?"

"그냥 이렇게 살다가 아프면 자기들이 데려가든지 말든지. 그냥 이렇게 살다가 무연고 장례로 가는 거죠. 난 이제 갈랍니다."

황급히 말을 마친 그는 내가 고맙다는 인사를 꺼내기도 전에 자리를 박차고 사라졌다.

임준호가 "수급"과 동일시하던 동자동에서의 삶은 그의 다음 말에서 생의 마지막 순간에 대한 생각으로 이어지고 있다. 가족과의 단절과 건강에 관한 이야기를 거친 뒤 나타나는 마지막 모습은 예비 무연고 사망자로서 "그냥 이렇게 살다가 가는" 죽음이다. 그리고 이러한 마지막은 다시 "무연고 장례"라는 제도적 개입으로 함축된다.

임준호가 이야기하는 동자동에서의 삶은 하나의 생애 과정으로 표현된다. 이 생애 과정의 시작과 끝에는 각각 "수급"과 "무연고 장례"라는 제도적 개입이 있다. 생에서 죽음으로 이어지는 생애 과정은 각각을 압축적으로 보여주는 두 제도적 개입, 즉 "수급"에서 "무연고 장례"로 이어지는 과정과 같다. 생애 과정상의 이 두 점을 연결하는 연속선이 주민들의 현재와 미래를 관통하는 삶의 모습으로 나타난다.

대부분의 도시 빈민에게 기초생활수급과 무연고 장례는 생애 과정의 시작과 끝에서 연속성을 갖고 작동되는 제도적 개입이다. 김승희 의원실의 보도 자료에 따르면,[28] 2018년 건강보험 가입 여부가 확인된 무연고 사망자 1,902명 중 71.9%에 해당하는 1,369명이 기초생활수급자였다. 이 책에 등장하는 4명의 무연고 사망자(임준호, 안제동, 최경철, 배한영[29]) 중에서도 안제동을 제외한 3명이 기초생활수급자였다. 기초생활수급자와 무연고 사망자라는 두 범주는 상당 부분 중첩된다.

무연고 사망과 장례 절차에 관한 김진선의 연구는 기초생활수급과 무연고 사망의 연결 고리를 추측할 수 있는 두 가지 통계 자료를 제시한다.[30] 먼저 [표 3]은 296명의 무연고 사망자를 사망 시 등록 주소에 따라 나눈 것이다. 사망 시 등록 주소가 주민센터인 까닭은 주민등록이 말소된 뒤 관할 지역주민센터의 관리 및 보호를 통해 사망자의 주민등록이 해당 주민센터로 등록되었기 때문이다. 사실상 노숙인 혹은 행려자를 뜻한다. 이를 고려하면 등록 주거지 이외에서 사망한 무연고 사망자는 전체의 약 60%(174명)에 달한다. 무연고 사망자 중 절반 이상이 고시원, 쪽방, 거리 노숙, 시설 등의 비적정 주거지에 거주하는 주거 취약 계층이었다.

게다가 김진선에 따르면, 구청에서 발송된 무연고 사망자 공문에는 구체적인 주거 환경이 언급되지 않는다. 사망자의 등록 주소를 실제로 방문했을 때 옥탑방이나 반지하방과 같이 취약한 주거 시설에 거주한다는 사실이 발견된 예도 많다. 주거지에서 사망한 무연고 사망자 역시 안정적인 주거 상태에 놓였다고 볼 수 없다.[31]

다음으로 [표 4]는 [표 3]에 하나의 기준을 더해 296명의 무연고 사망자를 사망시 등록 주소와 사망 장소에 따라 분류했다. 고시원과 쪽방에 거주한 무연고 사망자를 보면, 등록 주소와 사망지가 일치하는 비율(고시원 37.8%, 쪽방 35.0%)이 적정 주거지에 거주한 사망자(27.9%)보다 높다. 병원에서 사망한 비율(고시원 46.7%, 쪽방 52.5%)은 적정 주거지에 거주한 예(61.5%)보다 낮다. 현대의 죽음이 대부분 병원에서 이루어진다는 점을 고려한다면, 이는 비적정 주거 시설에 거주하는 이들이 죽음에 이르기까지 적절한 의료적 돌봄을 받지 못하고 사망한 뒤 고시원이나 쪽방에서 그대로 발견될 가능성이 높다는 뜻이다.[32]

무연고 사망과 관련한 두 통계는 절반 이상의 무연고 사망자가 주거 취약 상태에 놓여 있으며, 특히 쪽방 거주민은 의료적 돌봄을 받지 못하고 고립사에 이를 가능성이 높다는 점을 말해준다. 고시원, 쪽방, 비닐하우스, 컨테이너, 여인숙 등 비적정 주거 시설에 거주하는 주거 취약계층의 절반 이상(52.7%)이 기초생활수급자다.[33] 동자동 쪽방촌 주민들 역시 기초생활수급자라는 지위와 잠재적 무연고 장례 대상의 지위를 중첩적으로 가지고 있으며, 이 두 제도적 개입이 주민들의 삶

사망지 \ 연령대		신원미상	39세 이하	40~49세	50~59세	60~69세	70~79세	80세 이상	합계
주거지				15	30	42	22	13	122
준주거지	고시원		2	9	17	9	7	1	45
	쪽방*			7	15	11	4	3	40
시설**				5	7	9	16	10	7	54
주민센터				1	4	9	7			21
기타***						2	1	1	5
미상		4	2	1		1	1		9
합계		4	10	43	82	87	45	25	296

*여인숙, 여관 등 숙박업소 포함 **요양병원, 어린이병원 등
***사우나, 산, 슈퍼마켓, 택시승강장 등 포함

[표 3] 무연고 사망자 연령대별 사망 당시 등록 주소 통계(단위 명)(김진선, 2019: 34)

사망장소 \ 사망시 등록 주소		주거지	준주거지		시설	주민센터	기타	미상	합계
			고시원	쪽방*					
주거지		34 (27.9)				3 (14.3)			37 (12.8)
준주거지	고시원		17 (37.8)						17 (5.7)
	쪽방*			14 (35.0)					14 (4.4)
시설		3 (2.4)	2 (4.4)	3 (7.5)	34 (63.0)				42 (14.2)
병원		75 (61.5)	21 (46.7)	21 (52.5)	17 (31.5)	10 (47.6)	3 (60.0)	5 (55.6)	152 (51.3)
노변**		9 (7.4)	2 (4.4)	2 (5.0)	2 (3.7)	6 (28.6)	1 (20.0)	1 (11.1)	23 (7.8)
기타***			2 (4.4)		1 (1.8)		1 (20.0)		4 (1.4)
미상		1 (0.8)	1 (2.2)			2 (9.5)		3 (33.3)	7 (2.4)
합계		122	45	40	54	21	5	9	296

*여인숙, 여관 등 숙박업소 포함 **산야, 강가 포함
***사우나, 무더위쉼터, DOA(운송중사망), 공용화장실 포함
※ 괄호 안의 숫자는 사망시 등록 주소에 대한 사망 장소 비율을 의미
※ 강조한 색은 거주지 주소와 사망 장소 주소가 일치하는 경우

[표 4] 무연고 사망자 등록 주소 및 사망 장소 통계(단위 명, %)(김진선, 2019: 36)

에 결정적인 영향력을 행사하고 있음을 추론해 볼 수 있다.

무료 물품 지원과 저렴쪽방 사업

기초생활보장제도, 무연고 공영 장례와 함께 주민들의 삶에 주요하게 자리 잡은 또 하나의 개입이 각종 단체의 물품 지원 활동이다. 2019년 6월 마을 주민 이성구(45세)와 함께 동자동에서 한 블록 거리에 위치한 남대문로5가로 향하던 중이었다. 16년간 동자동에 살아온 이성구는 현재 동자동의 한 전세임대주택으로 거처를 옮겨 아내와 살고 있다.

동자동의 경계를 넘자마자 이성구가 동자동에 관한 생각을 털어놓았다.

"저는 동자동을 싫어해요."

다소 뜬금없는 이야기였지만 동자동을 싫어한다는 말에 나는 물었다.

"동자동을 왜 안 좋아하시는데요?"

"줄 서 있으면 꼭 검문당하는 거 같아요. 컴퓨터로 해도 너무 느려요. 자기네들 기분 따라서 아홉 시, 열 시부터 잡아놓고 있으니까 받는 사람 입장에서는 너무 느리죠. 물건이 한 천 개가 와도 여기 있는 사람들은 기다리는 타입이 아니거든요. 성질들이 급해가지고."

사실 이성구가 언급한 "너무 느리다"라는 말은 동자동에 관한 이야기가 아니라 동자동에서 이루어지는 물품 지원에 관한 이야기다. 하지만 그는 지원 활동에 관한 평가와 동자동에 대한 평가를 구분하지 않는다. 그에게 동자동에서 일상적으로 이루어지는 물품 지원 활동은 동자동과 동일시된다. "불심검문"을 당하는 기분으로 오전부터 줄을 서 몇 시간씩 기다려야 하기에 그는 동자동을 좋아하지 않는다. 하지만 지원이 얼마나 효율적으로 이루어지는가와 별개로 그에게 동자동에 거주한다는 것은 각종 지원 활동에 참여할 수 있는 정당한 자격을 가지고 있음을 뜻한다. 그리고 그러한 지원에 기대 생계를 유지할 수 있다는 뜻이다.

또 하나의 사례가 있다. 2019년 7월 주민협동회 활동가 김동석(50대)과 동자동 주민 권숙현(70대)의 대화를 목격했다. 현장연구 초기 김동석이 나를 안내하며 동자동을 소개하는 중이었다.

"너무 오랜만이에요! 잘 지내세요? 여기 사세요?"

김동석이 반가운 표정으로 권숙현에게 인사를 건넸다.

"응. 문을 터 가지고 사는 거야." 권숙현이 대답했다.

"원래 저쪽 집에 사셨죠?"

"그 집에서 방을 내놓고 세 줬잖아. 나는 거기 계속 살려고 했는데 안양에서 누가 와서 집이 멀다고, 집주인이 내 방까지 비우라고 하더라고."

 본래 멀지 않은 쪽방에 살던 권숙현은 세 살던 집을 사용할 지인이 있다는 집주인의 말에 방을 옮겼다고 했다.
 김동석과 권숙현의 대화는 계속 이어졌다.
"나 이사 오고 나서 여기는 쪽방 아니라고 아무것도 안 해줘."
 권숙현은 새로 이사한 곳이 쪽방이 아니라는 이유로 쪽방상담소의 지원을 받지 못한다고 푸념했다.
"이유가 뭐래요?"
"여기는 와 보더니 쪽방이 아니래. 쪽방상담소에서는 아무것도 안 줘. 회원증 있는데 왜 안 주냐고 했더니 이거는 쪽방 아니래."
 새집은 그녀가 전에 살던 집과 매우 가까웠다. 하지만 일반적인 쪽방과 달리 주거 환경이 상대적으로 양호한 데다가 보증금까지 끼고 있어 쪽방으로 인정받지 못했다.
 물론 그녀가 이사한 집은 지리적으로 동자동의 행정적 경계 안에 있었다. 3~4평 남짓한 크기와 노후한 외관은 이전에 살던 쪽방과 크게 다르지 않아 보였다. 그러나 새로운 집이 좀 더 넓고 쾌적한 것은 사실이었다.
 권숙현은 쪽방에서 벗어나 좀 더 개선된 주거 시설로 옮겼다는 사실보다도 쪽방상담소의 지원을 받지 못한다는 사실을 강조하며 불만을 표출했다. 그녀에게 쪽방에 산다는 것은 열악하고 노후한 주거 시설에 거주한다는 뜻이 아니라, 쪽방상담소에서 제공하는 각종 생필품과 서비스를 지급받을 수 있다는 뜻에 가깝다. 전자가 일반적인 의미의 좁고 열악한 주거 시설을 뜻한다면, 권숙현이 인식하는 쪽방은 곧 '지원'과 같다. 권숙현은 "여기는 쪽방이 아니다"라는 쪽방상담소의 선언에 지원을 받을 수 있는 자격을 상실했다. 그렇기 때문에 설령 쪽방상담소의 "회원증"을 가지고 있다 하더라도 동자동 쪽방촌 주민으로 인정받을 수 없다. 쪽방 주민에게 제공되는 각종 지원 역시 받을 수 없다.

이성구와 권숙현의 사례가 보여주듯, 쪽방촌에 거주한다는 것은 자신이 단순히 좁고 노후하며 열악한 환경에 거주한다는 사실만을 뜻하지 않는다. 오히려 쪽방촌의 주민이기에 받을 수 있는 수많은 지원과 혜택을 정당하게 획득할 수 있으며, 이를 통해 생계를 유지해나갈 수 있다는 의미에 더 가깝다.

지원과 동의어가 된 쪽방촌은 그 인식적 경계 역시 각종 지원이 이루어지는 경계 내부로 축소된다. [지도 2]는 통상적으로 이야기하는 동자동 쪽방촌의 범위를 나타낸다. [지도 3]의 쪽방 분포도를 보면, 동자동 쪽방촌에 존재하는 70동의 쪽방 건물과 1,328개의 쪽방이 행정구역상 동자동과 후암동, 갈월동 일대에 흩어져 있음을 알 수 있다.[34]

그러나 실질적으로 쪽방 주민에 대한 각종 지원이 이루어지는 범위는 서울역 쪽방상담소가 지정한 쪽방이 위치한 [지도 4]의 경계와

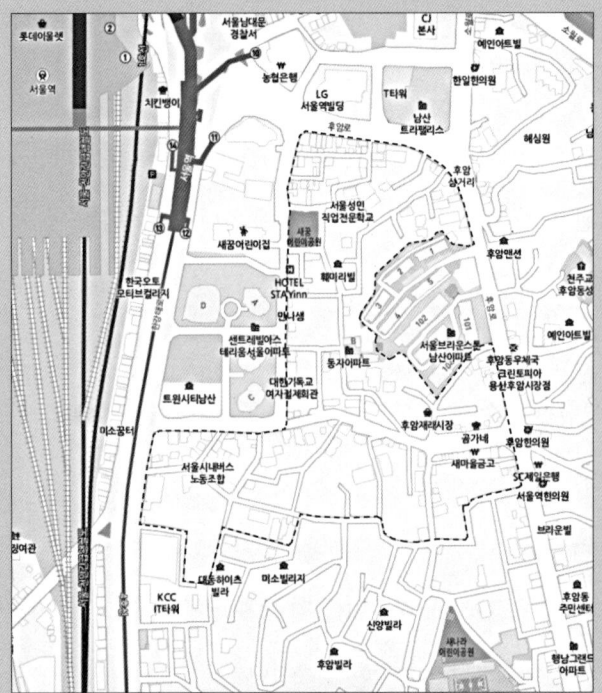

[지도 2] 동자동 쪽방촌 전체 지도. 점선 안이 쪽방촌이다.

[지도 3] 동자동 쪽방촌 쪽방 분포도(한국도시연구소·경향신문, 2020: 22)

같다. 주민들이 이야기하는 쪽방인가 아닌가의 기준은 바로 자신의 거주지가 이러한 경계 안에 위치하는지, 경계 안에서도 쪽방으로 지정된 건물에 위치하는지이다. 이는 [지도 2]가 보여주는 동자동 쪽방촌의 통상적 범위보다 매우 축소되어 행정구역상 동자동만을 포함하는 [지도 4]와 비슷하다.

한편, 또 다른 형태의 개입인 저렴쪽방 사업은 동자동 쪽방촌의 상징적 중심을 형성한다. 9개월간의 현장연구는 주로 주민자조조직인 동자동사랑방과 주민협동회를 매개로 이루어졌다. 그동안 나는 성동자활센터, 시흥복음자리, 서울카톨릭대학교, 서울연구원, 한국주민운동교육원(KONET) 등 한 달에 한 번꼴로 찾아온 다양한 손님들을 만날 수 있었다. 성공적인 지역 주민 운동의 사례로 평가받는 주민협동회를 참관하기 위해 전국의 지역자활센터, 사회복지관, 연구 기관 등에서 동자동을 방문한다.

동자동과 주민자조조직에 관한 설명이 끝나고 간단한 질의응답이 이루어지고 나면 손님들과 함께 동자동 쪽방촌을 걷는 일로 마무리된다. 이때 손님들이 반드시 들르는 곳이 새꿈어린이공원 맞은편에 위치한 9-20번지 건물이다. 주민협동회에서 공원으로 이어지는 후미진 골목을 지나 가파른 계단을 오르면 오른편에서 곧 9-20의 입구가 시야에 들어온다.

약 51가구의 쪽방이 있는 9-20은 동자동에서 가장 낡고 오래된 건

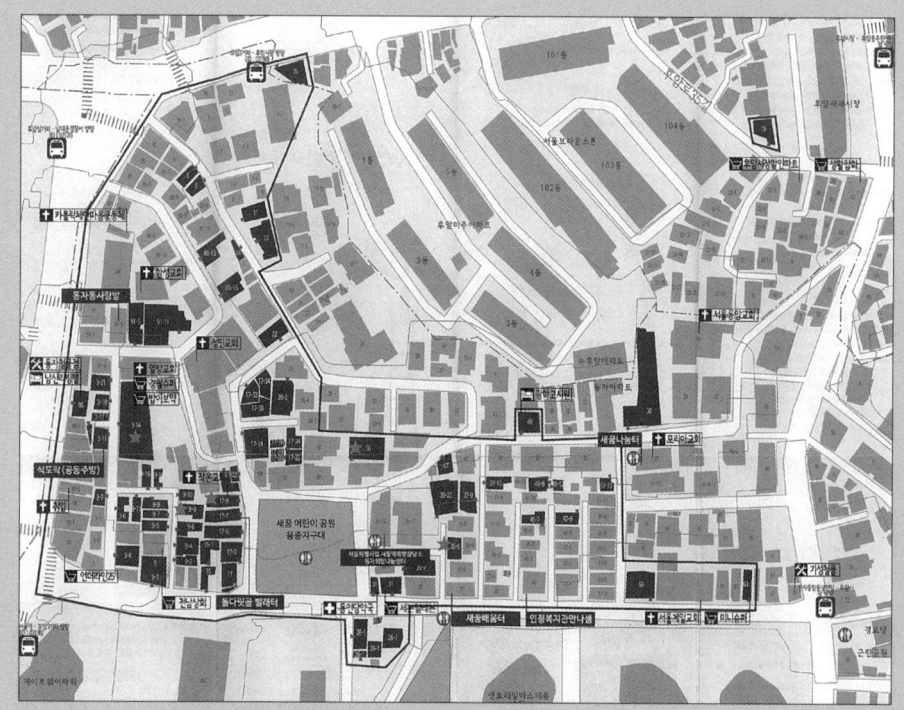

[지도 4] 서울역 쪽방상담소가 제작한 동자동 쪽방촌 지도.

물이자 가장 많은 주민이 거주하는 건물이다. 그래서 가장 적극적이고 가시적인 형태의 제도적 개입이 이루어지는 곳이다. 현재 9-20은 서울시 저렴쪽방 사업으로 운영되고 있다. 2013년부터 시행된 이 사업은 "쪽방촌 주민들의 주거비 부담 완화 및 지속가능한 주거 공동체 마련"을 목적으로 서울시가 기존 쪽방 건물을 임차해 시세의 약 70% 가격으로 세입자에게 재임대하고 있다.[35] 서울시는 2017년을 기준으로 총 8개 건물에 178호를 확보해 저렴쪽방으로 운영한다. 2015년에 저렴쪽방으로 지정된 9-20의 새꿈하우스 4호, 일명 '해뜨는집'을 비롯해 총 4개의 건물이 동자동에 있다.

또한 9-20은 주민들의 거주와 퇴거를 둘러싸고 가장 빈번하게 갈등이 일어나는 곳이기도 하다. 2015년 건물주의 강제 퇴거 요구에 저항한 주민들의 정치적 저항이 있었고, 서울시 저렴쪽방으로 운영된 이후에도 건물 보수 및 수리 책임에 관한 문제가 끊임없이 제기되었다. 2019년에는 저렴쪽방 재계약 만료 시점을 두고 주민, 서울시, 건물주 간 갈등이 전개되었다. "거기 세 건물이 사람들도 많이 살아서 그런지 유난히 취약점이야"라는 노정수의 말처럼 9-20은 동자동 쪽방촌의 "취약점"이다. 동자동 쪽방촌의 공간적 특성과 주민들의 삶과 죽음, 일상과 사건을 집약적으로 보여주는 상징적 중심으로서, 주민과 활동가의 시선이 집중되는 곳이자 외부인에게는 '동자동 쪽방촌'으로 보여지는 장소이다.

이처럼 기초생활보장제도, 무연고 장례, 무료 물품 지원, 저렴쪽방 사업은 이에 대한 각자의 선호와 평가가 어떠하든, 주민들이 일상을 유지하기 위해 반드시 의존할 수밖에 없는 매우 중요한 요소로 자리 잡았다. 주민의 삶에 영향을 미치는 '환경'으로서 동자동 쪽방촌은 공간의 물리적 특성이나 주민 개개인의 생애사적 경험만을 의미하지 않는다. 기초생활수급과 무연고 장례를 매개로 형성되는 삶과 죽음의 양태, 인식적 경계 안에서 이루어지는 무료 물품 지원, 9-20이 상징하는 저렴쪽방 사업과 쪽방촌에서의 일상 등 제도적으로 이루어지는 개입과 그 효과를 포괄적으로 의미한다. 주민들의 사회적 삶은 이처럼 확장된 의미의 환경 속에서 특정한 형태로 구성된다.

2 돌봄의 역설

"나 좀 도와줘."

정영희는 계속해서 청구되는 휴대폰 요금을 해결하고 싶다고 했다. 자신 명의로 된 요금이었지만, 자기 앞으로 휴대폰이 몇 개나 있는지 미납 요금이 얼마인지 전혀 모른다고 했다. 45세의 정영희는 동자동 쪽방촌 주민 가운데 상대적으로 젊은 축에 속했다. 그러나 선천적인 지적장애를 지니고 있어서 휴대폰 요금과 관련한 일련의 절차를 혼자서 해결하는 것은 거의 불가능해 보였다.

안면이 있는 사이였지만 갑작스런 부탁은 당혹스러웠다. 내가 처음 정영희를 만난 것은 예비연구를 진행하고 있던 2018년도였던 것으로 기억한다. 당시 예비연구를 위해 '아랫마을 홈리스야학'에서 자원 교사로 활동하던 나는 학생으로 야학을 찾아온 정영희와 처음으로 얼굴을 텄다. 그러나 같은 공간을 오가며 얼굴만 알았을 뿐 직접 이야기를 나누거나 친분을 쌓은 것은 아니었다. 심지어 나는 현장연구 초기, 동자동에서 정영희와 마주치고 나서야 그녀가 동자동의 주민이라는 사실을 깨달았다. 명의 도용 문제를 도와달라는 정영희의 부탁은 당혹스러울 수밖에 없었다.

정영희와 함께 서울의 여러 이동통신사 본사, 지사, 대리점을 도는 데 며칠이 걸렸다. 정영희 이름으로 등록된 휴대폰은 3대였고, 지불해야 할 미납금은 660만 원이었다. 12년째 기초생활수급자로 살아가는 그녀가 매달 받는 51만 2,000원의 생계급여로 660만 원을 갚을 수 없다는 사실은 불 보듯 뻔했다.[1] 문제는 정영희 명의로 어째서 휴대폰이 3대나 등록되어 있는지, 자신이 사용하지도 않은 온갖 소액결제와 최신형 휴대폰 금액이 두세 달 사이에 660만 원이나 나온 것인지였다.

"인택이가 아는 형님이라고 소개해줬어. 80만 원 준다고 그래서."

43세의 홍인택은 정영희의 동거인으로 현재 정영희와 사실혼 관계에 있다. 법적 혼인 관계는 아니지만, 기초생활수급자인 두 사람은 1년 반째 동자동의 한 쪽방에서 생활하고 있다. 수급비도 한데 모아 사용한다.

"그래서 그 돈은 어떻게 하셨어요?" 내가 물었다.

"반반씩 나눠서 다 써버렸지."

정영희는 홍인택의 소개로 서울역에서 브로커를 만났다. 명의를 빌려주는 대가로 80만 원을 준다는 말에 브로커와 함께 대리점에 찾아가 자기 명의로 휴대폰을 개통했다. 그렇게 받은 80만 원은 홍인택과 40만 원씩 나누어 썼다.

"수급비로 어떻게 살아. 모자라잖아."

정영희는 홍인택을 비난하지도 660만 원을 갚지 못해 신용불량자가 되리라는 사실을 심각하게 받아들이지도 않았다. 변호사와 법률 상담을 했지만, 이미 대가로 받은 80만 원을 모두 써버린 데다 명의도용이라는 사실을 알면서도 본인이 직접 계약서에 서명했기 때문에 계약 취소는 법적으로 불가능하다는 대답만 돌아왔다.

그런데도 정영희는 서울 구석구석을 돌아다니느라 다리가 아프다는 불평뿐이었다.

"괜히 빌려줬다가 다리만 아프고······. 이게 무슨 고생이야. 다음부턴 하지 말아야지."

며칠 뒤 동자동에서 홍인택을 만났다. 자초지종을 물으며 그를 다그쳤다.

"어떻게 된 거예요? 홍인택 님이 소개해준 거예요? 알면서 그러신 거예요? 이거 큰일 나요, 진짜로."

홍인택은 억울하다는 표정으로 내게 대답했다.

"알아요. 근데 영희는 나 말고 딴 남자 만났으면 맨날 맞았어요, 진짜로. 내가 애 방 치워주고 밥 해 먹이고 똥오줌도 다 치워줘요. 저번에는 영희가 통닭을 먹고 싶대요. 근데 닭을 시켜주면 뭐 해요. 안 먹어요. 한두 점 먹고는 안 먹는대. 나를 생각하는 건 없어요."

홍인택은 명의 도용 사건에 관한 직접적인 언급은 피한 채 자신의 일방적인 돌봄을 알아주지 않는 정영희에게 섭섭함을 토로했다. 660만 원의 미납금이나 이로 인해 발생할 미래의 경제적 위험, 그리고 그러한 과정 자체가 명백한 범죄라는 사실은 홍인택에게 그다지 중요하지 않았다. 명의 도용 브로커를 소개한 일은 "방을 치워주고 밥 해 멕이고 똥오줌도 다 치워"주거나 "통닭"을 사주는 것과 다름없는, 일상적이고 평범한 돌봄의 연장선일 뿐이었다.

정영희 이야기

명의 도용 문제를 해결하기 위해 며칠을 보낸 뒤[2] 나는 정영희와 빠르게 가까워졌다. 정영희는 큰언니를 내게 소개했고, 나는 연구 목적을 밝힌 뒤 큰언니 정민희와 만나 대화를 나누었다.

정영희는 선천적인 지적장애를 가지고 있었다. 그런 정영희를 어린 시절부터 돌본 정민희는 그녀에게 어머니나 다름없었다. 특히 2000년 어머니가 직장암으로 세상을 떠난 뒤 정민희는 지금까지 정영희를 돕는 가장 적극적인 돌봄 제공자다. 작은언니 정가희(47세) 역시 주요한 돌봄 제공자다. 하지만 지속적으로 관심을 갖고 주기적으로 만나 정영희의 경제적·일상적 삶을 돌보는 것은 큰언니다. 정민희는 정영희에 대한 돌봄 책임 때문에 가족 모두가 힘들어지는 것을 원치 않는다. 그래서 동생 정가희가 정영희에게 신경 쓰지 않도록 의도적으로 소식을 전하지 않거나 도움을 청하지 않으려 한다. 정영희도 작은언니보다 큰언니를 심정적으로 더 가깝게 느낀다.

49세로 정영희와 네 살 터울인 정민희는 현재 자녀 없이 맞벌이를 하며 남편과 함께 생활하고 있다. 그녀는 동생이 서울역 등지를 떠돌며 노숙하게 된 시점부터 이야기를 꺼냈다.

"엄마가 숙대 앞에서 하숙집을 했어요. 그때 아빠랑 영희가 같이 있었거든요. 제가 볼 때는 여기 문화를 그때 처음 접하지 않았을까……."

정영희가 동자동에 처음 정착한 것은 2018년 6월이다. 하지만 그녀가 서울역에서 생활하기 시작한 것은 스무 살 무렵이던 1990년대 중반이다. 군포에 거주하던 부모가 서울로 거처를 옮겨 숙명여대와 이화여대 부근에 하숙집을 차리면서 그녀는 어머니, 두 언니와 떨어져 아버지와 함께 숙명여대 근처 하숙집에서 생활했다. 이때부터 정영희는 서울역에 조금씩 노출되었다. 가족과 관계를 유지하며 정착과 노숙을 반복하긴 했지만, 처음으로 서울역에 노출된 때를 고려하면 최소한 25년 이상 서울역과 영등포역, 쪽방과 고시원을 오가며 생활한 셈이다.

1997년 외환위기 이후 서울역에 노숙인이 급증하면서 주위에 각종 노숙인 지원 시설이 설립되었다. 정영희 역시 삶을 유지하기 위해 이러한 시설들의 도움에 적극적으로 의지했다. 그녀가 빈곤과 노숙 상태에 빠진 원인은 외환위기로 인한 실업이나 구조조정이 아니었다. 그러나 외환위기 이후 늘어난 여러 종류의 개입들은 정영희의 삶 속으로 깊숙이 들어왔다.

　2002년 서울역 광장에 노숙인 종합 지원 시설 다시서기희망지원센터가 설립되었고, 2004년에는 동자동 부근에 노숙인 보호 시설 '인정복지관 만나샘'이 개관했다. 2009년에는 서울역 13번 출구에 무료 급식 시설 따스한채움터가 만들어졌다. 정영희는 서울역과 동자동 근방의 각종 복지 시설을 전전하며 숙식을 해결했다. 2004년에는 서울역 등지에서 노숙하던 전남편 김은호를 복지 시설에서 만나 혼인신고를 했다. 2007년 아들을 낳고 가족이 김포에 마련해준 주택에 들어가 가정을 꾸렸다.

　가족과 여러 복지 기관의 간헐적 지원이 기초생활수급이라는 좀 더 안정적이고 주기적인 지원으로 전환된 것은 2008년 중국집 배달 일을 하던 전남편이 징역을 살면서부터다. 이때부터 기초생활보장제도는 다른 어떤 개입보다 정영희의 삶에서 중요한 부분을 차지한다. 김은호가 남의 집 통장을 훔치고 50대 여성을 성추행해 징역 5년을 선고받아 복역하면서 정영희는 사실상 한부모 가정의 가장이 된다.

정영희는 일상적인 의사소통에는 큰 문제가 없다. 하지만 지적장애 때문에 임금노동이 힘들 뿐더러, 청소, 빨래, 육아 등 가정을 유지하기 위한 각종 노동을 홀로 수행하는 것이 거의 불가능하다. 그녀는 여성지원센터의 도움을 받아 기초생활수급 대상자로 선정되었다. 서울의 한 일시보호시설에 작은 거처도 마련되었다. 그러나 정영희는 계속해서 서울역에 나가 노숙을 반복했다.

정영희가 기초생활수급을 받게 되자 그녀와 가족과의 관계는 변화한다. 큰언니 정민희는 다음과 같이 말했다.

"애 아빠가 감옥 가면서부터 수급을 받았을 거예요. 김포 집에 살 때는 일반 가정집에서 살았고 남편이 일을 하고 있었는데, 감옥을 가면서 영희랑 아이랑 둘만 남게 됐어요. 모자 가정이 되니까 그때서부터 지원을 받지 않았나 싶어요. 그러다 보니까 더 집에 안 들어온 건 아닐까……."

정착과 노숙을 반복하면서 정영희는 경제적·일상적 측면에서 가족에게 의존할 수밖에 없었다. 거리에서 생활하다가 생활비가 떨어지거나 이따금씩 사건·사고에 연루되어 목돈이 필요하면 다시 가족을 찾아왔다. 큰언니는 그녀가 찾아올 때마다 생활비를 지원했다. 새 옷을 사주거나 병원에 데리고 가는 등 정영희가 돌보지 못하는 일상도 대신해서 돌봤다.

하지만 정영희가 기초생활수급 대상자로 선정되면서 가족과 접촉

하는 빈도가 점차 낮아졌다. 기초생활수급 덕분에 가족에게 의지하지 않고도 지속적인 소득을 확보할 수 있게 되자 그녀는 굳이 가족을 찾아오려 하지 않았다. 가족과 접촉은 점차 뜸해졌고 때때로 연락마저 두절되어 정민희는 동생의 행방을 여기저기 수소문해야 했다. 일시보호시설에서 나온 정영희가 속옷도 입지 않은 한두 살짜리 아들을 바닥에 눕혀놓고 지나가는 사람들에게 "천 원, 이천 원"씩 받으며 "동냥질"을 한다는 이야기도 들렸다.

이야기를 전해들은 정민희는 동자동 쪽방촌 근처에서 지내는 정영희를 설득해 군포 본가로 보냈다. 아이도 군포에 머무르며 대여섯 살이 되던 해까지 할머니(정영희와 정민희의 새어머니)의 보살핌을 받았다. 그러나 그 이후에도 여전히 정영희는 영등포역이나 서울역 등지를 오가며 거리 생활을 반복했다. 군포로 돌아오지 않고 거리에서 밤을 보내는 날이 점점 많아졌다.

돌봄의 공백

큰언니를 포함한 가족이 정영희에게 제공하고자 한 돌봄과 기초생활보장제도가 제공하고자 한 돌봄은 서로 다른 '삶의 형식(forms of life)'을 전제한다.[3] 돌봄의 실천은 어떤 형태의 삶이 돌봄을 받아야 하는가에 대한 암묵적 결정을 바탕으로 이루어진다. 각각의 돌봄이 개입하고자 하는 삶의 모습 역시 다르게 나타난다.

먼저, 정민희는 정영희가 수급을 받는다는 사실에 관해 다음과 같은 생각을 드러낸다.

"수급비를 받는데 애가 돈 관리를 못해요. 오늘 그냥 50만 원을 쓰면 쓰는 거예요. 한 달을 거렁뱅이 생활을 하더라도 그렇게 하는 거지, 절제를 못해요. 애는 천만 원이 있어도 그럴 거예요. 돈이 없는 게 아니라 돈을 통제를 못하니까……."

정민희는 정영희가 수급을 받느냐 못 받느냐, 혹은 수급비가 충분한가 아닌가는 중요하지 않다고 말한다. 정영희에게 수급비를 적절하게 "관리"하고 "통제"할 수 있는 능력이 부족하기 때문에 수급 자체가 무의미하다고 생각한다.

물론 정영희가 기초생활수급을 통해 좀 더 독립적인 삶의 기반을 마련할 수 있었다는 사실은 부인할 수 없다. 가족이나 각종 복지 기관의 간헐적 지원이나 남성 가장의 경제적 능력에 일방적으로 기댈 수밖에 없었던 그녀는 이제 기초생활수급 덕분에 사실혼 관계인 홍인택과 독립적 삶을 꾸려갈 수 있다.

그러나 정민희가 볼 때 물리적·경제적으로 독립된 생활을 한다고 해서 정영희가 "사람다운" 삶을 사는 것은 아니다.

"식구들이 오가면서 살림을 더 사람답게 살게 하도록 지원해줄 수 있는데, 오히려 쪽방에 와서 이렇게 살고, 또 남자(홍인택)랑 있으니까 안 찾아보게 되는 거예요. 차라리 영희가 임대주택에 살면 주말 밤이라도 가서 자고 아침에 일어나서 같이 밥도 해 먹고 청소도 해주고 빨래도 해주고 이런 게 자연스럽게 될 텐데, 계속 여기에 있으니까……."

정민희는 경제적 돌봄이 포괄하지 못하는 일상적 돌봄에 관해 문제를 제기한다. 정민희가 말하는 "사람다운" 삶이란 경제적 돌봄을 넘어 일상적 돌봄의 차원으로 확장된다. 빈민, 지적장애인, 아이를 가진 여성 등의 조건에서 정영희가 삶을 유지하기 위해서는, 가족이든 국가이든 현금을 지급하는 일뿐 아니라 그것을 제대로 관리하고 사용하도록 돌봐야 한다. 또한 "밥"을 차리거나 "청소"와 "빨래"를 하고 아이를 돌보는 등 살기 위해 꼭 필요한 노동도 그녀 곁에서 반드시 누군가 제공해야만 한다. 다시 말해 최소한의 경제적 조건을 충족하는 것만으로 정영희의 "사람다운" 삶은 불가능하다. 정민희가 이야기하는 사람다운 삶이란 이러한 일상적 돌봄이 존재할 때 비로소 가능하다. 그리고 그것은 가족인 자신만이 제공할 수 있다.

반면 현행 국민기초생활보장법 제1조는 제도의 궁극적 목적을 "생활이 어려운 사람에게 필요한 급여를 실시하여 이들의 최저생활을 보장하고 자활을 돕는" 것이라고 규정한다. 여기에서 "최저생활"과 "급여"는 서로 동일한 위상을 차지하면서 필요충분의 관계로 나타난다. 즉 사람으로서 누려야 할 "최저생활"은 이를 가능케 하는 최소한의 경제적 조건이 충족되어야만 가능하다. 반대로 "급여"라는 형태로 경제적 돌봄을 제공받는 자는 "최저생활"을 누리는 것으로 간주된다. 여기에서 기초생활보장제도가 상정하는 "최저생활" 혹은 사람다운 삶은 일상적 돌봄을 포함하지 않은 경제적 차원에서의 삶이다. 일반수급자라는 정영희의 신분은, 그녀가 지적장애라는 개인적 특성 때문에 청소, 빨래, 요리 등 삶을 가꾸고 유지하기 위한 노동을 반드시 누군가에게 의지해야 한다는 사실은 말해주지 않는다.

물론 정영희가 기초생활수급 대상자로 선정되는 과정에서 그녀의 특성이 아무런 역할도 하지 않은 것은 아니다. 오히려 지적장애라는 특성은 핵심 요소로 작용했다. 많은 한부모 여성이 노동시장과 복지제도에서 다층적인 배제를 경험함에도 불구하고 정영희는 상대적으로 빠르고 수월하게 기초생활수급 대상자가 되었다.

그러나 이 과정에서 지적장애는 그녀에게 경제적 지원 이외에 또 다른 일상적 돌봄이 필요하다는 것이 아니라, 근로 능력이 없기에 임금노동을 통해 자활할 수 없다는 걸 의미했다. 지적장애는 노동 불가능성을 가리키는 의료적 지표로 일반화되며, 그녀가 수급 대상자로 선정된 이후에는 '52만 원의 생계급여'나 '23만 원의 주거급여'라는 경제적 급부로 환원된다. 기초생활수급자라는 정영희의 제도상 지위는 일상적 돌봄의 부재와는 관계없이, 그녀가 "급여"라는 경제적 돌봄을 통해 "최저생활"을 누리고 있다는 사실을 뜻한다.

국민기초생활보장제도의 제정과 시행이 빈민 운동계의 가장 큰 성취 중 하나였음에도 지속적으로 개선의 필요성이 제기되는 까닭 역시 이와 연관된다. 생계급여와 중위소득 기준 등 급여 수준 향상을 요구하는 빈민 운동계의 목소리는, 기초생활보장제도가 전제하는 삶의 형식이 과연 온전한 삶의 충분조건인가에 관해 문제를 제기한다.[4] 급여 수준이 최소한의 경제적·물질적 생존만을 유지할 수 있을 정도로 낮기 때문에, 수급 대상자는 지출을 줄이기 위해 "사회적 관계"를 포함해 "인간다운 삶"을 위해 필요한 모든 활동을 포기할 수밖에 없다.

　온전한 삶을 위해 물질적·경제적 필요가 먼저 충족되어야 한다는 점은 부인할 수 없다. 하지만 경제적 삶이 곧 온전한 삶은 아니다. 그럼에도 기초생활보장제도가 전제하는 삶의 형식은 온전한 삶, 혹은 좋은 삶을 경제적 차원의 삶으로 축소한다. 이때 경제적 차원의 삶을 넘어서는 사회적 관계와 상호 의존, 일상적 돌봄은 실질적으로 기초생활보장제도가 개입하지도 않고 개입할 수도 없는 필연적 공백으로 남는다.

　이러한 공백을 공공 부조가 갖는 자명한 한계나, 빈민의 구체적인 특성과 욕구를 고려하지 못하는 복지 체계 전반의 문제로 바라볼 수 있다. 그러나 여기에서 이야기하고자 하는 것은 따로 있다. 바로 필연적으로 발생할 수밖에 없는 돌봄의 공백을 메꾸어나가는 정영희의 실천 방식이다. 앞에서 언급한 정영희와 홍인택의 관계는 관계와 돌봄의 공백을 메꾸고 삶의 온전함을 획득하기 위한 실천의 일부로 나타난다.

상실

동자동에 있는 한 카페에서 정영희를 만났다. 가볍게 안부를 묻고자 만난 자리였지만 정영희는 곧 진지한 이야기를 꺼냈다.

"의존하기가 싫어요."

정영희는 병원에 입원해보자는 큰언니와 의사의 제안에 관해 이야기했다. 그녀가 겪고 있는 만성적 가슴 통증과 우울증, 혹은 치아 임플란트 이야기인 듯했다.

"사람이 코너에 몰리면 어떻게 돼요? 사람이 몰리면 어떻게 되겠어요?"

정영희는 병원에 입원하면 병원에서 나오지 못하고 계속 갇혀 살게 될지도 모른다며 두려워했다.

"나오지 못하고 거기에 지체될까봐……."

정영희에게 병원이나 시설에 들어가는 것은 곧 어딘가에 대한 "의존"이다. 그나마 기초생활수급을 통해 삶을 독자적으로 관리하고 통제할 수 있는 지금 상황을 유지하지 못하고 "코너에 몰리는 것"과 같다. '사람이 코너에 몰리면 어떻게 되겠느냐'는 질문에 정확히 어떤 대답을 기대했는지는 알 수 없다. 하지만 삶의 끝자락에 다다른 사람이 어떤 극단적 행동을 할지 알 수 없는 것처럼, 정영희에게 병원이나 시설에 갇힌 채 "지체"되는 것은 그런 순간이나 마찬가지다. 그래서 그녀는 심각한 우울증과 만성적인 가슴 통증을 호소하면서도 의도적으로 병원 방문을 거부하면서 제대로 된 치료를 받지 않는다. 어떤 형태이든 의존을 거부하고 독립적인 삶을 살고자 하는 그녀의 열망과 의지는 매우 강하다.

정영희의 열망은 가족과의 관계에서도 드러난다.

"여윳돈 좀 있어? 나 돈 좀 빌려줘."

현장연구 기간 내내 그녀는 한 달에 한두 번꼴로 돈을 빌려달라고 했다.

"생활비 다 쓰셨어요? 이제 곧 수급 나오잖아요."

매달 20일에 지급되는 수급이 며칠 남지 않은 때였다.

"돈이 없어."

매달 반복되는 그녀의 부탁은 "수급비를 관리할 능력이 없다"라는 정민희의 말을 증명하는 듯했다.

"죄송한데……. 저는 빌려드릴 수가 없어요. 가족들한테는 이야기해보셨어요?"

그러나 정영희는 내 제안을 단호하게 거부했다.

"가족들한테는 이야기 안 해."

"왜요?"

"담배 피우지 말아라, 술 먹지 말아라, 이거 하지 말아라, 저거 하지 말아라 그러니까."

"간섭받는 게 싫어서요?"

"응. 연락 안 하는 게 나아."

수급비가 모자라 밥을 굶거나 돈을 빌리고 명의 도용과 같은 각종 사건·사고에 휩말리면서도 항상 자기가 알아서 할 테니 가족에게는 알리지 말라고 신신당부했다. 큰언니가 제공한 관심과 돌봄은 정영희에게 "이거 하지 말아라, 저거 하지 말아라"라는 간섭과 통제에 가까웠다.

가족에게 의존하지 않으려는 정영희의 강렬한 열망은 과거 그녀가 경험한 상실의 기억에서 비롯한다. 2013년 전남편 김은호가 출소한 뒤 세 가족은 김은호의 고향 나주로 내려가 그의 부모님이 내어준 방에서 함께 생활했다. 그러나 작은 농촌 마을에서 두 사람의 행동거지는 주민들의 눈총을 받기에 충분했다. 아무 데서나 담배를 피우고 과수원 일은 돕지 않으면서 마을을 배회하자 마을 사람들은 수근대기 시작했다. 한눈에 보기에도 남다른 그녀의 겉모습은 온갖 소문에 불을 지폈다. 결국 두 사람은 다시 전라도 광주로 보금자리를 옮겼.

법무부에서 지급하는 장기임대주택에 살 기회를 얻은 정영희 가족은 광주에 정착해 새로운 삶을 시작했다. 하지만 얼마 지나지 않아 술에 취한 김은호가 당시 초등학교 3학년 아들을 폭행하는 사건이 일어났다. 정영희에게 이 사건은 매우 강렬한 기억으로 남아 있다.

"그 생각이 머릿속에서 떠나가지를 않는 거예요."

김은호는 동전 몇 푼을 훔쳤다는 이유로 아이를 폭행했다.

"애를 무자비하게 때렸어요. 돈을 훔쳐서 한 대 때려야겠다고 이야기하더라구요. 나한테 3년 동안 뭐를 했네. 도둑질만 가르쳤네. 근데 그 핏줄이 어디 가?"

남편을 말리던 정영희는 남편이 잠든 사이 아이를 데리고 집을 나와 방과 후 교사를 찾아갔다. 복지관, 정부 기관, 아동학대센터가 개입하면서 아이는 광주의 한 아동보호시설에서 생활하게 되었다. 그녀는 아이와 떨어져 다시 서울로 거처를 옮겼다.

그러나 정영희에게 더욱 강렬하게 남아 있는 기억은 이 사건 뒤 법적 이혼 절차를 진행하는 과정에서 양육권을 둘러싸고 일어난 일련의 일들이었다.

"양육권은 아빠가 갖고 있어요."

"네? 양육권이 그 사람한테 있다고요?"

아이를 폭행했는데도 김은호가 양육권을 가지고 있다는 사실에 놀라 반문했다.

"네. 너무너무 놀랐어요. 양육권을 내가 갖고 와야 되는데 그 사람한테 줬다는 게……."

"어쩌다가 양육권이 그쪽으로 간 거예요?"

정영희의 대답은 의외로 간단했다.

"돈이 있으니까."

정영희가 말하는 이유는 "돈"이었다.

"양육권이 있으면 돈을 내놔야 되잖아요."

수급비로 자기 삶을 꾸려나가는 것과 아이까지 돌보는 일은 다른 문제였다. 매달 2인 가구 기준 생계급여 87만 1,000원과 연 1회 교육급여 20만 3,000원[5]을 받는다고 해도 경제적으로 아이의 생활과 교육을 혼자 책임지기는 힘들었다. 더구나 큰언니 말처럼 자신이 수급비를 제대로 운용하지 못한다는 점을 정영희도 인지하고 있었다.

정영희의 가족도 김은호에게 양육권을 넘기는 것이 낫다고 판단했다. 사실 결과적으로만 본다면 정영희가 생각하는 것만큼 그리 불합리한 일은 아니었다. 속옷도 입지 않은 채 서울역에서 "동냥질"을 해야 했던 과거와 달리, 현재 그녀의 아들은 광주의 한 공동생활가정(그룹홈)에서 안정적으로 생활하고 있다. 지금은 교육과정을 정상적으로 이수한 뒤 중학교 진학을 앞두고 있다. 전남편 김은호는 접근 금지 조치를 받아서 사실상 아이에게 간섭할 수 없다.

또한 큰언니 정민희도 조카에게 더 큰 관심과 애정을 쏟을 수 있다. 조카가 동생과 생활할 때보다 공동생활가정에 있을 때 더 주기적으로 연락을 취할 수 있어서다. 현재 정민희는 만 18세가 되면 공동생활가정에서 나와야 하는 조카의 미래를 위해 정영희에 대한 경제적 지원을 조금씩 줄여나가며 돈을 모으고 있다. 예컨대 정민희는 명의도용 사건 때에도 정영희의 미납금을 대신 내주지 않았다. 정민희 부부가 맞벌이를 하고 있다고 해도 600만 원이 넘는 미납금은 경제적으로 큰 부담이었다. 설령 부채를 갚아준다 하더라도 정영희가 "돈 관리"를 제대로 하지 못하는 이상 비슷한 상황에 다시 빠질 가능성도 컸다. 정민희는 동생에게 목돈을 쓰기보다는 조카의 미래를 위해 아껴두는 편이 낫다고 판단했다.

그러나 아들의 현재 상황이나 큰언니의 심중과는 별개로, 전남편에게 양육권이 넘어가고 가족마저 양육권을 '나중에 빼앗아 오면 된다'며 쉽게 이야기한 기억은 정영희에게 커다란 상실감으로 자리 잡았다.

"언니하고 다른 가족들은 양육권 주장을 안 했나요?"

"언니가 꿍꿍이가 있으니까……. 잘못 키우면 양육권 다시 뺏어갖고 오재요. 근데 저는 잘 키우든 못 키우든 내가 알아서 해야 한다고 생각해요."

"결국 가족을 설득 못하신 거예요?"

"언니한테 경제권이 있어서 그렇게 못했어요. 지켜보다가 무슨 일이 생기면 그때 다시 갖고 오래요. 애가 무슨 물건인가요?"

정영희는 아이를 폭행한 전남편이 아니라 자신이 아이를 키우는 것이 당연하다고 생각했다. 하지만 설령 자신이 양육권을 가진다고 하더라도, 양육에 필요한 경제적 지원을 제공할 수 없어서 결국 가족에게 전적으로 의존해야 한다는 사실 또한 알고 있었다. 그래서 정영희는 가족의 판단에 불만이 있으면서도 크게 반대하지 못했다.

광주로 아들을 주기적으로 보러 가긴 하지만 마치 아이를 빼앗긴 것과 같은 상실감에 정영희는 고통을 호소했다.

"나 지금도 애 소리만 나오면 눈물부터 나. 내가 왜 막지를 못했을까. 약도 먹었어요. 환시도 보였다가 환청도 들렸다가……."

돌봄의 불가능성

개인을 기본 단위로 삼는 서구의 자유주의 체제와 한국의 가족자유주의(familial liberalism) 체제는 근본적인 차이를 보인다. 한국에서 가족은 개인으로 환원되지 않는 가장 근본 단위로서 "부양과 보호, 교육, 주택, 금융, 고용, 심지어 생산과 경영 활동" 등 경제 생산과 사회 재생산에 이르는 전반적 영역에서 중심 역할을 차지한다.[6]

이는 일본, 대만, 싱가포르, 필리핀 등 많은 아시아 국가에서 비슷하게 나타나는 특징이다.[7] 하지만 정책이 의도하지 않는데도 실제 운

용이 가족을 중심으로 이루어진다는 점에서 한국의 복지 체제는 더욱 특징적이다.[8]

가족자유주의 체제의 특징은 공공 부조인 기초생활보장제도에도 고스란히 투영되어 있다. 기초생활보장제도는 일차적인 복지의 주체를 가족으로 설정하고, 가족으로부터 돌봄과 복지를 제공받지 못하는 대상에 한해서만 수급권을 부여하는 잔여적(residual) 형태로 구성된다. 수급 신청자가 소득 및 자산 기준을 통과하더라도, 법적 부양 의무자인 '1촌 직계 혈족(부모, 자녀) 및 그 배우자(며느리, 사위 등)'에게 부양 능력이 없거나 미약하다고 판단될 때에만 수급권이 보장된다.[9]

부양 능력은 부양 의무자의 소득과 자산을 기준으로 평가한다. [표 5]는 그중 소득 기준을 정리한 것이다. 예를 들어 2인 가구 부양 의무자의 소득이 월 290만 6,528원 미만이면 '부양 능력 없음', 290만 6,528원~358만 9,331원이면 '부양 능력 미약', 그 이상이면 '부양 능력 있음' 판정을 받는다. '부양 능력 있음' 판정을 받으면 신청자는 수급 대상자가 될 수 없다. 그러나 '부양 능력 미약' 판정을 받으면 부양 의무자의 소득·자산 중 일정 비율을 '간주부양비(실제 부양 의무자로부터 지급 받고 있지 않지만 서류상 지급 받은 것으로 간주되는 부양비)'로 계산해 수급비의 일정 금액을 삭감하고 지급한다.

정영희가 수급권자로 선정될 당시 복역 중이던 김은호가 경제활동을 하는 것은 불가능했다. 아들은 성인이 아니었다. 따라서 법적 부

부양의무자 수급(권)자	부양 능력 판정	1인 가구	2인 가구	3인 가구	4인 가구	5인 가구
1인	없음	1,707,008	2,906,528	3,760,032	4,613,536	5,467,040
	미약	1,707,008 ~2,389,811 (2,526,372)	2,906,528 ~3,589,331 (3,589,331)	3,760,032 ~4,442,835 (4,442,835)	4,613,536 ~5,296,339 (5,296,339)	5,467,040 ~6,149,843 (6,149,843)
	있음	2,389,811 (2,526,372)	3,589,331 (3,589,331)	4,442,835 (4,442,835)	5,296,339 (5,296,339)	6,149,843 (6,149,843)
2인	없음	1,707,008	2,906,528	3,760,032	4,613,536	5,467,040
	미약	1,707,008 ~2,869,619 (3,414,017)	2,906,528 ~4,069,139 (4,301,661)	3,760,032 ~4,922,643 (4,933,254)	4,613,536 ~5,776,147 (5,776,147)	5,467,040 ~6,629,651 (6,629,651)
	있음	2,869,619 (3,414,017)	4,069,139 (4,301,661)	4,922,643 (4,933,254)	5,776,147 (5,776,147)	6,629,651 (6,629,651)
3인	없음	1,707,008	2,906,528	3,760,032	4,613,536	5,467,040
	미약	1,707,008 ~3,211,021 (4,045,610)	2,906,528 ~4,410,541 (4,933,254)	3,760,032 ~5,264,045 (5,564,847)	4,613,536 ~6,117,549 (6,196,440)7	5,467,040 ~6,971,053 (6,971,053)
	있음	3,211,021 (4,045,610)	4,410,541 (4,933,254)	5,264,045 (5,564,847)	6,117,549 (6,196,440)	6,971,053 (6,971,053)
4인	없음	1,707,008	2,906,528	3,760,032	4,613,536	5,467,040
	미약	1,707,008 ~3,552,422 (4,677,203)	2,906,528 ~4,751,942 (5,564,847)	3,760,032 ~5,605,446 (6,196,440)	4,613,536 ~6,458,950 (6,828,033)	5,467,040 ~7,312,454 (7,459,626)
	있음	3,552,422 (4,677,203)	4,751,942 (5,564,847)	5,605,446 (6,196,440)	6,458,950 (6,828,033)	7,312,454 (7,459,626)
5인	없음	1,707,008	2,906,528	3,760,032	4,613,536	5,467,040
	미약	1,707,008 ~3,893,824 (5,308,796)	2,906,528 ~5,093,344 (6,196,440)	3,760,032 ~5,946,848 (6,828,033)	4,613,536 ~6,800,352 (7,459,626)	5,467,040 ~7,653,856 (8,091,219)
	있음	3,893,824 (5,308,796)	5,093,344 (6,196,440)	5,946,848 (6,828,033)	6,800,352 (7,459,626)	7,653,856 (8,091,219)

※ 괄호 안의 금액은 수급(권)자가 취약계층인 노인, 장애인, 한부모 가구, 희귀난치성질환 및 중증질환자 가구인 경우의 소득 기준

[표 5] 부양 능력 판정 소득액 기준(단위 원)(기초생활보장법바로세우기공동행동, 2019: 13)

양 의무자는 그녀의 부모밖에 없었다. 부모는 하숙집 월세와 기초연금 등에 의존하고 있었으므로 정영희는 부양 의무자 기준을 통과해 수급자가 될 수 있었다. 정영희를 부양할 경제적 능력이 있는 큰언니

나 작은언니는 애초에 부양 의무자 기준이 규정하는 부양 의무자, 즉 '1촌 직계 혈족 및 그 배우자'에 속하지 않는다. 그래서 정영희는 이들의 부양 능력과 상관없이 수급권자로 선정될 수 있었다.

한편 기초생활수급자라는 지위가 말해주는 또 다른 의미가 있다. 국민기초생활보장법 제8조의2 제1항 및 국민기초생활보장법 시행령 제5조의6 제1항은 부양 의무자가 수급권자인 경우 부양 능력이 없는 것으로 간주한다. 즉 기초생활보장법상 누군가 수급권자라는 사실은 그/그녀에게 다른 사람을 돌보고 부양할 능력이 전혀 없다는 뜻이다. 이러한 규정에 따르면 수급권자인 정영희는 아들의 법적 부양 의무자이지만, 아들을 부양할 능력은 없는 것으로 간주된다.

수급자라는 지위는 기초생활수급법상 그/그녀가 가족에게 버림받았다는 의미인 동시에, 그로 인해 공적 돌봄을 받을 자격이 있다는 뜻이다.[10] 그러나 양육권과 연관되었을 때 이러한 지위는 돌봄을 제공할 수 있는가를 판별하는 문제로 나타났다.

정영희는 어째서 양육권이 전남편에게 넘어갔느냐는 질문에 "(전남편은) 돈이 있으니까······. 양육권이 있으면 돈을 내놔야 되잖아요"라고 대답했다. 자신에게 아이를 키울 경제적 여력이 실질적으로 부족하다는 뜻일 뿐 아니라, 양육권이 전제하는 돌봄 능력을 일반수급자라는 자기 신분이 충족시키지 못한다는 말이다. 일반수급자라는 지위는 이미 그 누구도 부양하거나 돌볼 능력이 없다는 사실을 내재하므로, 아이를 누가 돌볼 것인가를 결정하는 문제에서 정답은 이미 정해져 있었다.

자활의 불가능성

일반수급자라는 지위가 내포하는 돌봄의 불가능성뿐 아니라, 근로능력평가에 따른 자활 가능성 역시 양육권의 행방을 결정하는 데 중요하게 작동했다. 기초생활보장제도의 일부인 자활사업은 기초생활보장 급여에 신청한 대상 중 노동 능력이 있는 자가 참여해야 하는 일자리 사업이다. 19세 이하 65세 이상, 등록장애 4급 이상이거나, 근로능력평가를 통해 '근로 능력 없음', '근로 능력 유예'를 받은 경우가 아니라면 조건부수급자로 분류된다. 조건부수급자는 자활사업에 참여하는 것을 조건으로 수급권을 보장받는다. 근로능력평가는 1-4단계에 걸친 의학적 평가와 국민연금공단의 활동 능력 평가로 이루어진다. 노령·질병·장애 등으로 노동 능력이 없다고 판단된 경우에는 일반수급자로 분류되어 자활사업에 참여하지 않고도 수급권을 보장받는다.[11]

지적장애 3급[12]인 정영희는 '등록장애 4급 이상'이라는 조건을 충족해 근로 능력이 없는 것으로 판단되어 일반수급자가 되었다. 반면,

당시 정영희의 전남편은 일반수급자가 아닌 조건부수급자로서 자활 사업에 참여하고 있었다.

"조건부수급자였지, 그 사람은. 허리 아프다, 다리 아프다 하면서 맨날 빠지긴 했지만……."

보건복지부, 고용노동부, 지자체 등 여러 부처의 연계를 통해 이루어지는 자활사업은 5대 전국표준화사업(간병, 집수리, 청소, 폐자원 재활용, 음식물 재활용)을 중심으로 영농, 도시락, 세차, 환경 정비 등 지역사회 특성에 맞는 사업을 개발해 "근로 능력 있는 저소득층이 스스로 자활할 수 있도록" 돕는 것을 목적으로 한다. 건강이 좋지 않다는 이유로 자주 자활사업에 빠지긴 했지만, 김은호의 법적 지위는 빈곤 상태를 벗어나려는 "자활"의 의지를 가지고 국가가 제공하는 자활사업에 적극적으로 참여하는 주체였다. 일반수급자라는 정영희의 지위가 노동시장 바깥에 있음을 의미한다면, 조건부수급자인 김은호의 지위는 노동시장에 진입하기 위한 준비 과정에 있음을 말해준다.

양육권 다툼에서 아이에게 돌봄을 제공하고자 하는 의지나 아이에 대한 애정의 크기는 그다지 중요하지 않았다. 정영희 말처럼 양육은 곧 "돈"과 "경제권"의 문제였다. 김은호가 아이를 폭행한 사실보다는 일반수급자인 정영희보다 조건부수급자인 김은호가 현재의 경제적 여력과 미래의 자활 가능성 측면에서 더 낫다는 사실이 중요했다. 아동 폭력 전과가 있는 김은호는 접근 금지 조치를 받아 정해진 날짜에 정해진 시간만큼만 아이를 만날 수 있었다. 하지만 그것이 정영희가 양육권을 가질 수 있는 이유가 되지는 못했다.

지적장애와 일반수급자라는 신분 때문에 아이의 양육권을 잃은 정영희의 경험은 병원과 시설, 가족에 대한 의존을 거부하도록 만들었다.

"나중에 애랑 살게 될지도 모르니까……."

정영희는 생계를 유지하기 위해 기초생활보장제도에 의존할 수밖에 없다는 사실을 알고 있다. 가족이나 병원, 노숙인 시설과 달리 기초생활수급은 수급비의 한계 안에서 삶을 주체적으로 꾸려나갈 수 있게 해주는 그녀의 유일한 수단이다. 주체적인 삶은 "애랑 살게 될지도 모르는" 미래를 위해 반드시 갖추어야 하는 조건이다.

비록 계획한 대로 꾸준히 이루어지지는 않지만, 정영희는 중학교에 입학하는 아들을 위해 수급비를 아껴 매달 3~4만 원의 용돈을 송금하고 있다. '천만 원이 있어도 다 써 버릴 것이다'라는 큰언니의 추측과 다른 모습이다. 아들을 만나러 광주로 갈 기차 요금도 저금한다. 최근 새롭게 얻은 보금자리를 깔끔하고 청결하게 유지하려고 노력한다. 그녀는 2019년 7월 주거취약계층 주거지원사업[13]에 당첨되어 서울시 강북구에 있는 공공임대주택으로 이사했다. 이사를 돕는 과정에서 목격한 정영희의 쪽방을 떠올리면, 정리나 청소와 같은 일상적 개념을 인지하지 못하는 정영희에게는 매우 커다란 노력이다.

하지만 주체적인 삶을 추구하고 가족과 병원, 시설에 대한 의존을 거부한다고 해서 그녀가 아무런 돌봄도 필요로 하지 않는 것은 아니다. 그녀에게는 일상을 돌봐줄 누군가가 필요하다. 정영희도 기초생활보장제도가 제공하지 못하는 돌봄의 공백을 적극적으로 메꾸고자 한다. 그러나 돌봄을 필요로 하는 그녀의 서사는 큰언니의 말과는 달랐다. 정민희는 정영희의 지적장애를 원인으로 지적하면서 "사람답게" 살기 위해 반드시 일상적 돌봄이 필요하다고 말했다. 또한 일상적 돌봄은 자신을 비롯한 가족과의 연결을 통해 충족될 수 있다고 했다. 하지만 정영희가 필요로 하는 일상적 돌봄은 지적장애가 아니라, 그녀가 겪은 폭력의 경험과 기억에서 비롯된 것이었다.

폭력

"머리를 또 자르셨네요?"

쌀쌀한 늦가을 날씨에 짧은 머리로 나타난 정영희에게 말했다. 평소에도 삭발을 하고 다니는 정영희는 다시 한 번 머리를 밀었다.

"자르고 다녀야 돼."

정영희는 머리를 짧게 자른 이유를 '잘라야 한다'는 당위로 설명했다.

"남자처럼 보여야 돼. 그래야 안 건드려. 복지관도 그렇고 서울역도 그렇고 얼마나 추근덕대는데."

정영희는 자신이 여성이라는 점을 주위 사람들이 알게 되면 성희롱과 성추행이 빈번하게 일어난다고 이야기했다. 성희롱과 성추행을 미연에 방지하기 위해 정영희는 머리를 짧게 밀었다.

동자동 쪽방촌 일대의 환경은 여성 주민에게 적대적이다. 현재 동자동 쪽방촌에 거주하는 1,000여 명의 주민 중 여성은 10~15% 안팎에 불과하다. 여성용 화장실이나 샤워실 등의 편의 시설은 매우 부족하다. 제대로 된 방범 및 보안 장치도 거의 전무하다. 거주지 안전이 보장될 수 없어 여성 주민들은 성폭력을 비롯한 각종 범죄와 사건·사고에 더 쉽게 노출된다.[14]

게다가 동자동 쪽방 주민의 절반 이상(53.8%)이 평균 36.1개월의 노숙 생활을 경험한 적이 있으며,[15] 추위나 더위, 답답함, 우울감 등으로 쪽방에서의 생활과 거리 생활을 반복하곤 한다. 거리 생활이 길어질수록 여성 주민의 안전은 더욱 취약해질 수밖에 없다. 그래서 많은 여성 노숙인이 노숙 밀집 지역을 피해 교회, 기도원, 찜질방 등의 시설에서 지낸다. 남성 노숙인과 달리 눈에 쉽게 보이지 않는 이른바 '숨어 있는' 여성 노숙인 숫자도 상당하다.[16]

정영희의 행동은 폭력의 기억과도 긴밀히 연관된다. 아동 폭력 사건 뒤 본격적인 이혼 절차가 진행되기 직전인 2018년 초 그녀도 전남편 김은호에게 폭행을 당했다.

"이거 이빨? 전남편이 그런 거야."

정영희가 입을 벌려 이빨을 보여주며 이야기했다. 나이에 비해 치아 건강 상태는 매우 좋지 않아 보였다. 앞니 두 개를 포함해 눈에 보이는 것만 세어도 족히 네다섯 개의 이빨이 사라졌다. 김은호는 아들이 자기 아이가 아닌 것 같다는 알 수 없는 이유로 그녀를 폭행했다.

정영희가 테이블 뒷벽에 걸려 있던 액자를 가리켰다.

"액자 있어, 요만한 거. 저기 금연 표시 붙어 있는 액자 보이죠? 저만한 걸로 맞았어요."

그러면서 정수리와 가슴팍에 손을 갖다 댔다. 폭행 이후 치아가 빠지고 고막이 나갔으며 만성적인 가슴 통증이 생겼다는 정영희의 말은 당시 그녀가 겪은 폭력이 얼마나 심각한 수준이었는지 짐작하게 했다. 폭행 사건 이후 광주에 아이를 두고 서울로 올라온 그녀는 다시 가족이 운영하는 신촌의 하숙집에서 살다가 2018년 동자동에 정착했다.

정영희에게 생긴 귀와 가슴의 통증, 그리고 사라진 치아로 인한 불편함은 남편과의 관계가 단절되었다고 해서 사라지는 일회적 고통이 아니었다. 현장연구 기간 내내 정영희는 자기가 겪고 있는 통증과 불편함을 나에게 토로했고, 그때마다 전남편에 대한 기억을 다시 꺼내곤 했다. 폭력의 순간은 과거가 되어 사라졌지만, 그 흔적은 고통과 불편함의 형태로 정영희의 몸에 체화(embodied)되어 과거의 기억을 계속해서 떠올리게 한다.[17] 그리고 몸을 통해 떠오르는 폭력의 기억은 동자동 일대의 적대적 환경과 중첩되면서 폭력으로부터 살아남기 위한 몸짓을 추구하도록 만든다. 그래서 정영희는 차라리 삭발함으로써 자신이 여성이라는 사실을 드러내지 않는 방법을 택했다. 그래야 일상적 폭력으로부터 그나마 안전할 수 있고 과거와 같은 폭력의 경험을 피할 수 있다.

성적 욕망

외견상 여성임을 드러내지 않는 것과 자신의 성적 욕망을 있는 그대로 드러내는 것은 다른 문제다. 동거인 홍인택에 대한 정영희의 성적 애착은 매우 강하다. 때때로 정영희는 당황할 정도의 적나라한 말투로 자신의 성적 욕구나 홍인택과의 육체적 관계를 자세히 늘어놓았다. 홍인택으로 인해 명의 도용 범죄나 향정신성 약물 거래에 연루되고, 홍인택이 자신의 수급비를 관리라는 명목으로 가져가 돌려주지 않아도 그녀는 항상 같은 말을 반복했다.
"인택이 없이는 못 살아."
정영희의 이혼 절차와 동자동에서의 정착을 도우며 3~4년에 걸쳐 그녀를 지켜본 홈리스행동의 활동가 박형수[18]는 이렇게 이야기한다.

"일차적으로 성욕이 강한 건 인정할 수밖에 없어요."

그는 정영희가 표출하는 성적 욕망이 주위의 "물리적 환경"에서 비롯되었다고 진단한다.

"자기의 이야기에 귀 기울여주는 공간이 서울역과 여기밖에 없는 거잖아요. 단 한 번도 자기가 여성으로서, 사람으로서 승인받고 인정받는 경험이 없었을 거라고 생각하거든요. 소위 사회복지 안에서 클라이언트였겠지……."

박형수의 말에서 정영희가 표출하는 성적 욕망은 생물학적 특성이 아닌 사회적 인정(recognition)의 문제로 나타난다. 정영희는 가족에 대한 의존을 의도적으로 거부하면서 서울역과 쪽방촌을 오가며 각종 복지 시설에 의존해왔다. 그런 그녀에게 자기 욕망을 있는 그대로 드러내고 인정받을 수 있는 것은 그 욕망을 성적인 형태로 드러낼 때뿐이다. '이거 하지 마라, 저거 하지 마라'는 가족의 관심 속에서 그녀는 자신의 삶과 욕구를 스스로 통제할 수 없는 '지적장애인'이다. 무료 급식과 생필품을 나누어주는 수많은 복지관의 지원 속에서는 일방적으로 도움을 받아야 하는 '노숙인'이다. 기초생활수급제도 속에서는 자활 능력도 의지도 없는 '일반수급자'다.

"유령이 된 거 같았어."

정영희는 자기 경험을 "유령"이라는 낱말로 표현한다.

"유령"은 존재하지만 존재하지 않는다. 여러 복지 시설과 제도 속에서 정영희는 분명 물리적으로 존재한다. 그러나 그녀의 정체성은 지적장애인, 노숙인, 일반수급자라는 형태로 환원될 때에만 인정받는다. 거기에 '정영희'라는 정체성은 없다. 그래서 그녀는 물리적으로는 존재하면서도 자기 자신으로 인정받을 수 없는 "유령"이 되었다. 하지만 성적 욕망을 표출하고 누군가를 만나 연애 관계를 형성할 때 정영희는 성적 욕망을 자기 뜻대로 통제할 수 있다. 성적 욕망을 매개로 상대방과 상호 돌봄의 관계를 형성하며 스스로를 드러낼 수 있다.

이는 가족의 말에서 더 잘 드러난다. 큰언니는 어린 시절 동생을 지켜보면서 정영희가 "본능", 그중에서도 성적 본능에 매우 "충실한" 것을 보고 놀랐다고 말한다.

"저는 장애인들이 본능에, 그렇게 성적인 것에 충실한지 몰랐어요."

20~30대를 지나 40대에 접어들면서 정민희는 동생이 표출하는 성적 본능을 장애의 본질적 특성으로 이해하게 되었다.

"자기가 통제가 안 되는 게 있잖아요. 먹는 거, 자는 거, 그리고 성적인 거. 본능에 되게 강하거든요, 장애인들은. 그게 절제가 안 되는 거예요."

정민희의 말에서 "통제가 안 되는 성적 본능"은 정영희의 특성이 아닌 "장애인"의 일반적 특성으로 이해된다. 서울역을 전전하며 "서너 번씩 임신중절 시술"을 받고도 "남자에 대한 집착"을 보이는 정영희의 삶은 지적장애인으로서 자신이 통제하지 못하는 "본능" 때문이다. 그녀의 삶은 "본능"에 완전히 지배당했다. 욕망을 자의로 통제할 수 있는가 없는가가 "정상인"과 "지적장애"를 나누는 기준이라면, 그녀가 표출하는 통제 불가능한 성적 욕망은 "정상인"의 범주에서 벗어나 비정상의 범주를 획득한다.

정민희는 비정상적 욕망을 치료하기 위해 그녀를 폐쇄 병동에 입원시키는 방안도 생각했다. 그러나 여러 활동가들과 의견을 나눈 끝에 생각을 접었다.

"충북 음성인가에 그런 병원이 있대요. 병원에 넣어볼까도 했는데 선생님들은 되게 반대를 하더라고요, 폐쇄적이라고. 방에 가둬놓고 그런 게 아니라 그들만의 시설을 갖추고 있어서 그 안에서 자유로운 생활을 하게 해주는 건데도, 거기에 있으면 사회성이 더 떨어질 수 있다고 하면서 반대하시더라고요."

정민희는 사회 안에서 다른 사람들과 어울리며 지낼 수 있도록 도와야 한다는 활동가들의 말에 어느 정도 동의한다. 그러면서도 여전히 통제되지 않는 본능 때문에 그것이 거의 불가능하다고 생각한다. 즉 정영희의 욕망이 반드시 "정상"의 수준으로 치료되어야만 비장애인과 생활할 수 있으며, 정영희의 삶 역시 본능의 지배에서 벗어나 좀 더 주체적이고 독립적일 수 있다고 여긴다.

"제 마음 같아서는……. 가둬놓는 건 아니지만 차라리 그런 데서 있으면 이렇게 사고는 안 칠 것 아니에요."

여기에서 정영희가 표출하는 욕망은 자아의 표현이나 주체적 의지가 아닌 일종의 병리적인 것으로 드러난다. 지적장애는 '통제할 수 없는 욕망'이라는 특성으로 이해되고 전문적 시설을 통해 치료되어야 할 것으로 이어진다. 그러므로 정민희가 정영희에게 제공하고자 하는 포괄적 의미의 돌봄과 "사람다운" 삶은, 이러한 욕망을 스스로 제어하지 못하는 그녀를 대신해 그것을 관리하고 통제하는 일까지 포함한다. 폐쇄 시설 역시 가족이 제공하고자 한 일상적 돌봄의 일부분이다.

물론 폐쇄 병동을 단순히 통제와 억압의 기제로만 바라보는 관점은 정신질환이나 장애가 가진 병리적 특성과 시설의 치료적 효과를 간과하는 오류를 범할 수 있다.[19] 그러나 더욱 중요한 점은, 욕망, 비정상, 통제와 치료로 이어지는 문법에서 부정될 수밖에 없는 정영희의 욕망이 본인에게는 완전히 다른 방식으로 받아들여지고 있다는 것이다.

관계

정영희는 큰언니의 생각을 이해하지 못한다. 정민희와 약속을 잡은 내게 정영희는 큰언니를 만나면 홍인택에 관한 이야기를 반드시 물어봐달라고 부탁했다.

"큰언니가 반대해. 언니 만나면 왜 그러는지 그 이유 좀 알아봐."

큰언니가 어째서 자신과 홍인택의 관계를 인정하지 않는지, 왜 사실혼 관계를 부정하고 계속해서 혼자 살아보라고 이야기하는지, 자신이 좋아서 만나는 사람을 왜 불신하는지 도저히 알 수 없으니 심중을 파악해달라는 부탁이었다. 홍인택을 큰언니에게 직접 소개하려는 시도도 해보았지만, 큰언니는 홍인택에게 고함을 지르며 자리를 떠나거나 아예 만남을 피했다.

"피해야 되겠다는 생각이 드는지 같이 만나자고 그래도 안 만나고……. 짜증이 나. 도대체 왜 안 좋아하는지 그 이유 좀 알고 싶다니까?"

정영희가 홍인택과 관계를 유지하며 서로 의존하고 있는 것은 자신의 의지이자 주체적 선택이었다. 그리고 홍인택과 관계는 근본적으로 성애적 관계다. 자기 욕망을 표출함으로써 관계를 이어나갈 때 정영희는 욕망을 가진 인간이자 욕망을 스스로 통제하는 주체로서 인정받을 수 있다. 또한 쪽방촌에서의 일상 역시 더욱 안전하고 편안

할 수 있다. 그런데도 자신의 선택과 홍인택과 관계를 인정하지 않는 큰언니를 정영희는 이해할 수 없다.

"화요일인가? 예배를 다 마치고 났는데[20] 누가 내 등허리를 쓱쓱쓱쓱 쓰다듬는 거야. 그리고 나서 밥을 먹는데 손이 떨리는 거야. 그래서 인택이한테 나 좀 잡아달라고 얘기를 했더니 잡아주더라고."

정영희는 홍인택과 떨어져 있을 때 심한 불안감을 느낀다. 홍인택의 행방을 여기저기 수소문하기도 한다. 현장연구 기간 내게 걸려온 그녀의 전화는 대부분 홍인택이 어디에서 무얼 하고 있는지 묻기 위해서였다.

아이의 양육권 때문에 여전히 유지되고 있는 전남편과의 관계에서도 홍인택은 그녀가 의지할 수 있는 대상이다. 홍인택은 정영희와 함께 있는 자리에서 종종 전남편 김은호에 대한 분노를 털어놓았다.

"영희랑 처음 살 때 전남편한테 전화가 왔어요. (정영희에게) '같이 살자' 그런 소리를 하더라고요. 애 맞은 것도 내가 다 봤어요. 진짜 가만 안 두고 싶었는데 애가 '하지마, 하지마' 그래가지고 참았어요. 애 맞은 거 보면 진짜······."

정영희는 자기에게 아이가 있고 전남편에게 폭행을 당했으며 여전히 그 관계가 유지되고 있다는 사실을 홍인택과 공유했다. 비록 큰언니를 포함한 다른 가족의 인정을 받지는 못하지만, 홍인택은 정영희가 광주에 있는 아이를 보러 갈 때 동행하고 전남편에게 전화가 올

때마다 그녀를 다독이곤 했다.

그뿐 아니라 정영희와 홍인택의 관계는 기초생활수급자로서 살아가기 위해 좀 더 안정적인 경제적 조건을 마련하는 방법이다. 2019년을 기준으로 기초생활보장제도가 규정한 생계급여는 1인 가구 기준 매달 51만 2,102원, 2인 가구 기준 87만 1,958원이며([표 6]), 주거급여는 1인 가구 기준 최대 23만 3,000원, 2인 가구 기준 최대 26만 7,000원이다([표 7]).[21] 따라서 정영희와 홍인택이 현재 받을 수 있는 수급액은 최대 149만 원이다. 그러나 법적으로 혼인 신고를 하게 되면 2인 가구로 전환되어 현재보다 약 35만 원이 적은 총 113만 8,000원을 받는다.

두 사람이 일부러 혼인 신고를 안 한 것은 아니지만, 두 사람은 서로 의존적 관계를 유지하는 것만으로도 더 많은 경제적 자원을 확보할 수 있다. 게다가 쪽방 한 칸에서 함께 살기 때문에 월세 역시 절반으로 줄어든다.

이처럼 홍인택과 관계는 기초생활수급을 통해 의존을 거부하고 독립적인 삶을 유지하려는 정영희에게 매우 중요하다. 더 나은 물질적 조건을 확보함으로써 가족이나 시설에 의지하지 않고 독립적으로 살아갈 수 있다. 그뿐 아니라 기초생활보장제도가 제공하지 못하는 돌봄을 홍인택과 관계를 통해 충족함으로써 쪽방촌의 적대적 환경과 과거의 트라우마로부터 자신을 보호할 수 있다. 자신의 성적 욕망을 드러내고 스스로를 인정받는 것 또한 홍인택과 관계를 유지함으로써 가능하다.

그러나 이들의 관계를 단순히 빈민의 생존 전략이나 억압에 대한 미시적 저항[22]으로 보면서 적극적인 행위자성(agency)을 부여하기는 어렵다. 오히려 적극적인 행위자성이 굴절되어 왜곡된 형태로 나타나는 실천에 더 가깝다. 정영희와 홍인택의 실천은 자기 자신임을 인정받을 수 있는 상호 돌봄의 관계를 형성하고 이를 통해 스스로를 표

구분	기준중위소득	생계급여기준 (중위소득 30%)	의료급여기준 (중위소득 40%)	주거급여기준 (중위소득 43%)	교육급여기준 (중위소득 50%)
1인 가구	1,707,008	512,102	682,803	751,084	853,504
2인 가구	2,906,528	871,958	1,162,611	1,278,872	1,453,264
3인 가구	3,760,032	1,128,010	1,504,013	1,654,414	1,880,016
4인 가구	4,613,536	1,384,061	1,845,414	2,029,956	2,306,768
5인 가구	5,467,040	1,640,112	2,186,816	2,405,498	2,733,520
6인 가구	6,320,544	1,896,163	2,528,218	2,781,039	3,160,272
7인 가구	7,174,048	2,152,214	2,869,619	3,156,580	3,587,024

[표 6] 2019년 가구 규모별·급여 종류별 기초생활수급 선정 기준(단위 원)
(기초생활보장법바로세우기공동행동, 2019: 9)

구분	1급지 (서울)	2급지 (경기·인천)	3급지 (광역시·세종)	4급지 (그 외)
1인 가구	233,000	201,000	163,000	147,000
2인 가구	267,000	226,000	178,000	161,000
3인 가구	316,000	272,000	213,000	194,000
4인 가구	365,000	317,000	247,000	220,000
5인 가구	377,000	329,000	258,000	229,000
6인 가구	441,000	389,000	296,000	267,000

[표 7] 2019년 주거급여 지급액 (단위 원)(기초생활보장법바로세우기공동행동, 2019: 17)

출하려는 시도이지만, 다른 한편에서는 매우 파괴적인 요소를 포함하기 때문이다.

두려움

"인택이가 떠난대. 어떻게 좀 해봐."

거의 울부짖음에 가까운 정영희의 전화를 받았다. 마침 동자동에 있던 나는 새꿈어린이공원에서 홍인택과 함께 있는 그녀를 만났다.

홍인택이 화난 목소리로 자초지종을 설명했다.

"주거조사관이 와서 나랑 얘랑 같이 사는 거 다 봤어요."

기초생활수급의 한 종류인 주거급여는 생계급여와 분리해 독립적으로 지급된다. "주거 안정에 필요한 임차료, 수선유지비, 그 밖의 수급품(국민기초생활보장법 제2장 제11조)"을 지급하는 것을 목적으로 한다. 따라서 지급 주체인 한국토지주택공사의 주거조사관이 주기적으로 방문해 수급자의 주민등록상 거주지와 실제 거주지가 일치하는지를 확인한다.

2019년 7월 정영희는 서울시 강북구에 임대주택을 얻었다. 그러나 임대주택에는 일주일에 한 번 정도만 방문할 뿐 나머지 시간은 동자동에 있는 홍인택의 쪽방에서 생활하고 있었다.[23] 그런데 홍인택의 쪽방에 정영희가 함께 있는 것을 주거조사관이 발견했고, 부정수급으로 판명되어 수급이 곧 중단될 것이라는 이야기였다.

"이제 수급 끊기면 어떻게 살아요? 이제 여기 못 있어요. 애랑도 끝이에요! 나 여기 떠날 거예요."

홍인택은 수급이 끊기면 더 이상 동자동 쪽방촌에서 삶을 유지할 수 없기에 다시 예전과 같이 노숙하거나 노숙인 시설에 들어가야 한다고 말했다.

"제발 좀 말려봐."

그녀는 나에게 홍인택을 말려달라고 부탁했다.

그러나 내가 말을 걸기도 전에 홍인택은 흥분해 욕지거리를 내뱉으며 자리를 떴다. 정영희는 좌절했다.

"나도 못 살아. 나 한강 갈 거야. 말리지 마."

계속되는 나의 만류를 뿌리치고 정영희 역시 어딘가로 떠나버렸다.

우려한 사태는 일어나지 않았다. 홍인택의 수급은 중단되지 않았고 그는 동자동을 떠나지 않았다. 정영희 역시 극단적인 선택을 하지 않았다.

소득과 자산을 기준으로 하는 생계급여와 주거지를 기준으로 하는 주거급여는 선정 및 지급 기준이 다르다. 운영 주체도 다르다. 그렇기 때문에 주거조사관이 방문 조사를 했다고 해서 생계급여까지 중단되지는 않는다. 또한 내가 만난 한국금융주택공사 주거조사관의 말에 따르면, 주거조사관은 특정 가구에 몇 사람이 사느냐가 아니라 주거급여 대상자가 등록되어 있는 주소에 실제로 거주하는지만을 확인한다. 그러므로 설령 주거조사관이 홍인택과 정영희가 함께 사는 것을 발견했다고 하더라도 주거급여가 중단되지는 않는다.

그런데도 기초생활보장제도에 관한 정보 부족이나 '주거조사관이 오고 나서 수급이 끊겼다'는 식의 무성한 소문은 언제 수급이 중단될지 모른다는 우려와 공포를 불러일으킨다. 현장연구를 진행하는 동안 주민들은 기초생활수급에 대한 우려와 공포를 수없이 내게 들려주었다. 주민들은 자신의 현재 상황 때문에 곧 수급이 끊기는 것은 아닌지, 수급이 끊기면 앞으로 어떻게 해야 하는지, 어째서 이번 달 수급이 제대로 나오지 않았는지 물어오곤 했다. 기초생활수급은 쪽방촌 주민들의 삶을 유지하기 위한 가장 중요한 수단인 동시에, 그 수단이 사라졌을 때 언제라도 일상이 중단될 수 있다는 공포와 두려움의 대상이다.

두 사람에게도 마찬가지다. 수급이 끊기면 각종 시설에 입소하지 않고 동자동에서 독립적으로 살아가는 것이 불가능하다. 관계도 지속할 수 없다. 따라서 "이제 수급 끊기면 어떻게 살아요?"라는 말은 홍인택에게 "애랑도 끝"이라는 말과 동의어다. 정영희와 홍인택의 관계는 두 사람 사이에서 일어나는 상호작용이 아니라 관계를 가능케 하는 경제적 배경, 즉 기초수급의 지급 여부에 따라 지속될 수도 순식간에 단절될 수도 있다. 그러므로 언제라도 수급이 끊길지 모른다는 두려움은 둘 사이의 관계도 언제든 단절될 수 있다는 두려움으로 이어진다. 이러한 두려움은 수급 중지의 두려움을 상쇄하고 둘 사이의 관계를 안정화하기 위해 기초생활수급 이외의 경제적 수입을 찾도록 만든다.

명의 도용

기초생활수급 이외의 경제적 수입을 찾는 이들이 선택하는 가장 쉬운 방법이 명의 도용 범죄 가담이다.[24] 명의 도용 범죄에 연루된 거리 노숙인 중 33%가 생계비를 마련하기 위한 목적에서, 17.5%가 거처를 제공해준다는 이유에서 범죄에 가담한다.[25]

정영희는 현금을 받는 대가로 브로커에게 자기 명의를 내주었다. CCTV에는 세 사람의 모습이 찍혀 있었다. 명의 도용 브로커, 정영희 그리고 홍인택. 동자동 쪽방촌에 거주하고 있지만 홍인택도 정영희와 마찬가지로 노숙 경험이 길다. 지금도 서울역 근방을 배회하곤 한다. 그는 서울역에서 알게 된 명의 도용 브로커를 정영희에게 "아는 형님"이라고 소개했다. 휴대폰 판매점 직원들은 세 사람의 너무나 자연스러운 모습에 아무런 의심도 하지 않았다. CCTV에 찍힌 명의 도용 브로커의 얼굴을 보고는 종종 새로운 사람을 데리고 와 휴대폰을 개

통한 적이 있는 낯익은 사람이라고 말했다.

이전에도 정영희는 전남편과 이혼 절차를 진행하는 과정에서 350만 원가량의 부채를 떠안은 적이 있다. 당시 큰언니 부부가 그녀 모르게 부채를 해결했다. 하지만 명의 도용 범죄에 연루된 정영희는 신용을 회복한 지 불과 2년도 되지 않아 다시 신용불량자가 될 위험에 처했다. 현재 정영희는 신용불량자를 위한 선불 휴대폰을 개통해 사용하고 있으며, 수급비가 지급되는 통장 이외에는 그 어떤 신용 거래도 할 수 없다.

그러나 정영희와 홍인택에게 현재 상황에 대한 걱정은 찾아볼 수 없었다. 정영희는 사용하지도 않은 요금을 어째서 자기가 지불해야 하는지 억울해 했다. 그러나 미납금 때문에 앞으로 자기가 어떤 상황에 빠질지에 관해서는 크게 걱정하지 않았다. 그녀는 "수급이 모자란다"라는 말만 반복했다. 한편 홍인택은 정영희를 위해 얼마나 헌신해 왔는지를 강조하면서 "아는 형님"을 비난했다. 그녀에게 브로커를 소개한 자신이 문제가 아니라, 빌려준 명의로 대포폰을 개통한 브로커가 잘못이라는 것이다.

홍인택이 정말 악의를 가지고 정영희에게 명의 도용 브로커를 소개했는지는 쉽게 판단하기 어렵다. 홍인택 역시 그녀와 마찬가지로 경증의 지적장애를 가지고 있다. 그의 행위도 단순한 악의가 아닌 빈곤, 지적장애, 그가 체화한 가부장 문화 등이 생애사에서 복합적으로 결합해 나타난 결과일지 모른다.

다만 브로커를 소개한 것이 정영희를 위한 돌봄의 일부로 행해졌으며, 정영희 역시 이를 돌봄으로 받아들이고 있었다는 사실은 강조하고 싶다. 두 사람에게 명의 도용 범죄가 가져올 미래의 결과는 중요하지 않았다. 이들은 명의 도용의 대가로 받은 80만 원으로 둘의 경제적 상황이 나아질 수 있으며 관계가 지속될 수 있다고 믿었다. 명의 도용은 "방을 치워주거나 밥 해 멕이고", "똥오줌도 다 치워"주고, "통닭"을 사주는 행위처럼 두 사람 사이에서 일상적으로 이루어져온 돌봄과 다르지 않았다.

명의 도용 범죄 이후에도 두 사람의 관계는 유지되고 있다. 두 사람 모두 이에 대해 심각하게 생각하지 않는다. 이러한 형태의 돌봄이 이들이 살아가는 환경에서 이미 매우 일상적인 형태로 자리 잡은 까닭이다.

졸피뎀

두 사람 사이에 나타나는 돌봄의 또 다른 모습이 있다.
어느 날 정영희에게서 전화가 걸려왔다.
"지금 그 사람 동자동에 왔어."

"누구요?"

"내가 전에 말했던 사람 있잖아. 약 사 가는 사람."

현재 심각한 우울증을 앓고 있는 정영희는 주기적으로 병원을 방문해 항우울제와 졸피뎀(zolpidem)을 처방받는다. 수면 유도제인 졸피뎀은 약효가 빠르고 지속 시간이 짧아 전 세계적으로 흔하게 처방되는 약이다. 다른 수면 유도제에 비해 부작용이 적다고 알려져 있지만, 섬망, 악몽, 환각 등의 발생 사례가 보고되고 있다. 졸피뎀을 이용한 성폭행 및 사기 범죄 행각도 지속적으로 보고되고 있다.[26] 정영희가 말한 "약 사 가는 사람"은 동자동 쪽방촌에 나타나 향정신성 약물을 불법으로 거래하는 브로커를 가리킨다. 정영희는 홍인택의 소개로 동자동에 출몰하는 약물 브로커와도 아는 사이가 되었다. 또다시 홍인택의 권유로 불법적인 거래에 연루될 수 있는 위험한 상황에 놓였다.

현장연구 기간 동안 나는 약물 브로커에 관한 주민들의 이야기를 어렵지 않게 들을 수 있었다. '동자동 쪽방촌 어딘가에 약물 브로커가 출몰했다가 사라졌다. 누군가가 자신이 처방받은 약물을 얼마를 주고 판매했다.' 동자동 쪽방촌 주민의 38.8%가 우울증을 겪고 있고, 26.6%가 자살을 생각한 적이 있으며, 10.5%는 실제로 자살을 시도한 경험이 있다.[27] 이러한 사실을 고려하면 동자동 쪽방촌에 약물 브로커가 출몰한다는 소문은 그리 놀랍지 않다.[28] 우울증 등의 정신질환으로 향정신성 의약품을 처방받을 수 있는 데다 늘 경제적 궁핍에 시달리는 쪽방촌 주민들은 언제라도 쉽게 거래할 수 있는 가장 편리한 대상이다. 약물 브로커에게 빈민의 신체와 질병은 경제적 가치를 생산하는 '저장소'로 다루어진다.[29] 빈민 자신에게도 신체는 마치 포커 게임에 사용되는 칩처럼 각종 경제적·법적 위험을 감당함으로써 현금을 획득할 수 있는 경제적 수단으로 사용된다.[30]

게다가 현재의 기초생활급여 수준 역시 빈민이 삶의 온전함을 지키기에는 부족하다. 2015년 이전 최저생계비는 물가 상승과 경제성장 등의 지표를 고려해 연평균 3.9% 인상되었다. 최저임금도 2018년에 16.4%, 2019년에 10.9% 인상되었다. 이에 비해 기준 중위소득(생계급여의 기준이 되는 금액)은 최근 3년간(2017~2019) 연평균 1.66% 인상되었을 뿐이다. 다른 복지 지표와 대조적으로 생계급여는 낮은 수준으로 유지되고 있다. 결국 생계급여에 의존해야 하는 수급자는 생존을 위해 "사회적 관계를 포기하고 고립된 생활"을 선택하거나, 정영희처럼 기초생활수급 이외에 또 다른 경제적 수입을 찾아야만 한다.[31] 만약 정영희가 홍인택의 권유를 끝내 거절하지 못하고 졸피뎀을 거래했다면, 추측건대 그녀 역시 약물의 대가로 받은 현금을 홍인택과 나누어 생활비로 사용했을 것이다.

하지만 명의 도용 범죄와 마찬가지로 이러한 돌봄 역시 정영희의 삶을 서서히 파괴하고 있다. 둘 다 그녀를 매개로 이루어지기 때문이다. 명의 도용으로 발생한 부채와 졸피뎀 거래로 발생할 수 있는 법적 책임은 그것을 권유한 홍인택이 아니라, 사건에 직접 연루된 정영희의 몫으로 남는다. 그런데도 그녀는 폭력과 상실의 경험, 동자동 쪽방촌의 환경, 기초생활수급의 불안정함이라는 중첩된 상황 속에서 홍인택과 관계를 단절하지 못한다.

수급비 관리

정영희와 홍인택은 수급비를 한데 모아 사용한다. 그러나 실질적으로 홍인택이 관리한다. 매달 20일 수급이 들어오면 홍인택은 관리를 명목으로 정영희의 수급비 중 30~40만 원 이상을 가져간다. 51만 2,000원의 생계급여 중 이 돈을 내주고나면 그녀가 쓸 수 있는 돈은 20만 원도 채 되지 않는다.

수급비 관리에 관한 홍인택의 이야기는 정영희를 향한 애정과 돌봄의 서사로 점철되어 있다.

"얘가 수급비를 빼서 나한테 맡기죠. 그러면 그거 가지고 절약해서 얘가 먹고 싶다는 거 먹여요. 닭도리탕, 해물찜……. 5만 원짜리 대짜 시켜서. 얘가 해물을 좋아하니까 해물찜 먹으면 새우, 전복 다 건져주고 해요."

홍인택은 정영희가 수급비를 제대로 관리하지 못하기 때문에 자신이 돈을 관리하고 지출하는 것이 더 합리적이고 바람직하며, 저축한 수급비는 대부분 그녀를 위해 사용한다고 이야기한다. 정영희와 함께 맛있는 음식을 먹거나 생필품이나 커피, 담배 등을 사는 데 사용한다. 그녀 역시 이러한 생각에 어느 정도 동의하고 있기에 홍인택에게 매달 수급비의 일부를 내어준다.

그러나 정영희는 홍인택이 사용하는 자신의 수급비가 얼마인지, 또 수급비를 어디에 어떻게 쓰는지 제대로 알지 못한다.

"돈을 어디에다가 썼냐고 물어보니까 모른다는 거야. 아무 답변도 안 해줘."

현장연구 기간 내내 나는 정영희의 푸념을 빈번하게 들었다. 수급비가 나온 지 며칠 지나지 않았는데도 홍인택이 수급비를 가져가 돈이 모자란다거나, 생활비를 주지 않는다는 넋두리였다. 그녀가 내게 돈을 빌려달라고 한 까닭도 홍인택의 수급비 관리로 경제적으로 불안정한 상황에 놓였기 때문이다. 그런데도 그녀는 계속해서 수급비를 홍인택에게 맡긴다.

"너무 압박감을 주니까……. 어디로 갈지 모르겠는거야. 그렇다고 저축을 하는 것도 아니고……."

정영희는 홍인택이 수급비를 어디에 사용하는지도 모르고, 저축하지 않는다는 사실을 알면서도 그에게 맡긴다. 관계가 어그러질지도 모른다는 압박감과 불안감 때문이다. 홍인택이 대부분의 수급비를 가져가서 정영희 모르게 사용하고 있는데도, 이는 홍인택이 그녀에게 제공하는 돌봄의 일부분이다. 그러므로 홍인택에게 수급비를 내주지 않는 것은 그의 돌봄을 거부하는 행위와 다르지 않다. 정영희는 설령 자신의 경제적 상황이 악화된다 하더라도 홍인택의 돌봄을 받아들임으로써 관계를 유지하고자 한다.

두 사람이 법적 혼인 관계가 아니더라도 사실혼 관계를 유지하면서 수급비를 모아 사용할 때 두 사람의 경제적 상황은 더 안정적일 수 있다. 그러나 홍인택이 수급비를 관리하기 때문에 정영희가 느끼는 경제적 불안정은 사실상 변함이 없다.

"얼마 떼어주고 나면 남는 게 없어. 그래서 이자랑 월세도 다 언니가 해줬잖아. 아이 교복을 사야 돼서 4만 원인가를 부쳐줬어. 근데 이번 달은 못 부쳐줬어. 언니가 막 재촉을 해, 어디에다가 썼냐고. 그러면은 나는 또 멍청한 짓을 해야 돼."

정영희가 말하는 "멍청한 짓"은 수급비가 모자라 누군가에게 돈을 빌리거나, 다시 명의 도용이나 약물 거래와 같은 행위에 연루되는 것을 말한다. 악순환의 반복이다.

지금도 정영희와 홍인택은 관계를 지속하고 있다. 그 모습도 크게 변하지 않았다. 여전히 정영희의 경제적 상황은 불안정하다. 그녀는 명의 도용과 약물 거래의 위험에 노출되어 있으며, 동자동 쪽방촌에서 일어나는 각종 사건·사고에 휘말린다.

정영희는 나와 가까운 관계를 형성한 주민 중 한 명이었다. 그래서 나는 목소리를 높이며 정영희와 홍인택의 관계에 적극적으로 개입하기도 했다. 각종 사건·사고를 겪으면서도 홍인택과 관계를 단절하지 못하는 그녀를 보며 답답한 마음이 들었다. 안타까운 마음에 때때로 화를 내며 그녀를 몰아붙였다.

"두 분은 건강한 관계가 아닌 거 같아요. 이건 말이 안 되지. 정영희 님 인생은 정영희 님 인생인데……. 자기 삶이 유지되는 상태에서 관계를 만들어나가는 거죠. 인생이 완전히 망가지고 있잖아요, 지금."

"……."

"그냥 헤어지는 것도 좋은 방법인 것 같아요."

"안 돼."

"왜요? 홍인택 님 없으면 못살 거 같아요?"

정영희의 대답은 한결같았다.

"응, 아직까지는."

정영희와 홍인택 사이의 연결은 정영희가 경험한 상실의 기억, 폭력의 경험, 그리고 동자동 쪽방촌이라는 조건이 중첩되는 가운데 만들어졌다. 이 과정은 기초생활수급이라는 환경 위에서 일어났다. 일반수급자라는 지위는 그녀가 양육권을 잃게 된 핵심적인 원인으로 작동했다. 동시에 수급은 홍인택과의 관계를 유지하는 매개이기도 했다. 홍인택과 관계를 통해 그녀는 동자동 쪽방촌에서 반복되는 폭력의 트라우마와 각종 위협을 피할 수 있었다.

그러나 그녀가 획득하고자 한 '온전한 삶'의 모습은 기초생활수급이 상정하는 삶의 형식과는 달랐다. 기초생활수급이 상정하는 삶의 형식은 경제적인 차원으로 나타났다. 이때 온전한 삶의 모습은 물질적으로 충족된 삶이었다. 하지만 정영희는 각종 복지 시설을 전전하며 "유령"이 되었던 자기 자신을 표현하고, 시설·병원·가족에게 의존하지 않으면서도 돌봄의 주체이자 대상으로서 독립적인 삶을 살아가고자 했다.

그래서 그녀는 경제적 궁핍과 불안정에 시달리면서도 홍인택과 관계를 유지하려 했다. 쥬앙 빌(João Biehl)과 피터 로케(Peter Locke)는 질 들뢰즈(Gilles Deleuze)의 논의를 빌려, "욕망은 끼어들고, 회피하고, 자신이 의도하는 것으로 승화함으로써, 권력이 만들어내는 주체화의 양식과 영토화를 지속적으로 비집고 나온다"고 말한다.[32] 지적장애인, 일반수급자, 클라이언트로, 돌봄을 받을 수도 줄 수도 없는 존재로 주체화되었던 정영희는 그것을 "비집고 나오는" 욕망을 관계의 형태로 "승화(sublimation)"함으로써 동자동 쪽방촌에서의 삶을 유지하고 있다. 양육권 상실의 경험에서 볼 수 있듯이, 일반수급자라는 지위는 돌봄을 제공받을 어떤 관계도 가지고 있지 않으며, 반대로 누군가에게 돌봄을 제공할 능력 역시 없다는 점을 내포한다. 그러나 최소한 홍인택과 관계에서 정영희는 홍인택에게, 그리고 광주에 있는 아들에게 돌봄을 제공할 수 있는 주체적인 존재일 수 있다. 정영희에게 삶의 온전함이란 이를 통해 획득할 수 있는 것이다.

그러나 수급 단절에 대한 불안과 공포, 부정 수급에 대한 제도적 감시, 생계급여의 부족 등 기초생활수급이라는 경제적 매개는 그 자체로 불안정한 요소들을 포함하고 있어서, 정영희는 경제적 불안정을 타개하고 홍인택과 관계를 유지하기 위해 명의 도용과 약물 거래에 연루되었다. 홍인택이 관리와 돌봄이라는 명분으로 정영희의 수급비를 거의 강탈에 가까운 형태로 가져가도 정영희는 이를 돌봄과 관계의 일부분으로 받아들였다.

이 과정에서 정영희의 경제적 상황은 더욱 더 악화되었고 각종 위험에도 빈번하게 노출되었다. 그럼에도 불구하고 정영희는 홍인택과 관계를 단절하지 못한다. 상실과 폭력의 경험에서 비롯된 의지, 즉 스스로를 표출하고 독립적으로 살아가고자 하는 의지는 기초생활수급을 매개로 한 홍인택과 관계로 이어졌다. 결국 정영희는 자신의 삶을 서서히 갉아먹는 파괴적인 돌봄의 관계 속으로 얽혀 들어갈 수밖에 없었다.

3 죽은 자를 기억하는 법

이른 아침부터 동자동사랑방 강은미 활동가의 걱정스런 목소리가 들려왔다.

"아이고, 어쩌면 좋아. 거기에 CCTV 없나? 뉴스에 나오는 거 아니야?"

하루 전 치러진 최경철의 장례식에 관한 이야기였다.

동자동 쪽방촌 9-20번지에 거주하던 최경철은 귀갓길에 건물 계단에서 의식을 잃고 쓰러졌다. 그러나 아무도 사고 현장을 발견하지 못해 제대로 된 응급처치를 받지 못한 채 한참 동안이나 방치되었다. 전신이 마비된 최경철은 이후 1년 반 동안 여덟 군데 병원을 옮겨 다녔다. 7월 7일 최경철은 한 요양병원에서 67세의 나이로 숨을 거두었다. 나흘 뒤 그의 장례가 치러졌다.

상주는 평소 최경철과 가깝게 지낸 쪽방촌 주민 강영섭(58세)이었다. 장례 다음날 동자동 어귀에서 강영섭을 마주친 나는 그에게 물었다.

"어제 최경철 님 장례는 잘 마치셨어요?"

"어, 국립묘지 근처에 담 옆으로 해서 뿌렸어."

"네? 뿌리셨다고요?"

"거기 한강이 내려다보이잖아."

"일부러 거기로 가신 거예요?"

"응, 거기까지 일부러 간 거지. 걸릴까봐 CCTV 있는지 잘 보고……."

강영섭의 말에 나는 놀랐다. 산이나 강에 산골(散骨)하는 행위가 법적 제재의 대상이기 때문만은 아니었다. 최경철의 장례는 일반적인 무연고 장례와 명확히 달랐다.

첫째, 화장을 마친 무연고 사망자의 유골은 '장사 등에 관한 법률' 제12조와 서울시 공영 장례 지원 절차에 따라 경기도 파주시 용미리 제1묘지 100구역의 무연고추모의집으로 옮겨져 10년간 봉안되거나,[1] 서울 시립승화원 실외에 마련된 유택(幽宅)동산에서 곧장 산골된다. 그러나 최경철의 유골은 동료 마을 주민에 의해 동자동까지 옮겨진 뒤 제3의 장소에서 산골되었다.

둘째, 무연고 사망자의 유골이 파주 무연고추모의집에 봉안될 때에는 유족이 유골을 찾으러 올 것에 대비해 완전히 분골(粉骨)하지 않고 봉안하는 것이 보통이다. 쉽게 말해 가루 형태로 빻지 않고 뼛조각 그대로 봉안한다. 그러나 최경철의 유골은 가루로 분골된 뒤 강영섭에 의해 산골되었다.

불만

최경철의 장례가 치러지기 두 달 전인 2019년 5월, 쪽방촌의 또 다른 주민 안제동의 무연고 장례가 있었다. 안제동의 장례식은 무연고 공영 장례가 동료 주민들에게 어떤 우려를 불러일으키는지 잘 보여준다.

마을 여기저기 붙어 있는 안제동의 부고를 발견한 나는 장례식 날 아침 6~7명의 마을 주민과 함께 동자동에서 한 시간가량 떨어진 서울시립승화원으로 향했다. 81세의 안제동은 동자동 9-19번지에 거주하다가 4월 15일 중구의 한 병원에서 관상동맥협착증이 일으킨 심부전으로 사망했다.

안제동처럼 병원에서 사망하면, 병원은 의사의 최종 진료 이후 48시간 이내에 사망진단서를 발급하고 연고자에게 사망 사실을 통보한다. 연고자가 확인되지 않으면 관할 구청에 연고자 미상 시신의 발생을 통보한다. 구청의 조사로도 연고자가 발견되지 않거나 연고자가 시신 인수를 거부하면 사망자를 무연고자로 확정한다.[2] 무연고자로 확정된 시신은 관할 행정 기관에 의해 화장 처리된다.

연고자의 범위와 행정 기관의 무연고 사망자 시신 처리의 책임 및 의무가 법적으로 규정된 것은 2000년 1월 '매장 및 묘지 등에 관한 법률(이하 매장법)'이 '장사 등에 관한 법률(법률 제799호, 이하 장사법)'로 개정되면서부터다. 공식 문건에서 '무연고'라는 표현이 사용된 것은 이때가 처음이다. 1인 가구 증가와 고령화, 니트족(NEAT, Not in Education, Employment or Training)의 보편화, 일본 사회에서 등장한 히키코모리(引きこもり, 은둔형 외톨이)와 무연사회(無緣社會)에 관한 논의가 한국에 전해지며 무연고사가 사회문제로 떠오른 것도 이 무렵이다.

법률을 개정한 이유는 "국토의 효율적인 이용을 도모하고 우리나라의 전통적인 장묘 문화를 획기적으로 개선하기 위하여 묘지의 설치 기간을 제한하는 등 묘지 증가 억제를 위한 제도를 마련"하기 위해서다.[3] 무연고 사망자 시신의 처리 방식에도 매장에서 화장으로의 장례 문화 변화가 반영되었음을 알 수 있다. 실제로 1993년 19.1%였던 화장률은 2004년 49.2%, 2011년 71.1%, 2018년 86.8%로 가파르게 증가했다.[4] 이러한 추세에 따라 가족묘 중심의 장례 방식 역시 납골당 중심의 장례 방식으로 바뀌었다.[5] 장사법에서는 무연고 시신의 매장과 화장을 모두 허용하고 있지만, 화장으로의 추세 변화에 따라 대부분의 무연고 시신도 화장으로 처리한다.

　법률 개정 이후 무연고 장례와 장례 지원이 최초로 제도화된 것은 2007년이다. 2007년 발의된 신안군 공영장례지원에관한조례를 시작으로 전국의 지자체로 장례 지원이 확산되었고, 서울시는 2015년부터 '착한 장례 서비스'를 시행했다.[6] 서비스 이용자들은 평균 장례비의 절반인 600만 원에 공영 장례 서비스를 이용할 수 있었다. 2018년에는 서울시 공영장례조례가 제정되어 무연고 사망자나 저소득층 사망자에게 공영 장례 서비스를 제공하기 시작했다.

　서울시에서는 공영장례조례에 따라 서울시설공단의 수주를 받은 의전 업체가 화장 절차를 진행한다. 장례식과 화장 등 모든 절차가 보통 하루나 이틀 안에 고양시 덕양구의 서울시립승화원에서 진행된다. 안제동 슬하의 자녀들은 50년 이상 교류하지 않은 점을 이유로 시신 인수를 거부하고 장례 참석만을 원했다. 따라서 안제동도 시립승화원에서 무연고 장례로 치렀다.

　40여 분 뒤 시립승화원에 안제동의 시신이 도착했다. 하얀 장갑을 낀 마을 주민들과 나는 장의 차량에 놓인 관을 5m 거리에 있는 운반용 카트로 운구했다. 관은 가벼웠다. 관 제작에 쓴 목재가 탄탄하고 좋은 것 같지는 않았다. 관은 카트에 실려 건물 내부의 화장 시설로 옮겨졌다.[7]

　"이제는 제대로 하네." '대한민국공무원의전'이라 쓴 운구 차량과 안에 실린 두 개의 관을 본 주민 심인호가 말했다. 모두 무연고 사망자 시신이었다.

"원래는 이렇게 안 했어요. 전에는 일반 승용차에다 시신 서너 구를 쌓아서 짐짝처럼 가지고 오고, 시신 운구도 안 하고 차에서 바로 카트에다 실어서 들어갔어요. 작년인가 재작년인가 우리가 항의해서 그때부터 서울시에서 최대 2구로 지정했고, 시신 운구도 짧은 거리나마 하게 했어요."

2018년 제정된 서울시 공영장례조례는 동자동 쪽방촌 주민을 포함한 여러 시민 단체와 빈민 운동 단체의 성과물이었다. 이들은 2017년부터 장례 지원 정책과 공영 장례 제도의 문제점을 지적해왔다. 무연고 사망자에게는 제대로 된 장례 지원이 제공되지 않으며, 설령 제공된다 하더라도 존엄한 죽음을 맞이하기 위한 물질적 조건이 충분하지 않다는 비판이었다.

2018년 1월부터 서울시 공영장례조례 제정을 요구하는 서명 운동이 벌어졌으며, 같은 해 3월 서울특별시의회 보건복지위원회 박양숙 위원장이 대표 발의한 서울특별시공영장례조례안이 임시회에서 통과되었다. 서울시공영장례조례안은 무연고 공영 장례의 대상을 대폭 확대했다. 공영 장례 대상이 기존의 '무연고 시신' 혹은 '연고자가 미성년자, 장애인 또는 75세 이상으로 장례 처리 능력이 없는 경우'에서 '기초생활보장수급자 및 차상위 계층'으로 바뀌었다. 장의 차량(운구차)과 같이 장례에 필수적인 현물 지원도 함께 요구할 수 있도록 했다.[8] "이제는 제대로 하네"라는 심인호의 말은 2017년부터 자신들이 요구해온 사안들이 2019년에 이르러서야 비로소 실행되고 있다는 이야기였다.

하지만 이러한 제도적 개선에도 불구하고 주민들은 망자의 물질화된(materialized) 몸이 다루어지는 방식에 대해 끊임없이 불만을 표출한다. "이제는 제대로 하네"라는 주민의 말이 가리키는 것은 삶 이후의 물질화된 몸이 다루어지는 방식들이다. 망자가 "짐짝"이 되느냐 인간이 되느냐를 구분하는 기준은 보장된 절차에 따라 장례를 치르는 문제만으로 결정되지 않는다. 오히려 장례 과정에서 이루어지는 미시적이고 의례적인 실천들을 통해 만들어진다. 그래서 주민들에게는 한 번에 몇 구의 시신이 운반되는지, 관이 어떤 형태로 쌓여 운반되는지, 영정 사진과 함께 관을 운구하며 고인에게 마지막 조의를 표하는 것이 가능한지의 문제가 더 중요하다. 물질화된 몸이 어떻게 다루어지는가의 문제는 고인을 애도하고 추모하는 과정에서 가장 핵심적인 자리를 차지한다.

애도와 기억의 시간

　화장이 끝난 뒤 안제동의 유골이 납골함에 담겨 나왔다. 마을 주민들과 유족은 시립승화원 뒤편에 자리 잡은 유택동산으로 납골함을 운반했다. 앞서 말했듯이 그의 유골은 장례 뒤 곧장 산골되어야 했다.
　"그렇게 할 거면 하얀 장갑은 뭐 하러 끼워요?"
　산골이 끝나자 주민들은 장례 절차를 진행한 조계종 간사에게 항의했다.[9] 문제는 화장을 마친 유골을 유택동산의 공용유골함에 옮겨 담는 과정에서 발생했다. 유족은 간사의 안내에 따라 유골을 공용유골함에 통째로 쏟아 부었다. 절차가 진행되는 동안 아무 말도 하지 않던 주민들은 장례가 모두 끝난 자리에서 불만을 터뜨렸다.
　"유족들이 직접 하나하나 손으로 해야지……."
　주민들은 유골을 한 움큼씩 여러 차례 집어 유골함으로 옮기지 않고 한 번에 들이부었다고 지적했다.
　"고인을 생각하면서 천천히 보내줘야지, 그렇게 한 번에 부어버리면 어떡해요? 그게 예의 아니에요?"
　"죄송합니다. 다음부터는 더 신경 쓰겠습니다."
　장례를 진행한 간사는 멋쩍은 표정으로 주민들에게 사과했다.
　비록 1~2분에 불과하지만 주민들은 고인을 마주하는 마지막 순간에 동료 주민을 기억하고 애도할 수 있는 시간을 가질 수 있기를 바랐다. 비록 50년간 연락이 단절되었다가 장례식에만 참석한 유가족이었지만, 그들도 자신들과 마찬가지로 고인을 기억하기를 바랐다. 유골을 직접 유골함에 옮겨 담는 시간은 장례의 마지막 단계이자 산 자가 망자의 물질화된 몸과 직접 대면하는 최초의 순간이기도 하다. 그렇기 때문에 주민들은 유골을 한 움큼씩 옮겨 담는 행위가 망자와 대면하며 마지막으로 그를 기억하고 애도하는 순간이어야 한다고 생각했다. 그러나 유골을 한꺼번에 들이부음으로써 기억과 애도의 순간은 사라져버렸다.

제도가 개선되기 전까지 시신을 "짐짝처럼 실어서 운구도 하지 않고 차에서 바로 카트에 실었다"라는 주민의 말 역시 애도와 기억의 시간을 앗아가는 장례 절차의 문제를 제기한 것이다. 동료 주민들이 시신을 직접 운구해 카트까지 옮기는 데 걸리는 시간은 1~2분 정도에 불과하다. 그럼에도 불구하고 제대로 된 운구 절차 없이 시신을 차량에서 곧장 카트로 옮기는 행위는 기억과 애도의 시간을 앗아간다. 이때 장례는 고인을 추모하는 의례가 아니라 기계적이고 관료적인 절차로 환원되어버린다.

시신이 안치소에서 차량으로, 차량에서 카트로, 카트에서 화장 시설로 옮겨지는 과정은 행정 규정에 따른 절차다. 주민들이 볼 때 이러한 행정 절차에서 무연고 사망자는 추모와 애도의 대상이 아니라 처리되어야 할 "짐짝"에 가깝다. 그러나 절차와 절차 사이에 존재하는 틈새 시간이나마 고인을 위한 기억과 애도의 시간으로 사용할 때 관료적이고 행정적인 절차에서도 "고인을 생각하면서 천천히 보내"주는 의례가 가능해진다. 주민들은 고인의 유골을 "직접 하나하나 손으로" 옮기고 차량에서 카트로 직접 운구할 수 있도록 요구함으로써 기억과 추모가 가능한 시간적 틈새를 만들어냈다. 이를 통해 행정적 절차인 무연고 장례를 추모의 의례로 바꾸어내고자 했다.

정체성의 유지

산골이 끝난 뒤 또 다른 주민 권인성(60대)이 나지막이 중얼거렸다.
"잡탕 되는 게 싫어."
고철을 주우며 생계를 유지하는 권인성은 쪽방촌 주민의 장례가 있을 때마다 거의 빠짐없이 참석한다. 그는 그때마다 항상 같은 말을 반복했다. 그에게 물었다.
"잡탕이 된다는 게 무슨 뜻이에요?"
"저기다가 뿌리면 아래로 내려가서 전부 섞이잖아. 잡탕 되는 건 싫어. 잡탕 되는 것보다 파주에 가는 게 낫지."
유택동산에 있는 공용유골함은 말 그대로 공용이다. 따라서 같은 곳에서 산골한 다른 사람들의 유골과 섞인다. 권인성은 이를 "잡탕"

이 된다고 표현한다. 유택동산에서 산골해 "잡탕"이 되느니 차라리 유골이 있는 그대로 보존되는 파주의 무연고 사망자 봉안 시설에 가는 게 더 낫다는 말이다.

장례 절차에서 주민들이 중요하게 생각하는 또 하나는 망자의 정체성 유지 문제다. 이는 생전의 정체성을 담고 있는 물질화된 몸의 보존 문제와 직결된다. 모리스 블로흐(Maurice Bloch)와 조나단 패리(Jonathan Perry)는 죽음이 가지는 임의성을 보편적 양식으로 통제할 수 있는가 없는가에 따라 '좋은 죽음'과 '나쁜 죽음'이 구분된다고 본다.[10] 즉 예측 불가능하거나 갑작스러운 죽음이라고 하더라도, 일반적이고 보편적이며 동일한 장례 절차를 통해 임의성이 드러나지 않도록 할 때 망자는 '좋은 죽음'을 맞이한다. 반면 훼손되거나 사라진 망자의 유해는 곧 죽음의 임의성을 의미하므로, 망자는 사후의 정체성을 부여받지 못한 채 '나쁜 죽음'을 맞이한다.

일본 고토부키의 쪽방촌(여인숙거리, ドヤ街) 주민들이 쿠보야마시립묘지에 매장되길 꺼리는 것 역시 이와 비슷한 이유에서다.[11] 이 묘지에는 망자가 무연고자임을 나타내는 탑이 세워져 있을 뿐 망자의 정체성을 나타내는 별다른 상징물이 존재하지 않는다. 고토부키 주민들은 이러한 방식으로 물질화된 몸이 처리될 때 망자가 사후의 정체성을 부여받지 못하고 고통과 원한에 사로잡혀 이승을 떠도는 무연불(無縁仏, むえんぼとけ) 혹은 아귀가 된다고 여긴다.

고인의 유골이 "잡탕"이 된다는 권인성의 말 또한 동료 주민의 물질화된 몸을 다른 유골과 구분할 수 없기에 망자의 사후 정체성이 온전히 보존될 수 없다는 뜻이다. 유택동산에서 산골할 경우 망자의 유골은 아무런 공통의 정체성과 유대도 가지지 않은 임의의 유골들과 무작위적으로 섞인다. 이때 망자의 사후 정체성은 다른 이들과 구분되지 않은 채 희미해지고, 산 자와 죽은 자 사이의 연결은 불확실해진다. 그 자체로 망자는 '나쁜 죽음'의 지위를 부여받는다. 반면 파주 추모의집에 봉안되는 유골은 "잡탕"이 되지 않고 일정 기간 동안 보존된다. 그렇기 때문에 설령 그것이 무연고 사망자를 '처리'하는 관료적 절차의 마지막 단계라 하더라도, 망자의 정체성을 유지하고 망자와의 관계를 유지할 수 있기에 즉각 산골하는 것보다 낫다는 것이다.

연고 있는 무연고자

안제동의 장례에 참석한 6~7명의 주민이 모두 그와 가까운 관계는 아니었다. 몇몇은 이웃 주민으로서 안제동의 얼굴만 알거나 이따금씩 간단한 안부 인사를 주고받는 사이였다. 그럼에도 이들은 이른 주말 아침 시간을 내서 안제동의 장례식에 참석했다.

한국의 전통 장례 문화에서 죽음은 '정상적 죽음'과 '비정상적 죽음'으로 구분된다. 정상적 죽음이란 결혼해서 자식이 있고 자식에게 제사를 받을 수 있는 죽음을 말한다.[12] 정상적 죽음을 맞이한 자는 일반적인 영혼이 아닌 '조상'이 된다. 반면 비정상적 죽음은 결혼하지 않고 죽거나 집 밖에서 일어난 죽음을 말하는데, 비정상적 죽음을 맞이한 자는 저승으로 가지 못한 채 원한을 품고 이승을 떠도는 악령 혹은 귀신이 된다. 즉, 죽음의 정상성과 비정상성을 구분하는 가장 중요한 기준은 죽은 자가 사후 가족이라는 수직적 계열 안에 위치할 수 있느냐이다.

또 다른 기준인 집 역시 가족을 상징하는 공간적 요소라고 할 수 있다. 집 안에서 죽음을 맞이하는 문제는 결국 가족의 보호와 관심 속에서 죽음을 맞이하는 문제로 귀결된다. 이는 일본, 베트남, 몽골 등의 아시아 국가에서 비슷하게 나타나는 죽음관이기도 하다. 전통적 기준에서 볼 때 무연고 사망자의 죽음은 그 자체로 비정상적 죽음에 속한다. 현대에 들어서 출생과 죽음의 공간이 집에서 병원으로 이동하는 추세이기에 집이라는 공간적 기준을 그대로 적용하기는 힘들다. 하지만 여전히 무연고 사망이라는 명칭은 이들이 가족을 비롯해 어떤 사회적 관계도 갖고 있지 않음을 의미한다.

가족을 기준으로 죽음의 정상성과 비정상성을 구분하는 방식은 무연고 장례의 제도적 설계에도 고스란히 반영되어 있다. 장사 등에 관한 법률 제2조 16항에 따르면, 연고자란 사망한 자의 "① 배우자, ②

자녀, ③ 부모, ④ 자녀 외의 직계비속, ⑤ 부모 외의 직계존속, ⑥ 형제·자매, ⑦ 사망하기 전 치료·보호·관리하고 있었던 행정 기관 또는 치료·보호 기관의 장으로서 대통령령으로 정하는 사람, 시신이나 유골을 사실상 관리하는 자"의 7가지 관계를 말한다. 이때 "연고자의 권리·의무는 각 목의 순서로" 행사된다.

여기에서 가족 이외의 사회적 관계에 해당하는 "시신이나 유골을 사실상 관리하는 자"는 연고자의 최하순위에 속한다. 차순위에 해당하는 대상에게 장례 여부를 물을지 말지는 해당 관청 공무원의 자의적 판단에 따라 결정되기 때문에, 사실상 가족 이외의 연고자가 장례 당사자가 되는 경우는 매우 드물다.[13] 죽은 자에 대한 의례의 주체는 반드시 혈연가족이어야 하며, 장례를 치러줄 다른 사회적 관계가 존재한다 하더라도 그것이 혈연가족이 아닌 이상 모두 무연고 사망자로서 비정상적 죽음의 자리를 차지하게 된다. 실제로 동자동 쪽방촌 주민 김미화는 남편이 사망했지만 혼인 신고를 하지 않고 40여 년 사실혼 관계로 지내왔다는 이유로 장례를 치르지 못했다. 심지어 병원에 안치된 시신조차도 확인할 수 없었다. 사실혼 관계의 아내는 법적 주체로 인정받지 못해 김미화는 아무런 권리도 행사할 수 없었다.

안제동과 그다지 친분이 없던 마을 주민들이 장례에 참여하고자 한 이유가 여기에 있다. 무연고 사망자로 규정된 안제동의 죽음은 행정 절차에 따라 처리되어야 할 비정상적 죽음이자 나쁜 죽음이다. 그러나 동료 주민들이 장례에 참석해 망자와의 연고를 드러낼 때 제도가 내포한 정상적 죽음의 기준은 위태로워진다. 동료 주민이라는 사회적 관계는 분명 혈연가족에 포함되지 않는다. 그러나 동료 주민들과 안제동의 관계는 그가 무연고 사망자가 아닌 '연고 있는' 사망자라는 점을 보여준다.

주민들은 장례에 참석함으로써 산 자와 망자 사이의 연결을 드러낸다. 양자의 연결은 무연고 사망자로 규정된 안제동에게 '연고 있는 무연고자'라는 역설적 위상을 부여한다. 이를 통해 주민들은 혈연가족을 중심으로 무연고자와 정상적 죽음을 규정하는 제도상의 빈틈을 드러낸다. 애도와 추모의 시간을 갖고 망자의 사후 정체성을 유지하는 것뿐 아니라, 안제동의 죽음을 비정상적으로 규정하는 제도적 기준에 상징적 균열을 일으킴으로써 그에게 정상적 죽음과 좋은 죽음의 위상을 부여한다.

망각의 윤리

화장이 끝나는 데 한 시간 반이 걸렸다. 주민들은 안제동의 유가족과 함께 지정 대기실에서 기다렸다. 유가족은 안제동의 과거를 회상했다.

"생전 가족은 신경을 안 썼어요. 가족 버리고, 애들도 버리고, 밖에 나가서 다른 여자 만나고 술 마시고 다니고……. 우리랑은 아예 인연을 끊었어요."

아내는 야속함을 쏟아냈다.

"그런 사람이 어딨어요, 세상에? 우리 가족이 온갖 고생을 다했어요. 애들도 어릴 때 고생했고, 나도 식당 일부터 파출부까지 안 해본 일이 없어요."

장례에 함께 참석한 안제동의 딸은 아버지의 얼굴조차 모른다고 했다. 딸은 아버지 모습을 50년 만에 영정 사진으로 처음 만났다. 장례가 치러지는 내내 그녀는 어색함을 감추지 못했다. 슬퍼하는 마을 주민들의 모습을 전혀 이해하지 못하는 듯했다. 그것은 아내도 마찬가지였다.

"그 사람이 우리 얘기는 한 적 없어요?" 아내가 마을 주민 조정일에게 물었다.

"가족 얘기는 아예 하지를 않았어요." 조정일이 대답했다.

"우리는 그런 거 이야기 잘 안 해요. 과거 얘기, 가족 얘기, 자식 얘기……. 각자 다 사정이 있겠거니. 아무리 미워도 마지막에는 이렇게 오셔서 인사하는 게 좋은 거죠, 그래도."

그러자 맞은편에 앉아 있던 권인성이 그의 말을 거들었다.

"간 사람, 너무 뭐라 하지 말아요. 마지막인데 잘 보내줘야죠. 안 그래요?"

 유가족은 안제동의 장례에 참석했다. 그러나 망자와의 관계 맺기를 거부했다. 유가족은 조정일과 권인성의 말에 끝내 동의를 표하지 않았다. 과거의 기억을 끊임없이 반추할 뿐이었다. 과거의 기억은 계속해서 현재로 회귀하며 죽음 이후에도 유가족과 안제동의 연결을 불가능하게 만들었다.

 그러나 주민들은 각자 동자동 쪽방촌에 오기까지 경험한 "과거 얘기, 가족 얘기, 자식 얘기" 등 서로의 "각자 사정"을 묻지 않는다. 물론 같은 공간에 거주하며 자연스럽게 서로의 과거를 알게 된 경우도 있다. 하지만 "우리는 그런 거 이야기 잘 안 한다"라는 조정일의 말처럼, 쪽방촌 주민들은 서로의 과거와 기억을 의도적으로 묻지도 대답하지도 않는다. 현장연구 기간 내내 많은 주민들이 이러한 '암묵적 윤리'를 보여주었다. 자기 이야기를 털어놓다가도 "내가 너무 많이 말했네. 쓸데없는 이야기를……"라며 황급히 말을 중단하기도 하고, 나와 대화를 나누던 다른 주민에게 "그런 깊은 이야기는 막 하지 말어!"라고 소리치며 말리기도 했다. 그 이유가 무엇이든, 과거의 기억은 서로 함부로 묻거나 이야기하지 않는 것이 주민들의 암묵적 규범이다.

 이처럼 쪽방촌 주민들 사이의 관계는 서로의 과거를 의도적으로 기억하지 않는 암묵적 윤리를 기반에 두고 있다. 누군가를 온전히 알고 기억하는 것이 아니라, 특정한 부분을 의도적으로 망각함으로써 주민들 사이의 연결은 가능하다. 주민들이 보여주는 연결은 완전한 연결이나 가까워짐의 형태가 아닌 부분적 거리 두기와 단절을 포함하는 망각의 관계에 가깝다.[14]

망각의 규범은 산 자와의 관계뿐 아니라 망자와의 연결을 유지하는 방법이기도 하다. 주민들의 입장에서 볼 때 유가족이 내뱉는 모진 말과 안제동의 과거가 모두 사실이라 하더라도 그것이 추모와 애도 받을 자격이 없음을 의미하지는 않는다. 오히려 주민들은 유가족의 비난을 "그렇다 하더라도(그래도)"나 "마지막인데"라는 말로 전유함으로써 안제동의 과거를 망각해야 할 것으로 만들고자 한다. 의도적으로 망각하지 않은 채 망자의 과거를 모두 기억할 때 그를 추모하고 애도하기 위한 연결은 불가능해지기 때문이다.

만남

최경철의 장례는 안제동의 장례가 끝나고 한 달 반이 지난 2019년 7월 중순에 치러졌다. 안제동의 장례식에서 목격한 주민들의 불만은 최경철의 장례에서도 그대로 반복되었다. 무연고 장례 절차에 개입함으로써 망자의 죽음에 덧칠된 '비정상적 죽음'의 규정을 탈피하고자 하는 실천도 마찬가지였다. 특히 동료 주민 강영섭은 장례에 더욱 적극적으로 개입했다. 그는 생전 최경철과 가까운 관계였다. 사고 뒤에도 그를 돌보았고 사망 이후에도 모든 장례 절차를 도맡았다.

강영섭이 최경철을 처음 만난 것은 약 30년 전인 1990년대다. 구둣방과 봉제 공장에서 일하던 강영섭은 봉제 공장이 사양길에 접어들자 인력시장을 통해 중국집에서 일용직을 시작했다. 강영섭은 자신과 마찬가지로 일을 찾으러 온 최경철과 인력시장에서 처음 만났다. 자주 마주친 덕에 강영섭은 최경철과 "형, 동생" 하며 서로 안부를 묻고 이야기를 나누는 사이가 되었다.

식당 일을 하던 강영섭은 중식 조리사 자격증을 따 주방장이 되었다. 나중에는 한식당에서 일하면서 영등포 쪽방촌에 정착했다. 최경철과 인연은 곧 끊어졌다. 최경철은 동자동과 제기동 근방의 쪽방, 고시원, PC방, 만화방에서 노숙과 정착을 반복하며 일용직으로 생계를 이어갔다. 그동안 강영섭은 이명과 난청으로 건강이 악화되어 기초생활수급자가 되었다. 노숙인상담보호센터 영등포 옹달샘드롭인센터에서 자활사업 반장으로 일하며 삶을 유지했다. 2012년 무렵 강영섭은 영등포 쪽방촌에서 동자동 쪽방촌으로 거처를 옮겼다. 낙후되기는 했어도 최소한 건물 안에 위치한 동자동 쪽방이 합판으로 지어 올린 영등포 쪽방보다 낫다는 생각에서였다.

2년 뒤인 2014년 강영섭은 동자동에 온 최경철과 재회한다. 방음이 잘 되지 않는 탓에 아래층에서 들려온 익숙한 목소리를 듣고 곧장 아래로 뛰어 내려갔다. 최경철의 목소리였다. 강영섭은 동자동 9-20 번지 3층에, 최경철은 4층에 방을 얻어 한 층을 사이에 둔 이웃 주민이 되었다.

둘은 오랜 동료이자 이웃 주민으로서 더욱 가까워졌다. 강영섭의 수급비가 나오거나 최경철이 일용직에 나가 수입이 생기는 날이면 함께 밥을 먹거나 술을 마셨다. 강영섭의 권유로 최경철은 우체국 보험을 만들고 일용직보다 안정적인 공공근로에 지원하기도 했다.

두 사람이 재회한 지 4년이 지난 2018년, 최경철은 계단에서 의식을 잃고 쓰러졌다. 자활사업에 출근한 첫날이었다. 최경철을 처음 발견한 주민은 평소 그와 가까운 강영섭을 찾아가 계단 근처에 최경철이 쓰러져 있다고 전했다. 강영섭은 최경철에게 이불을 덮어준 뒤 의식을 되찾을 수 있도록 보살폈다. 5분 뒤 최경철은 의식을 되찾았다. 하지만 눈만 깜빡일 뿐 몸을 움직이지 못했다. 그는 곧장 응급실로 후송되었다.

치료

계단에서 쓰러지며 머리를 부딪친 최경철은 전신 마비 증상을 보였다. 응급실에 이송된 뒤 그는 1년 5개월 동안 세 번의 수술을 받았고, 총 일곱 차례에 걸쳐 여덟 군데 병원을 옮겨 다녔다.

강영섭은 최경철이 병원을 전전하는 동안 "골든타임"을 놓쳐 병세가 악화되었고, 결국은 돌이킬 수 없게 되었다고 설명했다.

"수술을 안 해주려고 했어요. 병원 측에서는 자기네들이 수술할 수가 없대요. 내가 생각하기에는 그래도 A대학병원에 갔을 때 빨리 수술만 했으면……."

수술 이후 재활 치료를 하는 과정에서도 마찬가지였다. 최경철은 처음으로 이송된 A대학병원의 응급실을 거쳐 B시립병원에서 3개월, C의료원에서 1개월, D대학병원에서 1개월 치료를 받았다. 그 뒤 다시 C의료원으로 돌아가 3개월, E 비영리 민간병원에서 3개월, 다시 C의료원에서 3개월, 마지막으로 사망하기까지 F요양병원에 2개월 입원했다. 뇌신경 손상으로 수술 뒤 집중적인 재활 치료를 받아야 했지만 잦은 이동 탓에 회복할 시간이 부족했다. 입원 기간에 심각한 욕창마저 생겨 또 한 번의 수술을 받았다.

"3개월 지나니까 병원에서는 퇴원했다가 오든가, 아니면 다른 병원에 갔다 오든가 해야 된대요. 법이 그렇대요."

강영섭은 끊임없이 병원을 옮겨 다녀야 하는 이유에 대해 제대로 된 설명을 듣지 못했다. "법이 그렇다"라는 말에 수술이 가능한 병원, 입원이 가능한 병원, 재활 치료가 가능한 병원을 물색하며 이동을 반복할 수밖에 없었다.

최경철이 장기 치료를 받지 못하고 3개월에 한 번씩 병원을 옮겨 다녀야 했던 까닭은 병원의 의료 역량에 따른 판단이나 병원 간 협업 및 분업 체계 때문이 아니었다. 한국 공적 의료 체계의 구조적 문제가 더 큰 원인이었다. 1970년대부터 2000년에 이르기까지 한국의 의료 체계는 민간 중심의 의료 공급 체계를 구축해왔으며, 이는 1989년 전국민건강보험 도입 이후 더욱 극심해졌다.[15] 보편적 의료보험 도입으로 의료 수요가 급격히 늘어났으나 공공 병원에 대한 설립과 지원은 이에 미치지 못했고, 대조적으로 민간 병원과 민간의료보험 시장은 폭발적으로 커졌다.

IMF 외환위기 이후 의료 부문 역시 민영화의 영향을 받으면서 2000년대 초 이미 10배 가깝게 벌어진 공공 병원과 민간 병원의 차이는 더욱 극심해졌다. 2018년을 기준으로 한국 공공 의료 기관이 차지하는 비율은 전체 병원 수의 5.7%, 전체 병상 수의 10%로 OECD 평균인 52.4%, 71.4%에 비해 눈에 띄게 낮다.[16] 이에 비해 공적 의료(건강)보험의 보장성은 매우 높아서 의료 공급은 민간이, 비용은 공공이 부담하는 모순적 구조를 갖게 되었다. 그 결과 민간 병원은 의료 서비스 제공에 대해 적절한 수준의 보상을 받지 못해 경영 악화와 과잉 진료 등의 문제에 시달리게 되었고, 민간 병원에 비해 비급여 항목의 비중이 낮은 공공 병원 역시 의료 서비스의 질적 저하, 만성적인 운영 적자, 인력 부족과 같은 어려움을 겪게 되었다.[17]

이러한 의료 체계에서 고령의 기초생활수급 대상자인 최경철이 한 병원에서 3개월 이상 장기 입원하는 것은 사실상 불가능하다. 민간·공공 병원을 막론하고 입원 기간이 늘어날수록 정부가 병원에 지급하는 급여가 점차 삭감되기 때문이다. 따라서 병원이 수익성을 유지하기 위해서는 50% 가까이 급여가 삭감되는 3개월을 초과하기 전에 입원 환자를 내보내야 한다. 대부분 장기 입원이 불가피한 재활 치료라면 더욱 심각하다.[18]

또한 현행 기초생활보장법에 따르면, 3개월 내 30일 이상 입원 중인 수급자에게는 30일 초과 입원일수에 대해 생계급여액 중 주·부식비 상당액을 공제한다.[19] 입원 시 식비의 상당 부분이 해결된다고 간주하기 때문에 이에 해당하는 식비를 공제한 뒤 생계급여를 지급한다.

강영섭은 최경철이 입원한 지 5개월이 지난 뒤 그의 기초생활수급

가구규모 입원자수	1명	2명	3명	4명	5명	6명	7명
1명	216,074	183,955	158,649	145,996	138,404	133,343	129,728
2명		367,910	317,299	291,992	276,809	266,686	259,456
3명			475,948	437,999	415,213	400,030	389,184
4명				583,985	553,618	533,373	518,912
5명					692,022	666,716	648,640
6명						800,059	778,368
7명							908,096

[표8] 2018년 장기 입원에 따른 생계급여 공제표(단위 원)(보건복지부, 2018: 231)

을 신청했다. 전신 마비로 장기간 병상에 있어야 하는 최경철은 1인 기준 수급비 50만 1,600원에서 공제액 21만 6,000원을 뺀 28만 5,600원의 생계비를 받았다([표 8]).[20] 국민건강보험을 통해 의료비를 보전 받았지만 치료에 포함되는 비급여 항목이 삭감된 생계급여로 병원 생활을 감당하기는 어려웠다.[21]

입원한 지 3개월이 지나 최경철이 받고 있던 생계비마저 삭감되면, 의료급여 대상이 아닌 상황에서 그가 자비로 치료 및 입원비를 지불하기는 더욱 어려워진다. 최경철의 입원이 장기화할수록 병원 측에서는 경제적 손실을 입는다. 그럼에도 공공성을 유지해야 하는 공공 병원이 취할 수 있는 최대한의 조치는 또 다른 공공 병원으로의 이전을 적극적으로 권유하는 것이었다. 결국 최경철과 강영섭이 들은 말은 "딴 데로 가라", "일단 서울의료원으로 가라", "병원을 나가야 된다", "나갔다가 다시 들어오는 한이 있어도 일단 나가라"였다. 수술을 받기 위해서는 기다려야 했고, 기다림 끝에는 또다시 다른 병원으로 옮겨 기다림을 반복해야 했다.

최경철의 이야기를 들은 뒤 나는 B시립병원과 C의료원에 전화를 걸어 이와 같은 상황을 문의했다. 돌아오는 대답은 간단명료했다.

"그건 의료진이 판단할 문제죠."

전화 속 목소리가 쏘아붙였다. 두 병원 모두 같은 대답이었다.

전적으로 "의료진이 결정할 문제"이며, "의료진의 판단"에 따라 이루어진 합당한 의료적 절차이기에 행정을 담당하는 자신들과는 관계 없다는 말이었다.

최경철이 요구받았던 기다림과 이동은 의료 체계 안에서 등장하는 국가의 돌봄이 어떠한 형태로 나타나는지 잘 보여준다. 두 사람이 경험한 기다림과 이동은 의료 체계의 모순적 구조와 시장화, 공공 병원의 공공성 약화, 기초생활수급 제도의 맹점 등 여러 조건이 맞물리면서 발생했다. 하지만 이러한 구조적·제도적 조건들은 "의료진의 판단"이라는 선언 뒤로 사라진다. 그리고 기다림과 이동은 의료적 근거에 따라 내려진 합리적 판단의 일부이자 공적 의료 체계의 돌봄을 받기 위해 필수적으로 요구되는 '환자=기다려야만 하는 자(patient)'로서의 존재 방식[22]이 된다. 이에 순응해야만 환자는 의료 체계에 접근할 수 있다.

이 과정에서 최경철은 의료 체계에서 배제되거나 축출되지 않았다. 오히려 공공 병원과 의료보험의 도움을 받지 않았다면 아무런 치료도 받지 못했을 가능성이 크다. 그러나 공공 의료의 형태로 이루어진 국가의 돌봄은 강영섭이 기대한 돌봄과 달랐다. 강영섭은 자신이 최경철에게 한 것처럼 국가 역시 지속적이고 집중적인 장기간의 치료와 돌봄을 제공하기를 바랐다. 그러나 이는 한국 의료 체계상 불가능했다. "골든타임을 놓쳤다"라거나 "병원이 수술을 거부"하고 "완전히 마비가 올 때까지 손을 안 썼다"라는 강영섭의 말은, 실제로 공공 병원이 최경철의 치료를 "거부"했다거나 최소 수준의 진료만을 제공하며 '방치'했다는 뜻이 아니다. 국가의 의료적 돌봄에 대한 기대와 욕구가 충족되지 못했다는 불만의 표현이다.

대형 병원이나 3차 의료 기관으로의 쏠림 현상은 한국 보건의료 시스템의 고질병이다. 의료적 돌봄에 대한 기대와 욕구가 충족되지 못할 것이라는 불안감 때문에 의료 소비자는 자연스레 상급 병원이나 종합병원을 선택한다.[23] 그러나 의료보험과 의료급여의 도움을 받는다고 하더라도 비급여 비용 감당이 어려운 빈민은 의료 소비자로서의 선택권이 상당 부분 제한되기 때문에 국가의 돌봄에 수동적으로 기댈 수밖에 없다. 게다가 무연고 환자는 치료비를 지불하지 못할 가능성이 크다. 보호자의 동의 없이 치료를 감행했을 때 자칫 발생할 수도 있는 의료 책임을 모두 의료진이 떠맡을 수 있기 때문이다. 그래서 병원이 제대로 된 치료를 제공하지 않는 예도 많다. 이때 빈민이 행사할 수 있는 의료 선택권은 더욱 제한된다.[24] 설령 국가의 의료적 돌봄이 적극적으로 이루어졌다고 하더라도, 무연고자이자 빈민인 환자가 경험하는 의료 체계의 양상은 당사자가 기대한 돌봄과 어긋나면서 방치와 거부, 혹은 '포함적 배제(inclusive exclusion)'[25]와 다르지 않은 모습으로 나타난다.

책임과 돌봄

병원비와 치료비뿐 아니라 의료적 치료에 수반되는 모든 일상적 돌봄도 최경철의 보호자이자 대리인인 강영섭의 몫이었다. 법적 연고자가 된다는 것은 누군가의 법률상 권리를 대리한다는 뜻일 뿐 아니라, 돌봄의 책임 역시 떠안아야 한다는 뜻이었다.

물론 누군가를 돌보는 데 따르는 부담과 책임은 모든 이에게 보편적이며, 이러한 요청에 기꺼이 응답하는 행위야말로 돌봄과 상호 의존의 핵심일지도 모른다.[26] 강영섭은 돌봄의 책임을 자기 의사에 반해 억지로 떠맡은 것이 아니다. 그는 동료 주민에 대한 애정과 관심으로, 우정과 도리로 그 책임을 자발적으로 감내하고자 했다. 그러나 빈민이자 기초생활수급자로서 그가 느껴야 했던 책임의 무게는 지나치게 크고 무거웠다.

먼저, 치료에 필요한 비급여 비용은 기초생활수급자인 강영섭에게 커다란 부담이었다.

"아파서 힘든 게 아니라, 돈이 내 돈 70만 원, 형 돈 70만 원, 합쳐야 140만 원[27]인데 병원비 내고 내 방세 내고 형 방세도 내야 되고……. 내가 혼자 돈 받아서 쓰기도 벅찬데, 70만 원 갖고 이것저것 내고 하면 뭐 있겠어? 그런 입장인데 형님 병원비는 계속 들어가지……."

8만 원짜리 베개, 9만 원짜리 손목보호대, 18만 원짜리 안대 등 입원하는 동안 필요한 모든 부수적 의료 물품을 직접 구매해야 했다. 전신 마비로 거동이 불가능한 최경철을 위해 병원을 옮길 때마다 응급차를 부르는 비용만 해도 매번 10만 원에 달했다. B서울시립병원에서는 심각한 욕창까지 생겨 또 한 번의 수술을 받아야 했다. 하지만 B병원에서는 욕창 수술을 하지 못해 욕창 수술이 가능한 병원을 왕복하며 검사와 수술을 받느라 또다시 추가 비용이 들었다. 강영섭은 두 사람의 수급비를 합쳐 매달 100만 원 남짓한 돈으로 자신과 최경철의 생계와 병원비 및 치료비를 감당해야 했다.

경제적 지원뿐 아니라 최경철의 일상을 돌보는 일 역시 강영섭의 몫이었다. 최경철은 전신 마비 증상을 보였기 때문에 반드시 일상적 돌봄을 제공해야 했다.

"제일 힘든 게 뭐냐면은 내가 전부 똥, 오줌 가리면서 간병했어요. 나도 약 먹고 사는 사람인데 내가 죽겠더라고."

강영섭은 최경철의 음식 수발을 들고 "똥, 오줌부터 기저귀까지" 처리했다. 간병인을 써보려고도 했지만 계속해서 치료비가 나가는 상황에서 하루에 10만 원씩 드는 간병인을 추가로 고용하기란 불가능했다.

"간병인을 24시간 쓰려니까 하루 10만 원씩이에요. 그거를 못 써서 직접 하니까 내가 먼저 쓰러지겠어."

강영섭은 대형 기업이 운영하는 인도주의적 복지 단체들의 도움을 받아서 최경철의 치료와 입원에 드는 비용을 감당하고, 일상적 돌봄을 마지막 순간까지 제공했다. 처음에 비용을 감당하지 못하리라 생각한 강영섭은 '아산재단 SOS 복지지원사업'에 지원했다. 서울역 쪽방상담소에도 찾아가 돈을 빌렸다.

아산재단은 1977년 현대그룹의 모회사인 현대건설 창립 30주년을 기념으로 설립되었다. 아산재단의 사업 중 하나인 SOS 복지지원사업은 "2014년 송파 세 모녀 사례[28]와 같이 긴급한 지원이 필요하지만 정부나 민간단체의 지원이 신속하게 미치지 못하는 복지 사각지대의 취약 계층"을 돕기 위해 중위소득 80% 이하 계층에게 생계, 의료, 주거비 등을 지원한다.

서울역 쪽방상담소는 서울시와 KT의 공동 출자로 만들어진 시설이다. 서울시는 1억 2천만 원을 출자해 생활편의 시설 운영을 위한 공공 일자리 등을 지원하고, KT는 1억 원을 출자해 센터 운영에 필요한 임대료와 공공요금 등을 지원한다. 실질적인 운영은 종교단체 온누리복지재단에서 맡는다.

두 기관의 도움으로 강영섭은 입원비와 치료비를 지불할 수 있었다. 돌봄에 필요한 물품을 구매하거나 짧은 기간이나마 간병인도 고용했다.

강영섭은 국가의 의료적 돌봄 체계 안에서 최경철이 방치되고 거부당한다고 느꼈다. 이러한 감정은 병원비와 치료비를 지불하지 못해 언제라도 공적 의료 체계 바깥으로 밀려날 수 있다는 상시적 두려움 역시 포함한다. 강영섭에게 현대나 KT 같은 대기업의 지원은 시장의 인도주의적 지원에 기댐으로써 국가의 의료적 돌봄이 내포하는 배제의 가능성을 상쇄하기 위한 방법이었다. 불안정한 국가의 의료적 돌봄을 지속하는 일조차 기업의 인도주의적 지원에 의존해야만 가능했다. 이 과정에서 강영섭이 감당해야 했던 경제적·일상적 돌봄에 대한 부담은 그의 경제적 상황과 건강마저 서서히 위협했다.

떠나보내기

강영섭은 마지막 순간에도 최경철의 곁에 있었다. 강영섭은 일주일의 절반 이상을 요양병원에 찾아가 최경철의 안부를 살폈다.

어느 날 그에게 한 통의 전화가 걸려왔다. 최경철이 위독하다는 전화였다.

"왜 그러세요? 어제도 갔었고 그제도 갔었는데요."

"지금 아무래도 오셔야 될 것 같습니다."

그 길로 강영섭은 택시를 타고 요양병원으로 향했다.

"그래서 택시 타고 갔잖아요. 갔는데 눈은 뜨고 계시더라고. 그러니까 결국은 내 얼굴을 보고나서 눈을 감으신 거야."

7월 7일 최경철은 일곱 군데의 병원을 거쳐 마지막으로 도착한 요양병원에서 입원한 지 2개월 만에 사망했다.

강영섭이 최경철에게 제공한 돌봄은 그의 사후에도 이어졌다. 강영섭은 최경철의 장례와 관련한 전 과정을 도맡아 처리했다.

"그래도 무연고 안 하고 5일 만에 장례를 치른 거예요."

강영섭은 최경철의 장례를 무연고 장례가 아닌 일반 장례로 치렀다고 했다. 나는 물었다.

"굳이 무연고 장례가 아니라 일반 장례로 치르신 이유가 있나요?"

강영섭의 말에 "굳이"라는 단어를 붙여 질문한 까닭은, 내가 목격한 최경철의 일반 장례가 기존의 무연고 장례와 크게 다르지 않았기 때문이다. 게다가 일반 장례는 무연고 장례보다 훨씬 더 비쌌다. 그래서 나는 최경철의 장례가 치러지는 내내 아무런 의심 없이 무연고 장례일 것이라 생각했다.

일반 장례는 말 그대로 상조 회사나 병원 등 민간이 주체가 되어 치르는 장례이다. 그렇기 때문에 공영 장례에 비해 비용이 더 많이 든다. 대부분의 쪽방촌 주민들이 무연고 장례를 치르는 까닭은 유가족과 관계가 단절되거나 유가족이 시신 인도를 거부하기 때문만은 아니다. 설령 유가족이 있다 하더라도 일반 장례를 치를 때 소요되는 장례비를 고인의 장제급여[29]만으로 충당하기는 거의 불가능하다.

연고자가 있으나 연락이 닿지 않거나 연고자가 시신 인수를 포기

사유 \ 성·연령	신원미상	39세 이하			40~49세		50~59세		60~69세		70~79세		80세 이상		계
		남	여	미상	남	여	남	여	남	여	남	여	남	여	
연고자 미상	4	4	1		11	1	21	1	20		14	3	8	5	93
가족관계 단절					4	1	7		12	1	7	1	2	1	36
경제적 사유					2		5		4						11
건강 사유			1				2		1	1	1				6
기타				1	1		3		4			1			10
사유 미상		3			19		37	2	30	3	13	1	4	2	114
연고자 연락두절					3	1	4		10	1	3	1	3		26
계	4	7	2	1	40	3	79	3	81	6	38	7	17	8	296

[표 9] 무연고 사망자 성별/연령대별 무연고 처리 사유 통계 (단위: 명) (김진선, 2019: 37)

한 경우의 무연고 사망 처리는 전체 무연고 사망의 68.6%다. 연고자가 아예 없는 무연고 사망보다 비율이 높다. 또한 연고자가 있는 무연고 사망자 중 경제적 사유로 인해 무연고 사망으로 처리한 경우는 17%로 가족 관계 단절(57%) 다음으로 비율이 높다([표 9]). 연고자가 있는데도 무연고 사망으로 처리되는 사망자의 약 5명 중 1명이 경제적 사유로 인해 무연고 사망자가 되는 셈이다.[30]

최경철과 강영섭은 모두 기초생활수급자였다. 그래서 나는 이들이 일반 장례를 치르면 필요한 비용을 감당하기 어려울 것이라 생각했다. 자연스럽게 최경철의 장례도 무연고 장례로 치를 것이라 짐작했다.

설령 장례 절차를 최소화해 일반 장례에 드는 비용을 감당할 수 있다고 하더라도 실질적으로 무연고 장례와 최소화된 형태의 일반 장례는 크게 다르지 않다. 최경철의 장례 절차도 무연고 장례와 거의 일치했다. 유가족은 장례에 참석하지 않았고, 화장은 무연고 장례와 마찬가지로 서울시립승화원에서 이루어졌으며, 동자동 쪽방촌 주민들이 참석했다. 그런데도 강영섭은 200여만 원의 장례비를 더 지불하며 일반 장례를 치렀다.

차가워진 몸

어째서 굳이 일반 장례를 치렀느냐는 물음에 강영섭이 대답했다.

"일반 장례식은 사흘, 나흘 만에 나갈 수가 있잖아요. 근데 무연고로 하면은 차디찬 데서, 영안실에서 짧게는 한두 달, 길면 3개월에서 6개월까지도 가요. 연고자 찾는 것도 있고 수사도 해야 하니까."

강영섭은 유가족을 찾고 무연고자로 확정되는 데까지 필요한 행정적 절차와 시간 때문에 최경철을 "차디찬" 영안실에 오랫동안 방치하고 싶지 않았다. 그래서 무연고 장례가 아닌 일반 장례를 치르고자 했다.

김지은은 '좋은 죽음'과 '나쁜 죽음'을 구분하는 기준이자 망자가 사후 세계로 이행해 조상이 될 수 있는 주요한 요소 중 하나가 '물질화된 몸의 상태(materiality of dead body)'라고 본다.[31] 망자의 몸이 적합한 방식으로 처리되지 않고 부패할 때 망자는 조상이 될 수 없을 뿐 아니라, 자연의 순환 고리에서 어떤 자리도 부여받지 못하는 상징적·물리적 오물로 여겨진다. 그러므로 산 자와 망자 간의 집단화된 정체성과 '죽음에 근거한 사회성(necro-sociality)'[32]을 만들어내려는 여러 시도들은 고독사나 시신의 부패를 막기 위한 주민들의 실천에서 출발한다.

강영섭은 부패를 막기 위해 시신을 보관하는 동안 시신이 차갑게 얼어붙을까봐 걱정한다. 이는 물질화된 망자의 몸이 어떤 상태에 놓이고 어떤 방식으로 다루어지는가에 관한 문제다. 차갑게 얼어붙은 채 장례라는 통과의례를 거치지 못한 망자는 현생에서의 삶을 끝내지 못해 사후 세계로 이행하지 못한다.[33] 그뿐 아니라 영안실에서 차갑게 얼어붙은 몸은 실제 장례 과정에서도 문제를 일으킨다. 시신이 냉동 상태로 오래 보존될수록 화장에 걸리는 시간이 길어지기 때문이다. 망자를 또 다른 세계로 "보내주는" 과정이 또다시 지연되는 것이다. 앞서 안제동도 4월 16일에 사망했지만 무연고 장례는 한 달 반이 지난 5월 30일에야 치러졌고, 시신을 화장하는 데에도 일반 사망자보다 더 오랜 시간이 걸렸다. 내가 쪽방촌 주민들과 유가족 사이의 대화를 더 유심히 들을 수 있었던 까닭도 안제동의 화장이 오랫동안 진행되었기 때문이다.

안제동의 장례에서 주민들은 고인을 애도하고 추모할 시간적 틈새와 망자의 정체성 문제에 관해 문제를 제기했다. 강영섭이 이야기하는 시신의 보관과 처리 문제 역시 이 두 논점을 포함한다. 무연고 장례와 일반 장례의 전반적인 절차가 크게 다르지 않다고 하더라도, 비용만 지불하면 즉각적으로 이루어지는 일반 장례에 비해 무연고 장례는 통과의례의 시작과 진행이 계속해서 지연될 수밖에 없다. 통과의례가 지연될수록 망자에 대한 추모와 애도의 시간 역시 지연되고, 그동안 망자의 몸은 얼어붙은 채 "그 차디찬 데"를 떠나지 못한다. 그러므로 강영섭은 실질적인 절차가 크게 다르지 않고 더 많은 비용이 드는데도 "굳이" 무연고 장례가 아닌 일반 장례를 치르고자 했다.

연고자임을 증명하기

"무연고자가 아니라 내가 연고자가 됐잖아요. 연고자가 있는데 왜 무연고 장례로 합니까? 그러니까 일반 연고자 장례 절차대로 밟은 거야."

강영섭은 최경철이 '무연고 사망자'가 아닌 '연고 있는 사망자'라고 생각했다. 자신이 바로 최경철의 연고자였기 때문이다.

1년 5개월 동안 최경철에게 제공한 경제적·일상적 돌봄은 그가 연고자라는 사실을 증명하는 명확한 증거였다. 강영섭은 임종 직전까지도 최경철 곁에 있었다. 비록 "골든타임"을 놓치고 기다림과 이동을 반복하는 과정에서 죽음을 맞이했지만, 최경철의 죽음은 무연고 사망 혹은 비정상적 죽음이 아니었다. 연고자, 즉 강영섭 자신의 돌봄과 관심 속에서 죽음을 맞이한 '좋은 죽음'이었다. 그래서 강영섭은 연고 있는 사망자로서 일반 장례를 치르는 것이 당연하다고 생각했다.

게다가 최경철이 치료를 받는 지난 1년 5개월 동안 강영섭은 최경철의 보호자이자 대리인이었다. 치료 과정에서 남아 있는 여러 서류들이 최경철에게 연고자가 있음을 공식적으로 증명했다. 최경철의 사망신고를 하면서 강영섭은 그동안 쌓인 의료 서류를 통해 자신이 최경철의 법적 연고자가 될 자격이 있음을 증명했다.

물론 법적 연고자가 된다는 것은 장례에 드는 추가 비용을 모두 감당해야 한다는 뜻이었다. 강영섭은 최경철 생전의 병원비를 부담하고, 사후에도 미납 병원비를 대신 지불했다. 장례에 드는 추가 비용도 감당하기 힘든 부담이었다.

"무연고 장례를 안 하니까 돈이 많이 들었어요. 염해야죠, 5일 동안 영안실에 있었죠, 운구차도 불렀잖아요. 그러니깐 마지막에 애먹었죠."

강영섭은 최경철에게 지급된 장제급여 75만 원과 생전에 들어놓은 보험료로 병원비를 지불했다. 그리고 남은 80만 원에다 수급비를 아껴 모아놓은 자기 돈 70만 원을 합쳐 가까스로 영안실 안치 비용과 운구 비용, 장례비를 지불했다.

앞서, 몇몇 마을 주민은 안제동과 큰 친분이 없는데도 장례식에 참석했다. 이를 통해 혈연가족만을 연고자로 인정하고 이러한 틀을 벗어나는 죽음을 비정상적 죽음으로 규정하는 제도적 기준에 균열을 일으키고자 했다. 제도적으로는 무연고 사망자로 규정되었지만 사회적으로는 연고 있는 사망자임을 증명하려는 실천이었다. 그러나 주민들은 무연고 장례라는 제도적 틀을 회피하지는 못했다. 안제동에게 연고 있는 무연고자라는 위상을 부여함으로써 제도적 기준에 상징적 균열을 내는 데 그쳤을 뿐이다. 무연고 장례가 아닌 일반 장례를 치르기 위해서는 추가 장례비와 함께 누군가 안제동의 연고자라는 점을 제도적으로 증명해야 했다.

반면 강영섭은 제도적 기준에 상징적 균열을 내는 것을 넘어 제도적 틀 자체를 우회했다. 그는 의료 기록을 통해 최경철에게 연고자가 있음을 제도적으로 증명했다. 장례에 드는 추가 비용을 감당하고 일반 장례도 치렀다. 최경철에게 부여된 무연고자의 위상을 기각하고, 그가 연고자로서 좋은 죽음을 맞이할 수 있게 하려는 시도다. 강영섭이 보여준 실천과 두 사람 사이의 연결은 안제동의 장례에서 보여준 주민들의 실천보다 더욱 적극적이고 능동적이었다.

하지만 강영섭은 이에 따르는 부담과 책임을 오롯이 감당해야 했다. 강영섭의 경제적 상황과 건강은 점차 나빠졌다. 강영섭의 쪽방을 방문했을 때, 그는 내게 수십 개의 처방전과 냉장고 전체를 가득 채운 각종 약을 보여주었다. 그가 제공한 돌봄이 스스로의 소모와 파괴를 대가로 했음을 짐작할 수 있었다. 최경철과 강영섭은 의료 체계 안에서 형성된 연결을 통해 무연고 장례라는 제도적 틀을 우회하고 죽음 이후에도 지속적인 관계를 유지할 수 있었다. 그러나 이 과정에서 강영섭은 경제적·육체적·정신적으로 큰 대가를 치러야 했다.

강영섭은 최경철을 돌본 과정, 그리고 장례의 전 과정을 "끝까지 밀어붙였다"라고 표현한다. 치료부터 장례까지의 모든 과정을 자신이 "끝까지" 책임졌다는 의미만이 아니다. 그러한 돌봄을 계속해서 제공할 수 있었던 자기 자신에 대한 표현이기도 하다. 강영섭은 스스로가 소모되고 파괴될 정도로 "끝까지 밀어붙였다." 연고자로서 망자와의 연결을 유지하는 일은 스스로를 "끝까지" 소모할 만큼의 책임을 요구했다.

그러나 이마저도 예외적인 경우에 속한다. 강영섭·최경철과 달리 연고자로서 책임을 감당하지 못하는 대부분의 쪽방촌 주민은 무연고자라는 제도적 위상을 벗어나기조차 어렵다.

한강이 내려다보이는 곳

장례를 마친 뒤 강영섭은 최경철의 유골을 들고 동자동으로 돌아왔다. 날이 어둑어둑해지자 서울 근교의 한 국립묘지로 향했다. 시간이 늦어 국립묘지의 문은 잠겨 있었다. 산등성이에 위치한 덕에 근처에서 한강이 내려다보였다.

"경철이 형이 물을 좋아하셨어. 그래서 반은 강에다가 뿌리고 반은 산에다가 뿌렸어. '형, 강도 보고 산도 봐라' 그러면서 뿌렸어."

강영섭은 최경철의 유골을 국립묘지 근처 한강이 내려다보이는 곳에 뿌렸다.

최경철의 장례를 처음 목격했을 때 나는 두 가지 의문을 품었다. 유골은 어째서 시립승화원의 유택동산이나 파주 무연고추모의집이 아닌 제3의 장소에서 산골되었을까? 무연고 사망자인데도 왜 완전히 분골되었을까?

강영섭은 안제동의 장례에서 주민들이 이야기한 불만을 반복했다. 시립승화원 유택동산의 공용유골함에 산골하면 유골이 "잡탕"이 된다는 것이다.

"시립승화원에다가 뿌리면 여러 가지 뼈가 다 섞이잖아요. 그건 좀⋯⋯. 안 좋다는 마음이 있어서⋯⋯."

그렇다고 해서 최경철의 유골을 파주 무연고추모의집에 봉안할 수는 없다. 이미 일반 장례를 치른 최경철은 제도상 무연고 사망자가 아니기 때문이다. 그를 민간에서 운영하는 봉안당에 봉안하기도 쉽지 않다. 추가 비용이 드는 데다가 봉안 비용도 강영섭이 전적으로 감당해야 한다. 결국 그가 선택한 방법은 한강이 내려다보이는 곳에 직접 산골하는 것이었다. 강영섭도 그것이 법적으로 금지되어 있음을 알고 있었다. 그럼에도 최경철의 유골을 직접 들고 가 제3의 장소에 산골했다.

최경철의 유골이 완전히 분골된 이유도 함께 설명된다. 무연고 사망자 유골의 분골 여부는 엄밀한 규정으로 명문화되어 있지 않다. 장례 주체가 장례 이후 어떻게 망자의 유골을 처리하느냐에 따라 결정된다. 강영섭은 한강이 내려다보이는 곳에 직접 산골할 수 있도록 분골을 원했다. 무연고 공영 장례에 관한 업무 지침에 따르면, 최경철과 같이 유가족이 시신 인도를 거부하면 유택동산에서 산골하는 것이 원칙이다. 연고자나 지인에게 분골을 내어 주는 것도 금지된다.[34] 그러나 강영섭의 적극적 개입으로 최경철은 일반 장례를 치렀고, 그 덕에 최경철의 유골을 들고 동자동으로 돌아올 수 있었다.

존 로(John Law)와 안네마리 몰(Annemarie Mol)은 물질성(materiality)과 사회성(sociality)이 서로 밀접히 연관되어 있다고 본다.[35] 모든 사회적 연결은 물질을 매개로 형성되며, 물질의 배치는 특정한 형태의 사회적 연결을 만들어낸다. 물질화된 몸이 공동유골함에서 "잡탕"

이 되거나 "아무도 찾지 않는" 파주 무연고추모의집에 봉안될 때 산자와 망자 사이의 지속적인 연결은 불가능하다. 유골이 "잡탕"이 된다는 것은 망자의 정체성이 사라진다는 뜻이다. 또한 무연고추모의집에 봉안된 망자의 유골은 10년 뒤 폐기되어야 할 행정 처리의 대상이 된다. 유가족을 포함한 모든 일반인에게는 공개되지 않기에 망자에 대한 지속적 의례도 불가능하다.[36] 규정된 절차에 따라 망자의 물질화된 몸을 이동하고, 처리하고, 보관하는 국가의 돌봄에서 산 자와 망자의 연결은 허락되지 않는다.[37]

물론 여러 단체와 활동가의 노력으로 무연고 공영 장례의 여러 측면이 개선된 것은 사실이다. 특히 나눔과나눔[38]이 2015년부터 서울시내에서 발생한 무연고 사망자의 장례를 주관하고, 2019년 3월에 서울시와 공영장례지원업무협약을 맺으면서 눈에 띄는 변화가 일어났다. 현재는 빈소와 제사상 마련, 축문과 조사 낭송, 종교 의례 실시 등 망자가 존엄한 마지막을 맞이할 수 있도록 돕는 절차가 시행되고 있다. 그러나 나눔과나눔의 무연고 장례가 완전히 제도권 안으로 들어온 것은 아니다. 여전히 연고자 규정 문제나 시신 처리 절차와 관련해 법적·행정적 영역에 개입할 수 있는 여지는 크지 않다.[39]

반면 "한강이 내려다보이는 곳"은 1년에 단 하루만 열리는 무연고추모의집과는 달리 언제라도 연고자가 찾아가 망자를 애도하고 추모할 수 있는 가능성을 열어놓는다. 또한 공동유골함에서 "잡탕"이 되어야 하는 것과 달리, "생전에 물을 좋아했다"라는 최경철의 선호를 그대로 반영함으로써 죽음 이후에도 그의 정체성이 유지될 수 있도록 한다. 무연고 장례가 산 자와 망자 사이의 연결을 허락하지 않은 반면, 동료 주민으로서 강영섭이 제공한 장례 돌봄은 삶과 죽음 사이의 경계를 가로질러 산 자와 망자를 연결한다. 강영섭의 실천은 제도 속에서 규정된 물질성을 벗어나 물질성의 배치를 바꾸어냄으로써 망자와의 연결을 지속하기 위한 시도였다.

기억한다는 것

2019년 12월 서울역 광장에서 큰 행사가 열렸다. 매년 동지(冬至)에 열리는 '홈리스 추모제'다. 동지는 본격적인 겨울 추위가 시작되는 절기인 동시에 일 년 중 밤이 가장 긴 날이다. 그래서 노숙인, 쪽방촌 주민, 고시원과 비닐하우스 거주민 등 비적정 주거 시설에서 살아가는 빈민에게 가장 고되고 힘든 날이라는 상징적 의미를 지니고 있다.

이날 저녁 추모 문화제에서 강영섭은 무대에 섰다. 최경철을 추모하기 위해서였다. 그는 직접 적어온 추모사를 읽었다. 자신이 최경철과 어떻게 만났는지, 어떻게 다시 동자동에서 재회했는지, 최경철이 사고를 당한 뒤 어떤 과정을 겪었는지를 이야기했다. 그리고 그의 유골을 뿌리던 마지막 순간을 회상했다.

"형님이 떠나고 제가 상주가 되어 마무리를 했습니다. 유골을 제가 모시고 강과 산이 접해 있는 곳에다 뿌려드렸습니다."

그는 최경철을 무연고 장례가 아닌 일반 장례로 보내줄 수 있었다는 사실도 다시 한 번 언급했다.

"마지막으로 동자동사랑방에 감사드립니다. 사랑방의 도움으로 무연고 처리를 안 하고 정식 절차를 밟아 장례를 치렀습니다. 형님이 지금 저를 내려다보고 계실지는 모르나 좋은 데로 가셨으면 하는 마음입니다."

무대에 선 강영섭의 마지막 말은 다음과 같았다.

"아직도 제 머리에서는 완전히 떠나지 않았습니다. 추모제를 통해 이제 형님을 떠나보내려 합니다."

최경철을 "떠나보내려 한다"라는 강영섭의 말은 다시 한 번 망각이라는 암묵적 윤리를 떠올리게 한다. 강영섭이 떠나보내고자 하는 것은 망자의 존재가 아니다. 그는 최경철을 추모하고 애도하고 기억함으로써 죽음이라는 경계를 넘어 그와의 연결을 지속하고자 한다. 이를 통해 망자에 대한 책임을 다함으로써 동료 주민과 자신의 인간다움을 지키고자 한다.

추모제 기간 내내 서울역 광장 한 켠에는 2019 홈리스추모제공동기획단과 나눔과나눔의 현수막이 걸려 있었다. "리멤버(Re'member) 캠

페인 : 우리와 동시대를 함께 사시다 돌아가신 홈리스 분들입니다. 누군가에게는 소중하게 불렸을 이름, 우리가 기억합시다. 외롭게 삶을 마감하신 분들을 마음속에 간직하는 것, 그분이 살아온 역사를 기억하는 것, 그렇게 함께하는 것이지 않을까요?"

망자를 '기억한다(remember)'는 것은 곧 그를 '우리'를 이루는 구성원으로 '받아들인다(re-member)'는 의미다. 그러나 여기에 수반된 자기 소모와 파괴는 망자와의 연결을 유지하기 위해서 반드시 잊어야 할 과거다. 그래서 강영섭은 최경철을 돌보는 과정에서 짊어져야 했던 책임의 무게와 그에 대한 일말의 원망을 의도적으로 망각하고자 한다. 떠나간 자가 남긴 짐을 잊어버리는 망각의 윤리 속에서 비로소 산 자와 망자 사이의 연결이 가능하기 때문이다.

4 우리는 거지가 아니다

13	14 노래는 언제나
	돌아오곤 았다
	침묵과 작은 소리로
	엮은 침묵을 밟으며
	그 자리의 노래가
20	21 된다
	내듣보고 내가
	먹아 준다
27	28

새꿈어린이공원에 긴 줄이 늘어섰다. 쪽방상담소에서 나누어주는 겨울 이불을 받기 위해 늘어선 주민들이다. 공원 한구석에는 비닐 가방에 담긴 1,000개의 이불이 켜켜이 쌓여 있다. 비닐 가방에 찍힌 황금색 봉황 문양은 이 이불이 청와대에서 온 것임을 짐작케 했다. 공원 안에서 시작된 줄은 공원을 뚫고 나가서도 한참 이어졌다.

물건을 받기 위해 길게 늘어선 줄, 줄의 양옆에서 질서를 유지하는 봉사자들, 줄의 맨 앞에서 명단을 확인하고 무언가를 나누어주는 관계자의 모습은 동자동에서 그리 낯설지 않다. 각종 무료 물품 지원은 동자동 쪽방촌에서 활동하는 여러 단체의 가장 전형적인 활동이다. 빈곤이 우선 물질적 결핍의 문제라고 할 때, 결핍을 가장 적극적으로 충족시킬 방법은 주민이 필요로 하는 물품과 서비스를 직접 제공하는 것이다.

서울역 쪽방상담소는 KT, 삼성, 현대 등의 대기업뿐 아니라 각종 민간 복지 단체와 봉사 단체가 지원하는 물품을 주민에게 제공한다. 동자동 안에 위치한 G교회는 '사랑의 짜장면 나눔 행사'를 통해 한 달에 한 번씩 주민들에게 특식을 제공하며, 동자동사랑방 역시 '식도락' 사업을 통해 주민들에게 점심식사를 제공한다. 해피빈, 열매나눔재단 등의 민간단체도 간헐적인 물품 지원 활동을 펼친다. 서울 T고등학교, 해비타트 등 각종 봉사 활동 단체가 찾아와 노후한 건물을 수리하거나 쪽방과 공동세면실을 청소하는 등 일종의 '재능 기부'가 이루어지기도 한다.

쪽방촌에서 이루어지는 다양한 무료 물품 지원 활동은 주민의 삶에서 매우 중요한 부분을 차지한다. 쪽방촌 주민들과 직접 마주하는 현장에서 이루어질 뿐 아니라, 기초생활수급처럼 경제적 지원에 국한되거나 무연고 공영 장례처럼 생애 과정의 특정한 순간에 한정되지 않기 때문이다. 물품 지원 활동은 주민들의 일상 전반에 더 광범위하게 개입한다. 무료 식사와 도시락, 각종 생필품, 빨래와 목욕, 응급치료, 쪽방 수리 등 일상생활 전반에 걸친 대부분의 필요가 각종 단체들의 지원 활동을 통해 채워진다.

단체들의 물품 지원 활동은 주민에게 생필품, 식사, 서비스 등을 제공한다는 점에서 겉모습은 비슷하다. 하지만 물품 지원이라는 실천을 추동하고 정당화하는 논리는 단체에 따라 다르다. 때로 각각의 실천을 구성하는 서로 다른 논리들이 명시적인 대립 지점을 보여주기도 한다.

마비와 길들여짐

최경철의 마을장례 날 나는 주민협동회의 김동석 활동가와 짧은 이야기를 나눴다. 마을장례는 최경철의 일반 장례가 있기 하루 전날 치러졌다. 동자동사랑방이 운영하는 공동 식사 공간 '동자동 식도락'에 최경철의 임시 빈소가 차려졌다. 마을장례도 강영섭의 부탁으로 마련되었으며 강영섭이 역시 상주를 맡았다.

"최경철 님은 어떻게 돌아가신 건가요?"

최경철의 빈소에서 애도를 표한 뒤 나는 김동석에게 물었다.

김동석은 최경철이 그동안 병원을 전전했고, 1년 넘게 강영섭이 그를 돌보았으며, 죽음 이후에도 상주를 맡아 끝까지 그를 돌보고 있다고 말해주었다. 그러고 나서 김동석은 마을장례를 치르며 자신이 겪은 잊지 못할 경험을 이야기했다.

"예전에 공원에서 천막을 치고 마을장례를 한 적이 있었는데, 한 분이 부조로 3만 원을 내시는 거예요. 그걸 보고 우리가 전부 놀랐어요. 그분이 항상 했던 얘기가 '뭐 주는 거 없냐'였거든요. 항상 뭘 찾으셨어요. 완전히 주는 거에 길들여진 분이셨는데……. 절대 주머니에서 3만 원이 나올 분이 아니었거든요. 근데 그분이 병원에 계실 때 돌아가신 분이 찾아오고 그랬었다고 하더라고요."

김동석이 언급한 "길들여짐"은 동자동 쪽방촌과 주민들을 설명하는 가장 전형적인 서사다. 내가 현장연구를 막 시작했을 때도 김동석은 비슷한 서사를 들려준 적이 있다. 김동석과 처음으로 단둘이 나눈 대화에서 그가 들려준 이야기는 다름 아닌 "마비"와 "길들여짐"에 관해서였다.

"여기에 나눠주는 게 정말 많잖아요. 이게 주민들을 마비시켜요. 이제 고마움도 못 느끼는 거죠. 나눠주면 좋아하긴 하는데 막상 물어보면 누가 준 건지도 몰라요. 비판적으로 봐야 하는데 그게 안 되는 거예요. 스스로 할 수 있는 것, 해야 하는 것도 그렇게 하지 못하게 되는 거죠."

김동석은 무언가를 나눠주는 활동 때문에 주민들이 "마비"되고 "길들여진"다고 생각한다. "고마움"에 대한 감각은 사라지고 "비판적으로" 바라보는 눈은 어두워진다. "스스로 할 수 있는 것"인데도 자기 힘으로 무언가를 해내는 능력은 점차 사라진다.

내가 만난 모든 단체의 활동가와 관계자는 이러한 인식을 공유하고 있었다. 서울역 쪽방상담소 관계자 황민욱의 말도 비슷했다.

"물품 지원 같은 게 주민들의 삶을 유지하고 개선하는 데 굉장히 도움이 되잖아요?" 내가 물었다.

KT, 현대, 삼성과 같은 대기업들의 후원이 쪽방상담소를 통해 끊임없이 이어지고, 이것이 주민의 삶에 큰 영향을 미치고 있는 상황에 관해 이야기하는 중이었다.

"도움이 되죠. 근데 주민들이 일을 안 하려고 하고, '당연히 사회복지사 네가 나를 위해서 살려야 되는 거야' 이렇게 돼요. 얼마 전에 그런 얘기를 들었어요. '너 뭐 하는데? 나 먹이고 살리고 입히고, 의식주 다 해결해줘야 되는 거 아니야? 국가가 너희한테 그렇게 시킨 거 아니야? 근데 왜 넌 안 해?'"

자신이 사회복지사인데도 황민욱은 "너희가 먹이고 살려야 된다"라는 말을 듣고 난 뒤 복지의 역할에 대해 일말의 회의를 품었다. 황민욱은 대기업의 후원을 통한 물품 지원 사업이 주민의 삶 유지에 큰 도움이 된다는 점을 부인할 수는 없지만, 이것이 지속될수록 자립과 독립에 대한 주민의 의지는 점차 약해진다고 생각한다. 주민들은 점차 "일을 안 하려고" 하고, 각종 후원과 사회복지사의 일을 당연하게 생각하며 거기에 더욱더 의존한다.

동자동 G교회 담임목사 곽주형은 더욱 강한 어조로 마비와 길들여짐의 서사를 반복했다. G교회는 매달 사랑의 짜장면 나눔 행사를 펼친다.[1] 교회의 신도들과 자원봉사자들이 1,000인분이 넘는 짜장면을 만들어 마을 주민들에게 대접하는 날이면 마을 전체가 짜장면 냄새로 가득 찬다. 그를 만난 날 오전, 짜장면 나눔 행사가 있었다.

"아까 미어터지게들 왔어요. 우리가 배달까지 다 하고. 근데 그렇게 먹고 가도 '잘 먹었습니다' 인사하는 사람은 서른 명도 안 돼요. 수백 명이 넘게 와서 먹어도 '응당 줄 것이다' 이렇게 생각하는 거예요."

마비와 길들여짐의 서사는 다른 단체의 활동과 각종 복지 제도를 바라보는 그의 시선에서도 반복된다. G교회가 위치한 건물 지하에는 서울역 쪽방상담소가 여름철 무더위 쉼터 겸 물품보관소로 사용하는 여유 공간이 있다. 교회 앞 주차장에 의자를 가져다 놓고 그와 이야기를 나누는 도중 쪽방상담소 직원과 함께 자원봉사를 하는 몇몇 마을 주민이 도착했다. 그들은 트럭에서 여섯 개들이 물통 수십 개를 꺼내 지하로 나르기 시작했다. 곽주형은 그 광경을 가리키며 이야기했다.

"저게 주민들 나눠주라고 쪽방상담소에 들어온 물이에요. 근데 저런 거 하면 쪽방 사람들 얻어먹는 버릇이 생겨요."

곽주형은 물품 지원을 "얻어먹는 버릇"과 연결했다. 물품을 나누어 주기 때문에 "얻어먹는 버릇"이 생기고, 주민들에게 "얻어먹는 버릇"이 들게 되면 단체들도 무언가를 계속해서 나누어 줄 수밖에 없다.

정부의 복지 정책도 마찬가지다. 그의 이야기가 이어졌다.

"여기는 정부에서 돈을 타는 사람들이 거의 다죠. 근데 돈 관리를 못해요. 술, 담배, 노름 이게 굉장히 심해요. 돈 떨어지면 무료 급식소 가서 밥 얻어먹고, 후원해주면 그거 받아서 팔아먹어요. 이불도 팔아먹고 선풍기도 팔아먹고 다 팔아먹어."

곽주형은 쪽방촌 주민 대부분이 "정부에서 돈을 타는 사람들"인데도 그러한 지원이 별 소용없다고 말한다. "돈 관리"를 하지 못해 돈을 "술, 담배, 노름"에 써버린 뒤 결국 다시 "밥을 얻어먹고" 각종 물품을 받아 "팔아먹는" 식이다. 그러므로 정부의 공적 부조 역시 지원 활동과 마찬가지로 주민들의 "얻어먹는 버릇"을 재생산하는 기제와 다르지 않다. 이 같은 의존 상태를 벗어나지 못하는 한 주민들의 삶은 별반 달라질 게 없다.

낙인화된 의존

주민협동회 활동가 김동석, 쪽방상담소 관계자 황민욱, G교회 목사 곽주형은 마비와 길들여짐의 서사를 공유하고 있다. 모두 10년 이상 쪽방촌 주민들을 지켜보고 함께 일해온 이들의 경험에서 의존(dependency)은 쪽방촌과 쪽방촌 주민을 설명하는 핵심으로 자리 잡았다. 그러나 주목해야 할 것은 이러한 진단 자체가 아니다. 주민들이 보여주는 의존이 각각의 서사 속에서 어떻게 윤리적으로 평가되는가이다.

"쉽게 말해서 우리는 목적이 개 같은 사람을 사람 만드는 거예요. 사람답게."

G교회 목사 곽주형은 교회의 목적과 취지를 결연한 말투로 설명했다. 이어서 교회의 활동이 쪽방 주민들을 얼마나 변화시켰는지 설명했다.

"우리 교인들은 냄새가 하나 안 나. 쪽방 사람들 옆에 가면 막 썩는 냄새가 나요. 그렇게 달라요. 성품이 달라지고 행동이 달라지니까 자기 모양도 낼 줄 알고."

그는 교회 안에서 예배를 진행하는 주민들을 가리키며 덧붙였다.

"굉장히 만악(萬惡)한 사람들이었는데 저렇게 양처럼 순해졌잖아요."

여기에서 곽주형이 말하는 사람다움은 정영희의 큰언니 정민희가 이야기한 사람다움과는 다른 모습으로 나타난다.[2] 정민희가 말한 사람다움이란 일상적 돌봄을 통해 스스로를 가꾸고 유지할 수 있는 삶이다. 그러므로 스스로를 돌보지 못하는 정영희에게 부여된 삶의 형식은 곧 사람다움의 반대편에 있는 '사람답지 않은 삶'이다. 그러나 곽주형의 말에서 사람다움은, 설령 주민들이 스스로의 삶을 돌볼 수 있다 하더라도 그들이 다양한 형태로 의존하는 한 결코 획득할 수 없는 것으로 나타난다.

곽주형이 바라보는 주민들의 사람답지 않은 삶은 "개 같은 사람"과 "만약"이라는 매우 강한 낱말로 압축되고 있다. 그가 볼 때 고마워할 줄 모르고 "응당 줄 것이다"라고 생각하는 의존의 태도는 윤리적 악이다. 의존하는 태도는 설령 누군가 사람의 형상을 하고 있더라도 "성품"은 결코 "사람답지" 않은 "개 같은 사람"임을 보여준다. 몸에서 "썩는 냄새"가 나고, 거칠게 행동하고, 자기 스스로를 가꿀 줄 모르는 모습은 모두 이러한 "성품", 즉 의존하려는 태도에서 비롯된다. 따라서 의존에서 벗어날 때 비로소 사람다움의 형상을 획득할 수 있다. G교회가 활동하는 궁극적 목적과 취지도 주민들이 의존 상태에서 벗어날 수 있도록 돕는 것이다. 그래서 G교회는 조리된 음식이 아니라 식재료를 나누어준다. 주민들이 스스로 음식을 해 먹을 수 있도록 하기 위해서다. 겨울에는 붕어빵이나 호떡 굽는 기계를 대여해 자기 노동으로 작게나마 수입을 얻을 수 있도록 돕는다.

한편 쪽방상담소 관계자 황민욱이 말하는 의존은 시의 자활사업이 갖는 문제점으로 이어진다.

"빅이슈코리아[3] 같은 경우에는 잡지를 팔잖아요. 본인들이 많이 팔면 내가 (돈을) 많이 받는다는 게 있어요. 근데 자활사업은 어때요? 옛날에는 9개월을 했단 말이에요. 근데 이게 6개월 과정으로 줄었어. 근데 월급은 똑같아요. 인센티브? 없어요."

황민욱의 말에서 주민들의 의존하는 태도는 경제적 유인책의 문제와 직결된다. 자활사업은 노동시간과 강도에 비례해 임금이 주어지는 것이 아니라, 동일한 사업에 대해 동일한 임금이 지급된다. 그렇기 때문에 주민들은 자활사업에 참여하려 하지 않는다. 설령 참여한다 하더라도 정책이 의도한 효과를 달성할 수 없다.

"여기서 자활하다가 끊어지면 실업급여 받지, 실업급여 받다가 끊어지면 다시 자활하지……. 요즘 많이 달라져서 민간 일자리들이 많이 생겨갖고 청소나 이런 것들도 있는데, 주민들이 잘 안 가요. 자활보다 임금이 더 센데도 안 가요. 안 가는 이유가 힘들어서 안 간대. '나 그냥 여기서 하다가 실업급여 받을래요.' 결국 주민들은 요런 시스템만 많이 습득했어. 그리고 옆에 전수해줘. 신년에 뉴스에 뭐가 나오면 '나 수급비 올랐어', '기초연금 올랐어', '근로장려금 없던 게 만들어져서 나 받을 수 있어', 이런 식으로 사람들이 변하고 있다는 거예요."

황민욱은 주민들이 "실업급여", "수급", "기초연금", "근로장려금" 같은 복지 정책에 전적으로 의존하는 상황을 우려한다. 물론 자활사업에 참여한다 하더라도 장기간의 노숙이나 알코올중독, 정신질환 등으로 자활이 불가능한 예도 많다. 그러나 이러한 문제를 안고 있는 주민이 아닌 한 자활의 가능성을 차단하는 가장 큰 원인은 무조건적인 복지와 지원 활동이다. 자활하려는 의지나 실천 없이도 생계에 필요한 대부분의 것이 지급되기 때문에 의존적 태도로부터 벗어나기 힘들다.

곽주형과 황민욱의 서사에는 공통점이 있다. 둘 다 의존에서 독립으로, 의존에서 자활로의 변화를 궁극적인 방향으로 전제한다. 선교와 신앙을 통해서든 시의 자활사업을 통해서든, 의존은 "개 같은 사람"에서 벗어나 "사람답게" 살기 위해, 혹은 경제활동을 통해 빈곤에서 벗어나 자기 삶을 꾸려나가기 위해 반드시 벗어나야 하는 목표다. 그러므로 각종 복지 제도나 단체와 관련해 이들이 제기하는 물음은, 과연 이러한 방법들이 의존에서 독립으로 나아가는 데 얼마나 실질적인 효과를 낼 수 있느냐이다.

곽주형과 황민욱이 물건을 나눠주는 행위를 걱정하는 까닭도 이러한 활동이 주민들의 자활과 독립에 도움이 되기는커녕 오히려 의존을 강화한다고 생각하기 때문이다. 곽주형이 볼 때 의존을 재생산하는 지원 활동은 주민들의 몸에서 나는 "썩는 냄새"를 없애지 못한다. 한편 황민욱이 볼 때 자활과 노동의 의지를 고취할 인센티브가 없는 한 주민들은 더 나은 일자리가 있어도 계속해서 "시스템"에만 기대 살아가려고 한다.

곽주형에게는 매우 직접적으로 황민욱에게는 다소 간접적으로 드러나고 있지만, 이들의 말 속에는 공통으로 의존에 대해 부정적인 윤리적 평가가 덧씌워진다. 의존은 윤리적 "악"이자 빈곤의 문화다. 또한 쪽방촌 주민들이 보편적으로 보여주는 특성인 동시에 이들을 빈곤과 쪽방촌이라는 조건에서 벗어나지 못하게 하는 원인이다. 누군가 복지 제도나 단체의 활동에 전적으로 의존한다는 것은 그에게 자활의 의지와 가능성이 없다는 뜻이다. 그렇기에 의존은 쪽방촌의 주민으로 살아갈 수밖에 없다는 일종의 낙인으로 나타난다.

의존에 대한 부정적 평가와 낙인화는 제임스 퍼거슨(James Furguson)이 비판한 자유주의적 슬로건의 전형적인 판본과 일맥상통한다. '물고기를 주지 말고 물고기 잡는 법을 가르쳐라.' 이 수사에 담긴 함의는 다음과 같다.[4]

첫째, 노동과 생산 중심의 서사다. 돈이나 다른 자원을 조건 없이 지급한다면 수혜자는 이를 남용하거나 비생산적으로 쓸 것이다. 그러나 수혜자가 물고기 잡는 법을 배우면 노동을 통해 생산에 기여하고 부를 창조하며 생계를 유지할 수 있다. 정부에서 받은 돈을 술, 담배, 노름으로 써버리고 더욱 나은 삶을 위해 지급한 각종 물품을 전부 "팔아먹는" 주민들의 행동은 이러한 남용과 비생산적 활동의 전형이다. 반면 직접 요리를 하거나 붕어빵을 팔며 생계를 유지하는 것은 노동을 통한 생산적 행위다.

둘째, 의존성과 대립되는 자립·자활·독립의 서사다. 돈이나 자원의 무조건적 분배는 수혜자를 "의존성의 희생양"으로 만든다. 수혜자는 일할 의욕을 잃고 국가에 기대어 살아간다. 하지만 물고기 잡는 법을 가르침으로써 수혜자는 임금노동을 통해 국가나 사회에 의존하지 않는 독립적 존재가 될 수 있다. 경제적 유인책 없이 무조건적으로 동일한 임금을 지급하는 행위는 근로 의욕과 자립에 대한 의지를 떨어뜨린다. 주민들은 자활사업, 실업급여, 근로장려금 등 이름만 다를 뿐 유사한 형태의 복지 정책을 전전하며 독립할 수 없는 상태에 빠진다.

요컨대 G교회는 종교적·인도주의적 개입의 형태를, 쪽방상담소는 제도화된 복지의 형태를 취하고 있지만 이들의 실천 바탕에는 공통 서사가 있다. 의존이 임금노동과 경제적 생산을 핵심으로 한 독립, 자립, 자활과 대비되면서 윤리적 "악"으로 격하된다는 점이다. 노동을 통한 독립·자활·자립이 최종적인 목표로 설정되는 한 의존에 덧씌워진 낙인은 지원 물품에 기대어 살아가는 쪽방 주민에게 그대로 전가될 수밖에 없다.

긍정적 상호 의존

곽주형과 황민욱의 서사와 달리 주민협동회 김동석 활동가는 의존에 관해 다른 생각을 보여준다.

"뭐 주는 거 없냐고 하는 것도 그분의 모습이고 3만 원을 내는 것도 그분 모습이죠. 다만 후자가 그분의 본모습에 더 가깝지 않을까 생각해요."

그는 "뭐 주는 거 없냐"라는 마비와 길들여짐의 모습과 자신을 돌본 동료 주민을 위해 흔쾌히 "3만 원"을 내는 모습을 대비시킨다. 하지만 김동석이 볼 때 마비와 길들여짐은 부정되거나 비난받아야 할 대상이 아니다.

그가 바라보는 주민은 누구나 두 모습을 모두 갖고 있다. 그중 후자가 주민의 "본모습"에 더 가깝다. 그러나 평소에는 전자에 가려 쉽게 드러나지 않는다. 따라서 설령 주민들이 마비되고 길들여져 있다고 하더라도 강제적으로 없애거나 고쳐야 할 것이 아니다. 가려져 있는 주민의 "본모습"을 "발견하고 드러날 수 있게 하는 것"이 주민자조조직의 목적이다.

"그런 거죠, 주민의 본모습을 발견하고 드러날 수 있게 하는 것."

여기에서 김동석이 말하는 "본모습"은 곽주형과 황민욱이 말한 임금노동과 경제적 생산 중심의 독립과는 다르다. 동료 주민을 위해 기꺼이 주머니에서 꺼낸 "3만원"은 주민의 "본모습"을 상징적으로 보여준다. 하지만 그는 임금노동을 통해 무언가를 생산하지도, 부를 창출하지도, 독립을 성취하지도 않았다. 자신이 아플 때 병문안을 온 주민의 '줌(giving)'에 응답해 "3만원"의 형태로 '되돌려주었을(reciprocating)' 뿐이다. 죽음이라는 경계를 넘어 두 주민 사이에 이루어진 줌, 받음, 되돌려줌을 통해 둘은 상호 의존 관계를 형성하고 상징 차원에서 연결된 '우리'가 된다.[5] 김동석이 말하는 "본모습"이란 바로 이러한 상호 의존 관계와 주민 사이에 형성되는 연대(solidarity)를 가리킨다.

그러므로 주민자조조직이 목적으로 삼는 변화란 의존에서 독립으로의 변화가 아니라, 의존에서 또 다른 형태의 의존으로의 변화다. 김동석은 각종 물품 지원에 일방적으로 의지하는 주민이 결국에는 "스스로 할 수 있는 것"과 "해야 하는 것"을 하지 못하게 된다는 사실을 인정한다. 그러나 그것을 지양해야 하는 까닭은 이러한 의존이 윤리적으로 올바르지 못하기 때문이 아니다. 물품 지원에 대한 일방적 의존이 주민 간의 연대와 상호 돌봄, 즉 긍정적 상호 의존으로 이어지지 못하기 때문이다.

쪽방촌 주민 정민규(49세)의 말은 낙인화된 의존과 긍정적 상호 의존 사이의 대립을 주민의 입장에서 더 명확하게 보여준다.

"이것저것 내가 받는 게 많잖아. 그걸 돌려주는 거야."

정민규는 매일같이 동자동사랑방에 방문해 쓰레기를 줍거나 공동 공간을 정리하고, 식사 준비와 잡일을 돕는다. "왜 여기저기 쑤시고 다니냐"라는 주위 사람들의 핀잔을 받으면서도 그는 일을 멈추지 않는다.

2년 전이었던 2017년 여름까지만 해도 정민규는 하루에 소주 6병을 마셔야 할 정도로 극심한 알코올 의존 증세를 보였다. 위험할 정도로 건강이 악화되자 동료 주민들과 주민자조조직이 나섰다. 그 덕에 정민규는 용인과 송탄의 폐쇄 치료 시설에 입원할 수 있었다.

치료는 쉽지 않았다. 폐쇄 치료 시설에서 반년 넘게 머물러야 했고,

때때로 손과 발이 묶인 채 약물 치료를 받았다. 아예 술을 마시지 않는 것은 아니지만, 지금은 일상생활이 가능한 수준에서 스스로 음주를 통제할 수 있다는 사실에 고마워한다. 그가 말하는 "받은 것"이란, 동료 주민들과 주민자조조직의 도움으로 알코올 의존증을 치료한 일을 말한다.

정민규는 단체 안에서 어떤 공식적 지위도 가지고 있지 않다. 그러나 그는 자신이 할 수 있는 일을 찾아 수행한다. 이웃 주민들과 주민자조조직으로부터 받은 돌봄을 "돌려주기" 위해서다. 김동석이 말한 '3만원을 낸 주민'의 모습과 마찬가지다. 작은 노동을 매개로 "받은 것"을 돌려주고 동자동사랑방을 방문하는 모든 주민과 의존 관계 및 상호 돌봄 관계를 형성한다.

그러나 정민규는 이러한 의존과 연대의 느낌을 자활사업에서는 받지 못했다고 말한다.

"그럼 자활사업도 해보신 적 있어요?" 내가 물었다.

"자활은 안 해." 그가 대답했다.

"자활은 왜 안 하세요?"

"그런 느낌이 안 들어."

"어떤 느낌이요?"

"소속감. 자활 같은 경우에는 한두 시간 일하고 몇 십만 원, 거의 백만 원어치 받잖아. 근데 여기(동자동사랑방) 다니는 건 내가 좋아서 다니는 거잖아."

정민규는 자활사업이 "한두 시간"만 일해도 "몇 십만 원, 거의 백만 원어치"에 해당하는 임금을 받을 수 있다는 사실을 알고 있다. 그러므로 동자동사랑방에서 하는 작은 노동보다 자활사업에 참여하는 것이 경제적 측면에서 더 가치 있다는 사실도 안다. 그러나 그는 자활사업에서 "돌려준다"는 느낌과 "소속감"을 느끼지 못한다. 그러므로 자활사업은 결코 "내가 좋아서 다니는" 것이 될 수 없다. 그는 자활사업을 거부하고 일반수급자로 남아 소소한 노동을 통해 동자동사랑방에서의 소속감을 추구하고자 한다.

기존의 자유주의적 관점에서 정민규는 제도적으로 제공되는 자유와 자립의 기회를 거부하고 스스로 의존을 추구하는 "민주적 시민권의 지체 또는 미발전 상태"[6]로 보일지도 모른다. 그러나 노동 성원권이 더 이상 작동하지 않는 세계에서 인격적 의존을 통해 소속을 갖고자 하는 요구를 평가절하할 수만은 없다.

신유정은 임대주택 거주민들의 인격 손상과 모욕의 경험을 치밀하게 기술하면서, 거주민들이 노동, 호혜, 도덕모델이라는 세 가지 영역에서 일상적 의례를 통해 자신에게 부과된 사회적 낙인을 반박하고 사회적 인정을 추구한다고 분석한다.[7] 예를 들어 노동의 영역을 보면, 1단지 주민들은 생계에 별 도움이 되지 않는데도 동네 공터나 산에 텃밭을 가꾸고 작물을 수확해 재래시장에서 판매한다. 그다지 효과가 없어 보이는 게르마늄 세안제 발명에 몰두하기도 한다. 이를 통해 주민들은 스스로의 유용함을 증명하고 사회에 적합한 존재로서 타자의 인정을 획득하고자 한다.

정민규 역시 쓰레기를 줍거나 공동 공간을 정리하고 식사 준비와 각종 잡일을 돕는 등의 노동을 통해 "받은 것을 돌려준다"는 느낌과 "소속감"을 획득하고자 노력한다. 여기서 노동은 자신이 동자동사랑방이라는 작은 사회 안에 소속되어 있음을 확인하고 상호 긍정적인 의존 관계를 형성하기 위한 매개로 나타난다. 낙인화되고 평가절하된 의존의 서사 속에서 정민규는 "만약"한 모습으로, 결코 쪽방촌을 벗어날 수 없는 전형적인 빈민의 모습으로 격하된다. 하지만 상호 의존 관계에서 정민규는 사회 안에서 자리를 부여받고 사회 안의 다른 구성원들과 주고받음의 관계를 형성한다.

자활사업을 포기하고 동자동사랑방에서 작은 노동과 "돌려줌" 그리고 "소속감"을 선택한 정민규의 모습은 부정적 의존에서 긍정적 상호 의존으로의 변화를 명확하게 보여준다. 정민규가 갈망하는 것은 임금노동을 통한 시장에서의 독립과 자유주의적 시민으로서의 성원권이 아니다. 오히려 그는 임금노동으로 인정받지 못하는 작은 노동을 통해 상호 의존의 관계를 형성하고, 공동체 안에서의 위치와 "소속감"을 획득하고자 한다.

통제와 대상화

의존과 자립 문제 이외에도 여러 단체의 물품 지원 활동이 대립하는 또 하나의 지점이 있다. 줄 세우기가 보여주는 통제와 대상화다.

길게 늘어선 줄은 물품 지원에 필수로 동반되는 절차다. 옷가지나 생필품, 김치나 식료품을 나누어줄 때면 쪽방촌 주민들은 정해진 시간보다 한두 시간 먼저 도착해 줄을 선다. 쪽방상담소에서 진행하는 행사뿐 아니라 G교회에서 짜장면 나눔 행사를 할 때도, 주민자조조직과 빈민 운동 단체들이 각종 행사를 할 때도 주민들은 언제나 길게 줄을 선다.

줄서기는 주민들에게 특정한 몸의 배치와 시민적 덕목을 요구함으로써 정치적 효과를 만들어낸다. 또한 주민의 인격과 자존감과도 연관된다.

2019년 6월 서울의 한 지역자활센터에서 동자동을 방문했다. 성공적인 지역 주민 운동의 사례로 평가받는 주민협동회를 참관하기 위해서였다. 주민협동회에 관한 영상과 프레젠테이션을 보며 약 한 시간가량 설명과 질의응답이 이어졌다. 현장연구 초창기여서 나도 외부 손님들과 함께 둘러앉아 동자동 쪽방촌과 주민자조조직에 관한 설명을 경청했다. 모든 발표는 주민활동가들이 진행했다. 한두 번 해본 솜씨가 아닌 듯 매끄러웠다.

단체를 소개하는 프레젠테이션에는 다음과 같은 원칙이 쓰여 있었다.

'지역의 주인은 주민!'

'뭔가를 계속 나눠주는 외부 기관과 사람들이 주인 행세.'

'주민은 대상화(줄 세우기), 나아지지 않는 주민의 삶.'

주민협동회의 주민활동가들은 원칙에 따라 절대 다른 주민들을 줄 세우지 않는다고 했다.

위와 같은 원칙은 동자동사랑방과 주민협동회의 모든 사업에 적용된다. 추석을 맞아 대규모 마을잔치를 할 때도, 동짓날 홈리스 추모제에서 팥죽을 나누어줄 때도 활동가들과 자원봉사자들, 행사에 참여한 주민들에게는 항상 같은 말이 반복되었다.

"줄 세우지 마세요!"

"줄 서지 마세요!"

줄 서지 말라는 말에도 자발적으로 줄을 서는 주민들이 있었다. 그마저 말리자 현장은 순식간에 혼란스러워졌다. 그런데도 이들은 끝까지 줄 세우기를 거부했다.

이는 쪽방상담소에서 이루어지는 물품 지원 활동과 상반된다. '줄 세우지 않는다'는 주민자조조직의 원칙을 확인하고 한 달이 지난 2019년 7월, 동자희망나눔센터에서 개소 5주년을 기념하는 여름나기 행사가 열렸다. 행사 주체인 쪽방상담소와 KT는 화채, 양말, 물통,

속옷 등 여름을 나기 위한 필수품을 나누어주었다.

역시 주민들은 긴 줄을 섰다. 쪽방상담소에서 자원 봉사하는 주민들은 '쪽방상담소'라 쓴 노란 유니폼을 입고 긴 줄의 양옆에 섰다. 줄을 관리하는 것이 이들의 역할이었다. 봉사자들은 질서를 유지하기 위해 주민들에게 종종 고함을 질렀다.

"일단 이쪽으로 나와!"

"줄 뒤로 가!"

"기다려!"

줄을 서지 않거나 줄 안에서 혼란을 일으키는 주민들은 가차 없이 제재를 받았다. 덕분에 행사는 질서정연하고 효율적으로 진행되었다.

수백 개가 넘는 물품을 모든 주민에게 나눠주기 위해서는 질서와 효율이 필수다. 그러나 '줄을 세우지 않는다'는 주민협동회의 원칙은 질서와 효율을 추구하는 과정에서 발생하는 통제와 대상화의 효과에 대해 문제를 제기한다. 줄서기라는 절차는 주민에게 특정한 규율과 덕목을 요구한다. 물품을 받기 위해 주민들은 일렬로 늘어서 자기 차례를 기다리고, 줄을 관리하는 봉사자들의 통제에 따라야 한다. 질서와 인내, 이를 통한 자기통제는 복지 수혜자가 반드시 갖추고 따라야 할 덕목과 규율이다. 이에 순응하지 않는다고 판단될 때에는 물품을 받을 수 없다.

그러나 기다림은 단지 효율을 위한 행정적 절차만이 아니다. 기다림은 통제의 기술이자 정치적 전략이기도 하다.[8] 행정 대상에게 특정한 덕목을 갖추고 규율에 따르도록 요구함으로써 순응적 주체를 만들어내는 정치적 효과를 발생시킨다. 주민들은 '자격 있는' 수혜자가 되기 위해 줄서기가 내포하는 질서, 인내, 자기통제와 같은 요구 사항을 통해 순응적 주체가 되어야 한다. 이 과정에서 받을 자격이 있는 대상과 그렇지 않은 대상을 구분하는 주체와, 정해진 덕목과 규율에 순응하고 스스로를 순응적 주체로 만들어야 하는 대상은 명확하게 구분된다. "뭔가를 계속 나눠주는 외부 기관과 사람들"은 줄서기를 통해 주민들을 통제한다. 또한 수혜자가 되기 위해 가져야만 하는 일련의 자세를 요구함으로써 "주인 행세"를 한다. 반면 주민들은 줄서기라는 행위를 자발적으로 실현하고, 이를 통해 스스로를 규율함으로써 통제에 순응하는 "대상"이 된다.

통제와 대상화의 결과는 G교회 곽주형의 말에서도 드러난다. 앞서 곽주형은 "만악"한 주민들이 교회 활동을 통해 변화했다고 자랑스러워했다.

"굉장히 만악한 사람들이었는데 저렇게 양처럼 순해졌잖아요."

지원 물품에 "고마워할 줄" 모르고, 물품을 팔아 노름을 하거나 술과 담배를 사고, 자립하려는 노력은 하지 않은 채 "얻어먹는" 것에 안주하는 "만악"의 모습에서 주민들은 "양처럼" 순해졌다. 곽주형의 말에서 "악"의 모습과 대비되는 긍정적 변화는 싸움을 일으키지 않고 질서를 지키며, 정해진 규율에 순응하고 자기를 통제할 수 있는 "양처럼 순한" 사람으로의 변화다.

자기 규율과 통제는 이중적 측면을 가진다.[9] "살게 만드는 권력"으로서의 규율은 삶의 구체적인 방향성을 제시하고 자기 관리 능력을 부여하지만, 동시에 순응적이고 자기 규율적인 정치적 주체를 생산해낸다.[10] 물론 쪽방촌에 만연한 알코올과 도박 중독 같은 문제들을 고려한다면, 이러한 자기 통제와 규율이 병리적 치료의 효과를 갖고 주민들의 삶에 방향성을 제시한다는 점을 부인할 수 없다. 그러나 주민들이 도달해야 하는 최종적 상(相)은 결국 "양처럼 순한" 순응적 주체의 모습이다. 동자동사랑방과 주민협동회는 이처럼 물품 지원과 줄서기가 갖는 정치적 효과, 즉 통제를 통한 대상화와 순응적 주체화를 강하게 비판한다.

선별과 배제

주민들의 끊임없는 줄서기는 선별과 배제의 과정과도 연관된다. 주민들이 계속해서 줄을 서야 하는 또 하나의 이유는 물건을 나눠주기에 앞서 그/그녀가 동자동 쪽방촌의 주민인지를 확인해야 하기 때문이다. 쪽방에 거주한다고 해서 모두가 쪽방상담소에서 나누어주는 물품을 받을 수 있는 것은 아니다. 오직 쪽방상담소에 등록되어 있는 쪽방 거주민만 물품을 받을 수 있다. 등록되어 있는 쪽방에 거주하고 있는지, 지원 물품을 받을 자격이 있는지 확인하는 작업이 바로 줄서기를 통해 이루어진다.

긴 줄의 양옆에서 유니폼을 입은 주민들이 줄을 관리하고 통제한다면, 줄의 가장 앞에는 책상에 앉은 쪽방상담소의 직원들이 있다. 이들은 주민의 쪽방상담소 등록증과 신분증을 확인하고, 인쇄된 명단과 대조한다. 물품을 받을 자격이 있는지, 같은 사람이 두 번 이상 물품을 받아가지 않는지 확인하는 작업이다. 안내와 기다림 끝에 마지막 확인 절차를 거친 뒤에야 주민들은 물품을 받아갈 수 있다.

2019년 가을 쪽방상담소의 등록자 명단이 전산화되면서 이러한 작업은 더 빠르고 정확해졌다. 주민이 가지고 있는 쪽방 등록증은 신분증 뒷면에 붙일 수 있는 작은 바코드로 대체되었다. 등록증과 서류를 대조하던 직원의 모습도 노트북과 바코드 리더를 들고 있는 모습으로 변했다. 전산화는 '선별'이라는 줄서기의 기능을 더욱 강화했으며, 필연적으로 자격 조건에 해당하지 않는 주민을 '배제'하는 기준도 강화했다.

정영희는 홍인택의 쪽방에서 함께 생활하고 있다. 그러나 주소지는 강북구의 한 임대주택에 등록되어 있다. 공식적으로는 쪽방촌의 주민이 아니다. 그녀는 동료 쪽방 주민의 회원증을 빌려 쪽방상담소에서 나누어주는 생필품 상자를 받아보려 했지만 결국 실패하고 말았다.

"여기서 박스를 나눠주잖아. 아는 사람 통해서 회원증을 빌려서 그거 갖다가 박스를 탈라고 그랬어. 근데 못 탔어. 탈 수 있을 거라고 그랬는데 결국 안 되는 거야. 어찌나 기분이 나쁘던지……."

정영희가 빌린 과거의 등록증은 쪽방 주민의 명단이 전산화되고 등록증이 바코드로 대체되면서 더 이상 쓸모없게 되었다. 상담소 직원이 자기 얼굴을 알아보지 못해 물건을 내어줄지도 모른다는 기대는 아무 소용이 없었다.

"누구는 60대 넘어서 받고 누구는 60대 안 넘어서 못 받고, 누구는 여자여서 받고 누구는 남자여서 못 받고, 어디 가면 해주고 어디 가면 안 해주고. 사람 대 사람으로 봐달라는 거야. 그런 게 전혀 없잖아."

물론 그녀도 자신이 주민등록상 동자동의 주민이 아니라는 사실을 안다. 그러나 정영희는 "사람 대 사람"의 관점에서 볼 때 자신의 필요와 욕구에 따라 물품을 받는 것이 옳다고 생각한다. 그녀는 규정된 기준과 자격을 더 중시하는 지원 활동에서 지속적인 선별과 배제를 경험했다. 그러면서 나누어주는 자와 받는 자 사이의 관계가 "사람 대 사람"의 관계가 아니라고 느꼈다.

빈곤에 대한 개입은 언제나 '누가 받을 자격이 있는가'에 관한 문제를 내포한다. 특히 까다로운 소득 및 자산 조사를 기반으로 이루어지는 공공 부조에서 더욱 명시적으로 드러난다.[11] 빈민은 정해진 기준에 부합하기 위해 자신의 빈곤을 스스로 전시하며 인격과 자존감의 손상을 경험하거나, 공공 부조가 상정하는 빈곤의 전형적 모습을 스스로 연행해야 하는 역설에 처하기도 한다.

1장에 나오는 노정수는 수급자로 선정되는 과정에서 그가 경험한 인격 손상의 경험을 들려주었다. 노정수는 그의 쪽방에 방문한 근로능력조사관이 방을 훑어보며 내뱉은 "있을 거 없을 거 다 있으시네요"라는 말에 매우 기분이 나빴다고 하소연했다. 내가 노정수의 쪽방을 방문했을 때, 그의 방은 다른 쪽방보다 컸고 상대적으로 정리정돈이 잘 되어 있었다. 즉 조사관이 상상한 빈곤과 쪽방의 모습은 노정수의 방과 일치하지 않았다. 그래서 조사관은 "있을 거 없을 거 다 있음"에도 불구하고 기초생활수급자가 되려는 노정수를 비꼬았다. 조사관의 말 속에서 노정수는 빈민이 아님에도 부당하게 수급을 타려는 부정수급자, 혹은 빈민임에도 불구하고 "있을 거 없을 거"를 모두 갖출 정도로 무분별하게 소비하는 비합리적이고 낭비가 심한 사람으로 전락했다.

그러나 국가의 복잡한 행정 시스템과 소득·자산 조사를 경유하지 않더라도 정영희는 동자동의 주민인가 아닌가, 60대인가 아닌가, 남자인가 여자인가라는 단순한 기준에 의해 배제를 경험함으로써 박탈감을 느꼈다.

게다가 전산화·디지털화된 선별과 배제의 절차는 이러한 과정을 더욱 강화한다. 버지니아 유뱅크스(Virginia Eubanks)는 1820년대 이후 구빈원(救貧院)의 역사와 현대 미국 복지 체계의 전산화를 연관시키면서, 전산화된 현대의 복지 시스템이 일종의 '디지털 구빈원'으로 작동하고 있다고 분석한다.[12] 유뱅크스에 따르면 전산화된 복지 시스템은 공적 혜택에 대한 진입 장벽을 높일 뿐 아니라, 도덕적 분류 체계를 통해 빈곤을 범죄화하고 데이터를 기반으로 빈민의 행동을 통제한다.

도쿄의 지하철 관리 시스템과 자살에 관한 마이클 피쉬(Michael Fisch)의 연구도 전산화된 시스템을 비판적으로 바라본다.[13] 도쿄의 최첨단 지하철 관리 시스템은 탑승자의 모든 정보를 데이터화하고 이를 실시간으로 반영해 자율적으로 최적의 교통 상태를 유지한다. 최첨단 전산 시스템에서 철로에 뛰어든 자살자는 일종의 변칙 데이터(irregularity)로 간주된다. 자살과 시신은 하나의 사건이나 사회적 문제가 아닌 디지털화된 시스템 내부에서 효율적으로 처리되어야만 하는 '전산 오류'로 환원된다.[14]

유뱅크스와 피쉬의 논의처럼, 쪽방상담소의 전산화된 선별 시스템은 '받을지도 모른다'는 일말의 가능성마저 막아버림으로써 정영희가 바란 "사람"으로서의 대우를 불가능하게 만들었다. 자격을 결정하는 단순한 기준이 빈민 당사자의 복합적인 상황보다 우선이었다. 엄밀한 전산 시스템 속에서 당사자가 처한 구체적 상황은 고려되지 못했다. 자신이 "사람"으로서 가진 필요와 욕구가 아무런 의미도 없이 부정되었다는 사실은 결국 강렬한 박탈감으로 이어질 수밖에 없었다.

빈곤의 전시

동자희망나눔센터 개소 5주년을 기념하는 행사에서 주민 조정일(73세)은 이렇게 이야기했다.

"와서 전부 줄 세워놓고 사진만 찍고 가. 어찌나 생색을 내는지⋯⋯. 다 전시 행정이야, 전시 행정."

주위에 있는 자원봉사자들에게 들릴 정도로 큰소리로 이야기하는 탓에 나는 민망함을 감출 수 없었다. 하지만 그는 물품 지원 행사가 일종의 "전시 행정"이라며 이야기를 멈추지 않았다. 주민들이 줄을 서도록 하는 이유가 자신들의 행위를 증명할 수 있는 사진을 찍고 이를 "전시"하기 위함이라는 것이다.

조정일은 주민자조조직에서는 주민활동가로, 쪽방상담소에서는 거의 모든 사업에 앞장서는 열성적인 자원봉사자로 일한다. 운동과 복지라는 다소 대립적인 두 영역에서 활동하기에, 평소 다른 사람이 있는 자리에서 주민자조조직이나 쪽방상담소에 대한 평가를 꺼린다.

그러나 이날만큼은 거침이 없었다. 조정일이 보여준 불만은 동자동 사랑방과 주민협동회 같은 단체들을 비롯해 많은 주민들이 공유하고 있다.

쪽방상담소 관계자 황민욱도 쪽방상담소를 통한 지원 활동에 일종의 "전시"적 성격이 있음을 인정한다. 그러나 민(民)과 관(官)의 협력을 통해 운영되는 쪽방상담소의 성격상 이러한 요구에 휘둘릴 수밖에 없다고 말한다.

"관은 자기들의 실적을 위해서 같이할 경우가 많아요. 예컨대 결핵 검진 몇 명 했냐, 암 검진 얼마나 했냐, 예방접종 얼마나 했냐, 이런 거예요."

쪽방상담소를 통해 연계되는 민간 지원 단체도 마찬가지다.

"언론이라든지 기업이라든지 이런 데서는 그림을 만들어 오길 원해요. 작품."

쪽방상담소는 서울시와 KT가 공동으로 출자하고 종교 기관에서 운영을 맡는다. 혼합적인 성격 덕에 다양한 단체의 지원을 받아 더욱 폭넓은 활동을 펼칠 수 있다. 하지만 다른 한편에서는 관에서 요구하는 "몇 명 했냐"라는 양적 척도와 실적, 그리고 기업이나 민간단체에서 요구하는 "그림"을 모두 충족시켜야만 하는 한계로 작동하기도 한다. 줄서기는 이러한 요구를 한꺼번에 충족시킬 수 있는 가장 효율적인 방법이다. 길게 늘어선 줄은 물품 지원을 원하는 주민들의 수요와 사업의 실적을 양적·시각적으로 보여줄 수 있는 "작품"이다. 그래서 긴 줄과 함께 단체의 활동을 사진으로 남기는 일은 물품 지원 사업의 필수 절차 중 하나다.

동자동에서 이루어지는 줄서기의 전시적 성격은 공공 공간의 줄서기와 비교할 때 더욱 명확하게 드러난다. 서울역 13번 출구 근방에 위치한 따스한채움터는 2009년 5월 서울역 주변 거리 급식 환경 개선 계획에 따라 설립된 노숙인 실내 급식 시설이다. 서울시는 3층 규모의 건물을 매입한 뒤 그전까지는 서울역 근방에서 무작위적으로 이루어지던 무료 급식을 지정된 실내 급식장에서만 가능하도록 법제화했다. 현재 운영 주체인 기독교대한감리회 사회복지재단을 비롯해 사회복지법인 나누미와 사랑실천공동체, 종교 단체 사랑의교회(기독교대한감리회 삼산교회), 상동교회, 원봉공회, 민간 기업 KT&G, 공공 기관 한국수출입은행, 사단법인 사랑의쌀나눔운동본부 등 여러 단체가 사회 공헌이나 복지 프로그램의 일환으로 따스한채움터에서 무료 급식을 제공하고 있다.

서울시가 실내 무료 급식 시설을 설치한 까닭은 서울역 근방에서 무작위적으로 이루어지던 십여 개 종교 단체의 무료 급식 활동이 "위생이나 미관상 좋지 않다"라는 지적이 꾸준히 제기되었기 때문이다. 무료 급식을 위한 공공 공간에서의 줄서기가 "시민들의 통행과 위생 문제"를 일으킨다는 것이었다.[15] 결과적으로만 본다면, 실내 급식 시설의 설립은 빈곤의 전시가 불러일으키는 인격 손상과 자존감 박탈을 막을 수 있다는 점에서 급식을 받는 당사자나 서울역을 이용하는 시민 모두의 윈-윈일지 모른다. 그러나 수혜자의 인격과 자존감의 문제는 빈민을 바라보는 "시민"들의 물리적·감정적 불편이 제기되고 나서야 비로소 문제화되었다. 당사자의 인격과 자존감은 기관 설립을 사후적으로 정당화하는 일종의 '공적 대본(official transcript)'일 뿐이었다.[16]

이처럼 서울역과 같은 공공 공간에서의 줄서기는 보여지는 곳에서 보이지 않는 곳으로, 실외에서 실내로 이동해야 할 불편한 대상이다. 반면 동자동 쪽방촌에서 줄서기는 "그림"과 "작품"을 연출하기 위해 더 적극적으로 전시되어야 하는 광경이다. 공공 공간이 아닌 쪽방촌에서 주민들의 줄서기를 바라보는 외부의 "시민"은 존재하지 않는다. 오직 물건을 나누어주는 이와 물건을 받기 위해 줄을 늘어선 주민들만이 존재한다. 그러므로 동자동에서는 그것을 바라보는 "시민"들의 불편함뿐 아니라 외부의 시선으로부터 당사자가 느끼는 인격 손상과 자존감 박탈의 문제 역시 크게 고려되지 않는다. 주민들은 필요에 따라 줄을 서 물건을 받는다. 단체들은 물건을 나누어주며 아름다운 광경을 연출한다. 줄 세우기가 불러일으키는 전시 문제는 사라지고, 최소한 표면적으로는 모두가 만족하는 "그림"과 "작품"만 남는다.

공짜 짜장면

그러나 외부의 불편한 시선이 존재하지 않는다고 해서 주민이 인격 손상과 자존감 박탈을 느끼지 않는 것은 아니다. 공짜 식사는 각종 생필품 지원만큼이나 동자동에서 자주 이루어지는 활동이다. 인격과 자존감의 문제를 둘러싸고 여러 단체의 지원 활동이 대립하는 세 번째 지점이다.

G교회에서 한 달에 한 번씩 나누어주는 짜장면을 먹기 위해 반드시 G교회에 찾아갈 필요는 없다. 짜장면 나눔 행사에 참여하기 위해 온 젊은 신도들과 자원봉사자들이 동자동 전체에 짜장면을 배달하기 때문이다. 이들은 커다란 철제 쟁반에 대여섯 그릇의 짜장면을 옮겨 담고는 마을 전체를 배회한다. 봉사자와 마주친 주민이라면 누구나 짜장면을 먹을 수 있다.

짜장면을 든 봉사자들이 다가왔다.

"짜장면 한 그릇 드세요."

이들은 나에게도 식사를 권했다.

나는 망설였다. 외부인인 내가 주민을 위해 나누어주는 음식을 먹어도 될까? 이들의 호의를 거절하는 것이 더 큰 실례가 아닐까? 그러나 나와 함께 있는 서너 명의 주민은 한 치의 고민도 없이 이들의 제안을 단호하게 거절했다.

"안 먹어. 가."

주민 박현욱(60세)이 얼굴을 찌푸리며 말했다.

"따뜻할 때 한 그릇 드세요."

자원봉사자들은 무안한 표정으로 같은 제안을 반복했다.

하지만 박현욱을 비롯한 주민들은 끝내 짜장면을 받지 않았다. 제안이 계속될수록 박현욱의 표정은 점점 더 일그러졌다. 결국 그는 팔을 획획 휘두르며 '됐으니 저리 가라'는 투로 자원봉사자들을 멀리 쫓아냈다.

짧은 순간이었지만 주민들의 찡그린 표정과 단호한 거절은 물품 지원 활동에서 만들어지는 사회의 형태, 그리고 주민들의 인격과 자존감에 관해 많은 것을 말해준다. 마르셀 모스(Marcel Mauss)가 분석한 선물교환(gift exchange)은 경제적 필요에 따른 물물교환에 그치지 않는다. 선물교환은 의무적이고 도덕적인 형태를 띠며, 거기에 참여하는 개인에게 인격(persona)과 체면(face)을 부여한다. 주고받음의 행위는 단순한 경제적 교환이 아니라, 줌의 의무에 응답할 수 있는가를 확인하고 거기에 응답함으로써 서로를 인정하는 사회적 행위다. 서로의 인격과 체면을 인정하는 주고받음의 과정을 통해 개인은 호혜적 의무의 고리로 엮인 '사회'의 일부가 된다.[17]

짜장면을 나눠주는 행위는 짜장면을 받는 주민들에게 그 어떤 응답도 요구하지 않는다. 물품 지원이라는 행위는 주고받음의 증여 관계가 아니라 주는 행위에 응답할 수 없는 대상, 즉 주는 것을 받을 수밖에 없지만 결코 되돌려줄 수는 없는 대상을 상정한다. G교회 곽주형의 말처럼, 주민이 할 수 있는 일은 자신이 받은 것을 되돌려주는 것이 아니라 결코 되돌려 줄 수 없는 것에 대해 "고마움"을 느끼는 것뿐이다.

"우리가 거지도 아니고……."

짜장면을 든 봉사자들이 사라지자 박현욱이 중얼거렸다.

짜장면을 받는 순간 주민은 자신이 "거지"가 되었다고 느낀다. 증여가 상호 인정의 한 형태라고 할 때 응답을 요구하지 않는 줌에서 주민은 인정의 기회를 박탈당한다. 주는 자와 받는 자, 주는 자와 받을 수밖에 없는 자 사이의 구분에서 주고받음의 과정에 참여할 수 없는 주민은 결코 돌려줌에 참여할 수 없다. 증여의 관계에 참여하지 못할 때 주민은 체면과 인격을 부여받지 못하는 존재가 되고, 이러한 경험은 "거지"라는 모욕과 자존감 박탈의 언어로 이어진다.

얼굴을 찌푸리며 짜장면을 거부하는 주민들의 행위는 인정의 기회와 응답을 박탈당하는 일방적 관계를 거부하는 몸짓이다. 나와 함께 있던 주민들은 다음 달에도, 또 그 다음 달에도 짜장면을 들고 찾아오는 봉사자들의 제안을 거부했다. 현장연구를 진행하는 동안 열 차례가 넘는 짜장면 나눔 행사가 있었지만, 이들은 단 한 번도 짜장면을 먹지 않았다. 지원 활동이라는 이름으로 제공되는 물건을 받거나 식사를 대접받는 일은 쪽방촌 주민의 삶을 유지하는 데 도움이 될지 모른다. 그러나 마치 "거지" 취급을 받는 듯한 인격 손상과 자존감 박탈의 경험 속에서 주민들은 이를 거부할 수밖에 없다.

천 원의 밥값

짜장면을 거절한 주민들은 이날 사랑방 식도락에서 나와 함께 점심을 먹었다. 동자동사랑방의 여러 사업 중 가장 중요한 부분을 차지하는 사랑방 식도락(이하 식도락)은 동자동 11-22번지의 공간을 임대해 주민에게 식사를 제공한다. 매일 30~50명의 주민이 점심을 먹기 위해 식도락을 찾는다.

하지만 식도락에서 제공하는 식사는 공짜가 아니다. 식도락에서는 식사하는 모든 이들에게 1인당 천 원의 밥값을 받는다. 동자동사랑방은 매달 말 식사비를 정산해 사업 운영비로 사용한다. 운영비를 감당하기에는 턱없이 모자라 매달 적자를 면치 못하는데도 식도락은 언제나 천 원의 밥값을 고수한다. 천 원의 밥값은 식도락과 다른 지원 사업을 구분하는 가장 큰 특징이자, 식도락 사업을 기획한 동자동사랑방의 관점이 가장 잘 드러나는 지점이다.

현장연구를 시작하면서 주민들과 관계를 만들기 위해 내가 선택한 방법 중 하나는 식도락 사업에 주기적으로 참여하는 것이었다. 나는 일주일에 1~2회씩 식도락 사업에 참여해 음식을 준비하고 뒷정리를 했다. 식도락에서 일하는 내내 나는 누군가 동료 주민의 밥값을 대신 지불하는 모습을 셀 수 없이 목격했다.

"내가 낼게."

"괜찮아. 왜 그래요, 형님. 내가 낼게."

"됐어. 저번에 냈잖아. 이번에는 내가 낼게."

"아이고, 고마워. 잘 먹을게요."

이러한 대화는 식도락에서 매우 흔했다. 수고한다며 주방 일을 하는 나나 동자동사랑방과 주민협동회 활동가들의 밥값을 대신 지불한 주민들도 있었다.

천 원의 밥값은 식사에 대한 정당한 대가이자 자신이 받은 것을 그에 상응하는 것으로 되돌려주는 행위다. 앞서 말한 정민규의 사례에서 쓰레기를 치우고 공간을 정리하는 등의 작은 노동은 "받은 것을 돌려주는" 일이자 노동을 매개로 공동체를 형성하는 하나의 방법이다. 식도락에서는 천 원의 밥값이 이러한 매개로 등장한다.

이는 신유정의 연구에 등장한 "사람값"을 획득하기 위한 일상적 의례의 두 번째 영역, 즉 호혜(reciprocity)와 연결된다. 1단지 주민들은 자신이 받은 것을 타인에게 돌려주기 위해 적극적으로 노력한다. 이들은 텃밭에서 가꾼 작물을 나누거나 재활용 수거함에서 주워 수리한 미니 세탁기를 선물한다. 이웃집 어린이에게 세뱃돈을 주기도 한다. 주민들은 이러한 실천을 통해 수급자로서 "얻어먹는 데" 익숙해졌다는 사회적 낙인을 반박하고 자신이 동등한 성원임을 주장한다. 이 과정에서 주민들은 서로에게 사회적 지위와 역할을 부여한다.[18]

천 원의 밥값 역시 마찬가지다. 공짜 식사는 주민들에게 돌려줄 것을 요구하지 않는다. 돌려줄 수도 없다. 그래서 주민들은 마치 자신이 "거지"가 된 것과 같은 모욕감을 느낀다. 그러나 천 원은 비록 쪽방촌 주민들이 극심한 경제적 궁핍 상태에 있다 하더라도 큰 부담 없이 낼 수 있는 금액이다. 받은 것을 천 원의 형태로 되돌려줄 수 있는 식도락에서 이들은 "거지"가 아니다. 천 원을 지불함으로써 주고받음의 과정에 참여하고, 이를 통해 상대방의 행위에 응답한다. 이 과정에서 주민은 식사에 참여하는 모든 이들과 공동의 사회를 구성하고 동등한 구성원으로서의 위상을 부여받는다.

호혜적 실천을 통해 빈민의 인격과 자존감을 유지하고자 하는 시도는 빈민 운동의 역사에서도 목격된다. 1976년 3월 서울 난곡 지역에서 창립한 난곡희망의료협동조합(이하 난협)은 의료보험의 필요성을 절감한 주민들의 주도로 만들어졌다. 주민들은 의과대학의 진료 봉사를 무료로 받길 원하지 않았다. "어렵더라도 돈을 백 원씩" 냄으로써 외부의 지원에 무조건적으로 의존하지 않고 "가난하지만 항상 자립을 원한다"라는 뜻을 실현하고자 했다. 주민들은 의료협동조합을 통해 서로의 건강을 챙겼다. 이웃 주민에게 김장을 해서 나눠주거나, 월세 보증금이 없어 쫓겨난 이들에게 보금자리를 제공하는 등 다양한 활동을 통해 상호 의존의 연대를 만들어갔다.[19]

군이 빈민 운동의 역사를 거슬러 다른 지역으로 눈길을 돌리지 않더라도 가까운 곳에 또 다른 호혜적 실천이 존재한다. 다름 아닌 사랑방마을주민협동회다. 주민협동회의 주된 사업은 조합원들의 출자로 모인 공동 기금을 다른 조합원에게 소액으로 대출하는 것이다. 조합원이라면 누구나 10개월 분할 상환을 조건으로 최대 50만 원, 3개월 분할 상환을 조건으로 최대 10만 원까지 대출이 가능하다.[20] 2020년 1월을 기준으로 대출 상환율은 88.5%에 이른다. 주민협동회는 난협과 마찬가지로 조합원을 대상으로 한 의료보험 사업도 시행한다. 조합원은 1만 2,000원을 내면 1년간 의료비 실비 보상을 받을 수 있고, 의료비가 10만 원 이상 발생하면 의료비 지원 신청 및 심사를 통해 최대 30만 원의 의료비를 보상받을 수 있다.[21]

이처럼 주민들은 출자와 대출을 주고받음으로써 서로의 인격과 자존감을 보존하면서도 공적 사회보장의 빈자리를 채운다. 생애 과정에서 발생할 수 있는 각종 위험과 경제적 불안정에도 대비한다. 동자동 쪽방촌에는 신용불량자이거나, 신용 등급이 낮아 일반적인 금융기관에서의 대출이 불가능한 주민이 대다수다. 따라서 주민협동회의 소액 대출 사업은 쪽방 주민이 이용할 수 있는 거의 유일한 경제적 안전망이다. 매달 20일 기초생활수급비가 지급되는 날이면 주민협동회에는 누렇게 바랜 협동회의 통장과 현금 몇 만 원을 들고 출자를 위해 줄을 선 주민들로 북적거린다.

식도락에서 밥을 먹는 쪽방촌 주민의 모습, 무언가를 돌려주려 노력하는 1단지 주민의 모습이 일상적 차원에서 나타나는 호혜적 실천이라면, 난협이나 주민협동회의 활동은 조직화된 차원에서의 호혜적 실천이다.[22] 이들은 일상적·조직적인 차원에서 상호 의존과 연대의 관계를 형성함으로써 자기 자신과 다른 주민들의 인격과 자존감을 유지하고 마비와 길들여짐의 낙인을 거부한다. 짜장면 나눔과 식도락 사업은 주민을 위해 식사를 제공한다는 점에서 비슷해 보이지만, 당사자인 주민에게는 결코 같은 경험일 수 없다.

비난과 헐뜯기

인격 손상과 자존감 박탈을 거부하고자 하는 주민들의 또 다른 실천이 있다. 공짜 식사와 물품 지원에 따르는 비난과 헐뜯기다. 대부분의 주민은 각종 지원 물품의 필요성과 쓸모를 인정한다. 그러나 주민들은 물품을 제공받으면서도 끊임없이 지원 물품과 단체를 비난하고 헐뜯는다.

앞서 박현욱과 정민규는 인정과 소속의 기회를 부여하지 않는 관계를 단절하고 새로운 관계를 적극적으로 추구한다. 박현욱은 공짜 짜장면을 거부하고, 인격 손상과 자존감 박탈의 가능성을 벗어나 식도락이라는 새로운 상호 인정의 관계를 추구한다. 정민규 역시 자활사업을 거부한다. 그는 동자동사랑방에서의 소소한 노동을 통해 사회 안에서 자기 자리를 부여받고자 한다. 그러나 박현욱과 정민규는 이미 식도락이나 동자동사랑방과 오랜 시간 관계를 맺어온 사람들이다. 필요에 따라 간헐적으로만 주민자조조직과 교류하거나 아예 관계를 맺지 않는 보통 주민들에게는 비난과 헐뜯기의 기제가 더 보편적이고 일상적이다.

공짜 짜장면 사례에서처럼 돌려줌으로 이어지지 못하는 줌과 받음은 증여의 내부에서 인격과 자존감의 문제를 일으킨다. 돌려줄 수 없다는 사실을 인지하면서도 상대방의 줌을 일방적으로 받아들일 수밖에 없는 상황에서, 받는 자는 인격과 체면을 상실한 채 "거지"가 된 것 같은 자존감 박탈을 경험한다. 따라서 돌려줌으로 이어지지 못하는 줌과 받음이 지속되려면, 증여의 대상이 느끼는 인격 손상을 방지하기 위한 미시적 기제가 있어야 한다.

예컨대 칠레 산티아고 빈민 거주 지역(poblaciones)의 주민들은 선물과 증여를 통해 서로를 돕고자 한다. 그러나 이들은 받는 이의 존엄성을 지켜주기 위해 마치 자신의 행위가 주는 행위가 '아닌 척(pretending)'한다.[23] 주민들은 안부를 묻는 척하며 은근슬쩍 노동을 돕고, 너무 많이 만들었다고 거짓말하며 음식을 나누거나, 우연한 만남을 가장해 차를 태워준다.

선물의 순환이 이루어지기 위해서는 선물의 시작, 즉 줌에 대한 최초의 인지가 있어야 한다. 그러나 주민들의 아닌 척하기는 줌에 대한 상호 인지를 차단한다. 따라서 줌에 수반되는 돌려줌의 의무도 발생하지 않는다. 동료 주민의 도움을 받는다 하더라도 그것이 마치 도움이 아닌 것처럼 우연으로 가장된 이상, 도움을 받는 이는 그 도움을 다시 되돌려줄 필요가 없다. 그렇기 때문에 설령 자신이 받은 도움이 돌려주지 못할 정도로 큰 것이라 하더라도, 돌려주어야 한다는 의무에 응답하지 못하는 데서 발생하는 인격 손상을 방지할 수 있다.

또한 도움을 받은 주민이 보답할 때에도 이들은 자신의 행위가 돌려주는 행위가 아닌 척한다. 즉 돌려주는 행위는 주는 행위에 대한 답례로서 꼬리를 물고 일어나는 것이 아니라, 받은 적이 없음에도 불구하고 주는 행위로 발생한다. 이러한 행위가 계속해서 발생하면 선물은 '줌-받음-되갚음-줌'의 순환이 아니라, '줌·받음1, 줌·받음2, 줌·받음3'과 같은 방식으로 이루어진다. 끊어진 시간들이 마치 지층의 단면처럼 층층이 쌓이는 "동시간적 선물(contemporary gift)"을 통해 주민들은 경제적 불안정성 속에서도 서로의 존엄성을 지키면서 지속적으로 서로를 도울 수 있다.

소규모 수렵채집 사회의 분배 원칙도 비슷하다.[24] 아프리카 칼라하리 사막의 쿵 부시맨(!Kung Bushmen)에게는 사냥에 성공한 사냥꾼을 모욕하고 비난해야 할 의무가 있다. 만약 사냥꾼이 너무 많은 짐승을 잡으면 마치 자기가 추장이나 아주 중요한 사람이 된 것처럼 생각하기 쉽다. 결국 자만심 때문에 언젠가는 부족의 누군가가 해를 입을지도 모른다. 그래서 부시맨은 사냥꾼의 능력을 의례적으로 모욕하고 비난함으로써 교만해지지 않도록 억제한다.

부시맨의 "모욕해야 할 의무"는 불필요한 위계가 형성되지 않도록 방지하고, 이를 통해 성원 간의 동등한 관계에 기반을 둔 공동체를 유지하기 위한 일종의 정치적 기제다. 하지만 이 역시 '받는다'는 행위에 수반되는 인격과 자존감의 문제로 해석해볼 수 있다. 사냥에 성공한 사냥꾼이 자신의 능력이나 관대함을 스스로 드러낸다면, 부족의 다른 구성원들은 사냥꾼의 일방적인 호의와 관대함에 기대야 하는 수혜자의 위치가 된다. 공짜 짜장면이 짜장면을 받는 이들에게 응답의 기회를 부여하지 않는 것처럼, 구성원들은 사냥꾼이 나누어주는 것을 되돌려주지 못한 채 일방적으로 그의 호의와 관대함에 감사해야 한다. 구성원들도 사냥꾼의 고기가 크고 먹을 만하며 사냥에 성공한 사냥꾼의 능력이 출중하다는 사실을 안다. 그런데도 사냥꾼을 모욕함으로써 돌려주지 못하는 데에서 발생하는 인격 손상의 가능성을 원천적으로 차단하고자 한다.

동자동 쪽방촌 주민들이 지원 물품을 제공받으면서도 물품과 단체를 끊임없이 비난하고 헐뜯는 이유도 단지 물품의 양이 충분치 않거나 질이 떨어지기 때문만은 아니다. 또한 곽주형의 비판처럼 주민들이 "응당 줄 것이다"라는 생각과 "얻어먹는 버릇"에 젖어 무언가에 고마워할 줄 모르기 때문도 아니다. 주민들이 보여주는 비난과 헐뜯기는 칠레 빈민촌 주민들의 "동시간적 선물", 부시맨의 "모욕해야 할 의무"와 비슷하다. 물건을 나누어주는 이들이 자신의 능력과 호의를 드러냄으로써 쪽방촌 주민들을 타자화하고 단순한 수혜자의 위치로 전락시키는 것을 막는 방식이다.

박현욱을 비롯해 나와 함께 있던 몇몇 주민들은 G교회의 공짜 짜장면을 거부했다. 그러나 자원봉사자들의 짜장면을 받아 든 이들도 "짜장면이 맛이 없다"라거나 "이걸 먹으면 3년이 재수 없다더라"라는 식의 볼멘소리를 종종 내뱉곤 했다. 실제로 짜장면이 맛이 없는지, 그것이 정말 주민들 사이에서 불운의 상징으로 여겨지는지와 관계없이 이러한 발화를 통해 주민들은 주는 자와 받는 자 사이의 위계 관계를 효과적으로 역전시킨다. 이때 주민들은 타자의 수혜를 일방적이고 수동적으로 받아들이는 위치가 아니라, 기꺼이 받아주는 위치가 된다. 물건을 나누어주는 단체들의 호의는 힘을 잃는다. 주민들은 그다지 받을 가치가 없거나 심지어 자신에게 피해를 입힐 수 있는데도 그것을 기꺼이 받아주는 입장에 선다. 주민들은 일방적으로 받는 것이 아니라, 오히려 단체들에게 호의를 베푸는 것이 된다.

또한 이러한 비난과 헐뜯기는 단체들이 자신의 능력과 관대함을 드러내지 못하도록 하는 방식이기도 하다. 앞서 G교회의 곽주형은 쪽방촌 주민들이 공짜 짜장면을 먹으면서도 감사함을 표시하지 않는다며 불만을 토로했다. 쪽방상담소의 관계자 황민욱도 쪽방상담소가 언제나 최선을 다하는데도 주민들은 '왜 이것밖에 못하느냐'는 식의 반응을 보인다며 회의적인 생각을 드러냈다. 이들은 주민들의 비난과 불만을 충분히 인지하고 있었다. 주민들의 비난과 헐뜯기가 현장에서의 일회적인 행위로 그치는 것이 아니라, 쪽방촌 전체에 공유되면서 "생색"내지 못하게 하는 무언의 압박으로 작동할 수 있다는 점을 보여준다. 비난과 헐뜯기는 공짜 식사가 인격 박탈의 감정으로 곧장 이어지지 않도록 하는 완충 장치인 동시에, 물건을 제공하는 이들과의 위계적 관계를 거부하는 억제의 원리로 작동한다.

배제와 축출

한편 천 원의 밥값을 통해 만들어지는 연대는 역설적으로 잠재적인 배제와 축출의 가능성을 내포한다. 대상을 '우리' 안으로 받아들이는 일에는 필연적으로 누가 우리의 자격을 갖고 있는가에 관한 물음

이 따른다.[25]

이 과정이 연대의 매개물인 천 원의 밥값에서 나타났다.

"네가 이해를 해야 해."

주민 장경진(50대)이 갑작스런 양해를 구했다. 식도락에서 식사 준비를 마친 뒤 대화를 나누는 중이었다.

"내가 이렇게 안 하면 여기 들어와서 그냥 밥 먹어. 겁을 내는 사람이 없어. 그래서 어쩔 수 없이 나라도 이렇게 해야 돼."

주민 장경진은 식도락에서 나와 함께 주방 일을 맡은 파트너였다. 젊은 시절 호텔에서 주방장으로 일했고, 워킹 홀리데이로 뉴질랜드와 오스트레일리아의 코리아타운에서 일하기도 했다. 그는 일주일에 한두 차례 자기 장기를 살려 식도락에서 요리했다.

장경진이 "이렇게 한다"라는 말로 표현한 것은, 그가 점심식사를 하기 위해 식도락에 찾아온 몇몇 사람들을 쫓아낸 일이었다.

"나가요. 여기 공짜로 밥 주는 데 아니에요."

장경진은 밥값을 가지고 오지 않은 이들을 보면 질색하며 쫓아내곤 했다. 특히 그는 자기 눈에 낯선 얼굴이 등장하면 "여기는 공짜가 아니다"라는 말을 더더욱 강조했다. 오랫동안 동자동에 살아온 자기 눈에 얼굴이 익숙하지 않다는 것은 그/그녀가 동자동 쪽방촌의 주민이 아니라 서울역에서 노숙하는 사람이라는 뜻이었다. 근처 복지관을 찾아왔다가 우연히 식도락에 들른 게 확실했다.

"그냥 공짜로 먹으려면 서울역에 가서 먹어야지. 서울역에는 공짜로 밥 주는 데가 많아. 그런 사람들은 자꾸 가려내야 해."

장경진은 정민규와 마찬가지로 노동을 통해 동자동사랑방에 참여했다. 공동체 안에서 자신의 역할과 지위를 부여받고 연대와 상호 의존의 관계 안으로 들어왔다. 그러나 그는 동자동 쪽방촌이라는 경계를 명확히 함으로써 내부와 외부를 구분하고, 외부인으로 판명된 이들에게 식도락에 참여할 기회를 박탈한다. 이때 서로의 인격과 체면을 인정하고 연대와 상호 의존을 구성하는 매개인 천 원의 밥값은 경계를 구분하는 기준이 된다. 누군가 천 원을 들고 오지 않았다는 것은 그/그녀가 식도락이 제공하는 줌에 응답할 의지가 없다는 뜻이다. 누군가 상호 인정의 과정에 참여하지 않는다는 사실은 다시 그/그녀를 식도락이라는 공간 바깥으로 축출하는 정당한 이유로 작동한다.

또한 장경진은 바깥으로 축출되는 이들을 서울역의 노숙인으로 규정한다. 천 원을 가지고 오지 않은 것이 정말 의도된 행위인지 아니면 단순한 실수인지는 알 수 없다. 그러나 그와 관계없이 천 원을 들고 오지 않았다는 사실만으로 그/그녀는 서울역의 노숙인으로 정체화된다. 장경진이 볼 때 서울역의 노숙인은 "공짜"를 기대한다. 서울역의 노숙인에게 "공짜"에서 오는 인격과 자존감의 문제는 중요하지 않다. 그들은 애초부터 상호 인정 과정에 참여하거나 자신이 제공하는 줌에 응답할 의사가 없다. 그러므로 서울역의 노숙인은 식도락과 천 원의 밥값을 통해 상호 의존 관계를 형성한 쪽방촌 주민들과 달리 인정받아야 할 인격과 체면을 가지고 있지 않은 존재다. 인격과 체면이 없는 서울역의 노숙인은 자신이 속한 상호 인정의 공간에도 들어올 자격이 없다.

이러한 구분짓기는 다른 주민들 사이에서도 빈번하게 일어났다. 주민들은 서울역의 노숙인을 이야기하며 "쓰레기들 중 쓰레기"[26]라고 표현하거나, 새꿈어린이공원에서 술에 취해 쓰러져 있는 주민을 가리키며 "저것도 쓰레기랑 같이 쓸어버려"[27]라고 소리 지르곤 했다. 사실상 서울역과 쪽방촌이 빈민과 주거취약계층에게 연속성을 가진 장소임에도 불구하고[28] 동자동 쪽방촌 주민들은 스스로를 외부와 구분하고 있었다.

2019년 추석을 맞아 동자동사랑방과 주민협동회가 연 추석 행사도 마찬가지였다. 행사를 준비하기 위해 주민들은 회의를 열었다. 행사의 날짜와 시각을 알리는 전단지를 인쇄해 마을 전체에 붙이자는 안건이었다.

"3일 전에 해야 돼. 작년에는 1주일 전에 했더니 서울역, 청량리, 영등포역에서 죄다 몰려왔어." 주민 배한영이 말했다.

"그래. 뜬금없는 사람이 와서 먹고 간단 말이야." 옆에 있던 강영섭이 거들었다.

회의에 참석한 다른 주민들도 모두 동의했다. 결국 추석 행사를 알리는 전단지는 회의 결과에 따라 행사 3일 전에 붙여졌고, 주민들의 예측대로 작년보다 더 적은 수의 인파가 몰렸다.

회의가 끝나고 집으로 돌아가는 길, 동자동사랑방 강은미 활동가가 아쉬움을 토로했다.

"원래 그런 취지가 아닌데……. 근데 어쩔 수가 없는 게 추석 행사는 주민들이 전부 직접 준비해서 하는 행사잖아요. 주민들 의견이니까 무조건 안 된다고 할 수도 없고."

강은미는 마을 주민들이 보여주는 구분짓기가 연대와 상호 의존을 추구하는 주민자조조직의 궁극적인 목적과 어긋난다고 생각한다. 그러나 강은미는 주민들의 일을 보조하는 간사일 뿐 두 단체에서 진행하는 모든 활동의 실질적인 주체는 주민이다. 특히 400~500인분에 육박하는 명절 음식을 준비하는 추석 행사에서는 행사를 준비하고 진행하는 대부분의 일이 주민들의 직접적인 노동으로 이루어진다. 주민들의 의견에 이견을 제시하기는 힘들다.

현장연구 초기 강은미가 나에게 들려준 또 하나의 흥미로운 이야기가 있다. 동자동의 중심인 새꿈어린이공원은 구조상 계단 아래 낮은 층에 위치한 공간과 계단 위 높은 층에 위치한 공간으로 나뉜다. 그런데 아래 공간은 서울역 노숙인의 공간으로, 위 공간은 쪽방촌 주민의 공간으로 자연스럽게 분리된다는 것이다. 실제로 내가 확인한

두 공간은 확연히 달랐다. 아래 공간에서는 술에 취해 쓰러져 있거나 대여섯 명이 둘러앉아 술자리를 갖는 모습이 훨씬 더 자주 목격되었다. 이들의 옷차림 역시 위 공간과는 확연히 달랐다. 나와 안면이 있는 쪽방촌 주민들은 아래 공간의 사람들과 절대 어울리지 않았다. 이처럼 주민과 서울역 노숙인을 구분하는 것은 쪽방촌 주민 전체가 공유하고 있는 보편적 서사에 가깝다.

앞서 장경진은 동자동 쪽방촌의 주민을 인격과 체면이 없는 "서울역·청량리·영등포역"의 노숙인과 대비했다. 이러한 대비는 추석 행사와 관련한 주민들의 말에서 동일하게 반복되었다.

천 원의 밥값은 분명 주민들이 서로의 인격과 자존감을 지키고 상호 의존의 연대를 형성할 수 있도록 돕는 매개다. 그러나 모순적이게도 천 원의 밥값을 통해 만들어진 상호 인정과 연대의 뒤편에는 내부와 외부를 구분하고, 내부로 진입할 수 있는 자격을 끊임없이 추궁하며, '우리'가 아니라고 판명된 대상을 바깥으로 축출하는 구분짓기와 배제의 과정이 자리 잡고 있다.

분리된 두 세계

2019년 7월 말 동자동을 방문한 고등학생들로 동네 전체가 시끄러웠다. 동자동에서는 어린이나 청소년을 찾아볼 수 없다. 동자동 쪽방촌에서 이렇게 많은 학생이 시끌벅적한 소리를 내는 것은 매우 예외적이었다. 고무장갑, 걸레, 마스크, 쓰레받기와 빗자루로 완전무장한 학생들은 서울 T고등학교에서 봉사 활동을 하기 위해 찾아온 1·2학년생들이었다. 교사의 인솔 아래 서너 명씩 조를 이룬 학생들은 각자 맡은 대로 봉사 활동을 시작했다. 쪽방 안에 들어가 방을 청소하거나, 서울역 쪽방상담소에 설치된 공용화장실과 샤워실을 청소하고 벽에 페인트를 칠했다.

이날은 정영희가 임대주택으로 이사하기로 예정되어 있던 하루 전이었다. 이삿짐 정리를 돕기 위해 그녀를 만나러 가는 참이었다. 한창 봉사 활동하고 있는 학생들과 마주쳤다.

한 학생의 목소리가 들렸다.

"와, 여기에 있다가 집에 가면 진짜 느낌 다르겠다."

옆에 있는 다른 학생이 맞장구쳤다.

"맞아. 진짜 새롭고 감사하겠다."

학생들을 마주치고 몇 주의 시간이 흐른 뒤 나는 T고등학교 봉사단을 찾아갔다. 담당 교사의 소개로 쪽방촌 봉사 활동에 참여한 서너 명의 학생을 다시 만날 수 있었다.

"어떠셨어요, 그날? 가서 보니까?"

"솔직하게요?" 내 질문에 한 학생이 되물었다.

"네, 뭐든지요."

"냄새도 좀 역겹고 되게 벌레도 많고……. 사람이 살 만한 곳이 아니라고 느꼈어요."

이어 다른 학생들도 대답했다.

"어떻게 이렇게까지 왔을까……. 이 상황까지. 안타까웠어요."

"나는 커서 저렇게 되면 안 되겠다."

학생들은 "여기" 즉 쪽방촌에서의 경험을 통해 자신의 "집"에 대한 "감사함"을 느낀다. 평소에 알지 못하는 자기 주변의 환경을 쪽방촌과 대조하며 "새롭게" 바라보게 되고, 자신이 누리고 있는 것에 대한 감사함을 깨닫는다. 학생들의 서사에서 "여기"인 쪽방촌의 세계와 자신의 세계인 "집"은 완전히 분리된다. "여기"는 "집"과 완전하게 대조되는 세계이자 "집"의 감사함과 소중함을 일깨우는 거울과 같은 세계다. "여기"라는 거울을 통해 "집"의 세계를 비추어봄으로써 비로소 감사함과 소중함을 느낀다. "집"의 바깥에 존재하는 "여기"의 세계를 통해 "집"의 세계는 더욱 공고해진다.

학생들의 자리는 "집"의 세계다. 반면 쪽방촌 주민들의 세계는 "여기"다. 이 두 세계는 연결되지 않는다. "집"과 달리 냄새가 나고 벌레가 많은 "여기"의 세계는 "집"의 바깥에서 "집"의 세계를 공고히 해주는 외부일 뿐이다. 서로 다른 두 세계에 속한 이들 사이에는 완전히 분리된 두 세계 사이의 간극만큼이나 먼 거리가 존재한다.

이는 이어진 다른 학생들의 말에서 더 잘 드러난다. "어떻게 이렇게까지 왔을까"라는 말은 빈곤의 원인과 빈곤을 초래한 구조적 문제에 대한 의문을 제기함으로써 '우리'의 가능성을 암시한다. 그러나 학생의 의문은 "커서 저렇게 되면 안 되겠다"라는 또 다른 말로 이어진다.

어른이 되면 결코 자신이 목격한 주민처럼 되지 말아야겠다는 학생의 다짐에서 쪽방촌 주민은 부정적 미래를 그대로 보여주는 타자로 등장한다. 쪽방촌의 주민들과 그들의 삶은 기필코 피해야 할 미래를 현재로 살아가고 있는 이들의 모습이자, 미래에 대한 경각심을 일깨우는 대상이다. 거울로서 "여기"의 세계가 "집"의 세계를 공고히 하는 것과 마찬가지로, 쪽방촌 주민은 미래의 부정적 상을 비추는 거울로 작동하면서 미래에 "저렇게" 되지 않을 자신의 삶을 공고히 한다. 그래서 쪽방촌 주민은 바라보기에 "안타까운" 대상이긴 하지만, 동일한 시스템 속에서 연결되어 있는 존재는 아니다. 쪽방촌 주민이 경험하는 모든 상황은 단지 자신이 피해갈 수 있는, 또 피해가야만 하는 미래일 뿐이다.

이처럼 봉사 활동의 형태로 이루어지는 지원 활동에서 쪽방촌 주민들은 외부의 세계를 공고히 해주는 이질적이고 부정적인 타자로 표상된다. 봉사자와 주민들 사이의 연결은 만들어지지 않는다. 오히려 두 존재의 세계는 더욱더 분리된다.

무료 물품 지원도 마찬가지다. 주민들은 상호 인정의 의례에 참여하지 못한 채 자존감과 인격의 박탈을 경험한다. 주는 자와 받는 자의 두 세계는 완전히 분리된다. 완전히 분리된 세계에서 주민들은 "만악"이고 "그림"이며 "거지"이다. 결코 '우리'의 구성원이 될 수 없는 완전한 타자일 뿐이다.

5 방치된 시간의 무게

2015년 동자동 쪽방촌에서 큰 사건이 벌어졌다. 동자동 9-20번지 건물에 거주하는 46명의 주민에게 건물주가 일방적으로 퇴거를 통보했다. 동자동을 찾는 외부인이 가장 먼저 마주하는 곳이자 반드시 들러야 하는 곳, 동자동의 상징적 중심이면서 취약점인 바로 그 건물이다.

주민들은 건물주의 횡포에 적극 대응했다. 쪽방 세입자 모임을 결성해 건물주의 일방적인 퇴거 통보에 항의했다. 건물주의 부당한 대우를 언론에 알리고 서울시의 개입을 요구하기도 했다. 정치적 연대의 결과는 성공적이었다. 저항 과정에서 절반 이상의 주민이 거주지를 옮기긴 했지만, 결과적으로 서울시가 개입하면서 9-20 건물은 서울시가 운영하는 '저렴쪽방'이 되었다. 떠났던 주민들도 다시 원래의 보금자리로 돌아왔다. 건물주는 자신의 뜻을 꺾고 서울시와 임대 계약을 맺었다. 남아 있던 주민들도 계속해서 9-20에 거주할 수 있게 되었다.

그로부터 5년이 지난 2019년, 9-20은 다시 비슷한 문제에 맞닥뜨렸다. 서울시와 건물주 간의 저렴쪽방 계약은 2020년 1월로 계약 만료를 앞두고 있었다. 계약 만료를 7개월 앞둔 2019년 6월, 9-20의 건물주가 건물용도변경을 통해 수익성 사업을 하려 한다는 소식이 전해졌다. 건물주가 재계약을 거부하면 9-20에 거주하는 약 51가구의 주민들은 5년 전과 마찬가지로 현재의 보금자리에서 쫓겨나 거주지를 옮겨야 했다.

2015년과 같은 상황에 주민들은 분노했다. 그러나 당시와 달리 분노는 적극적인 저항과 정치적 연대로 이어지지 않았다. 계약 만료가 코앞으로 다가온 2020년 12월 말까지도 9-20과 관련한 주민들의 정치적 집합행동은 존재하지 않았다. 주민들의 관심과 분노도 찾아보기 힘들었다. 9-20 거주민들을 다른 쪽방이나 임대주택 등으로 이주시키는 안이 유일한 대응 방법으로 제시되었다. 9-20이라는 동일한 공간과 강제 퇴거라는 동일한 사건은 어째서 5년 전과 달리 주민들의 정치적 연대와 집합행동으로 이어지지 않았을까?

2015년, 9-20 강제 퇴거 사태

새꿈어린이공원 측면에 나란히 위치한 세 개의 건물은 동자동 쪽방촌의 상징과도 같다. 일부 고시원을 제외하면 건물당 쪽방 개수가 가장 많고, 공원을 맞은편에 두고 가장 먼저 보이는 장소에 위치한다. 자원봉사자, 사회복지사, 기자, 정치인을 막론하고 동자동을 찾는 사람들이 반드시 보게 될 수밖에 없는 곳이자, 쪽방촌이 어떤 곳인지 알기 위해 한 번쯤은 방문하는 곳이다.

특히 세 건물 중 가장 오른쪽에 있는 9-20번지 건물은 지나가는 사람들의 이목을 사로잡는다. 건물 전체가 밝은 노란색 페인트로 칠해져 있는 데다가 1층 입구에 '해 뜨는 집'이라 쓴 커다란 간판이 붙어 있어서다. 지하 1층부터 지상 5층의 옥탑방까지 이 건물에는 50개가 넘는 쪽방이 빼곡히 들어차 있으나, 건물의 외관만은 밝은 분위기를 내려 노력한 기색이 역력하다. 하지만 쪽방촌의 어두침침한 분위기와 대조되는 9-20의 샛노란 외관은 더 이질적이고 인위적으로 보일 뿐이다.

9-20번지의 건물이 이렇게 밝은 분위기로 연출된 때는 9-20 강제 퇴거 사태가 일어난 2015년이다. 2015년 2월 건물주는 건물의 안전 평가 등급이 낮아 리모델링해야 한다며 한 달 안에 방을 비울 것을 요구했다. 주민들에게 퇴거를 통보한 뒤 건물주는 곧 건물의 용도변

경을 신청했다. 안전상의 이유를 내세웠지만, 게스트하우스로 용도 변경을 신청해 수익성 사업을 시작할 계획이었다.

주민들은 9-20에서 농성하며 3개월을 버텼다. 그러나 결국 건물주의 계속된 압박에 못 이겨 하나둘씩 이주하기 시작했다. 건물주는 5월 말까지 방을 비우면 4월 월세를 면제해주고 5월 방값을 하루 5천 원씩 깎아주겠다고 회유했다. 만약 방을 비우지 않으면 밀린 두 달 치 월세와 함께 매달 21만 4,000원의 월세를 내야 한다고 압박했다.[1] 주민들이 이주를 마치기도 전에 리모델링 공사를 시작했다. 남아 있던 주민들은 울며 겨자 먹기로 이주할 수밖에 없었다. 이주를 거부한 주민들은 외벽과 화장실 문이 뜯겨나가고 철근과 콘크리트가 그대로 드러난 곳에서 지내야 했다.

2017년 11월 예비연구를 진행하던 나는 9-20 강제 퇴거 사태를 1년 동안 지켜보며 연재 기사를 쓴 「한겨레21」 이문영 기자를 만났다.

"그 과정에서 역설적으로 건물에 유대나 활기 같은 게 있었어요."

이문영은 비록 일시적이었지만, 9-20 퇴거 사태가 발생하자 그 전까지는 쪽방촌에서 찾아볼 수 없던 주민들 간의 연대가 생겨났다고 이야기했다.

공동의 작업장과 노동 경험을 공유하는 노동계급은 노동조합 등 공동 경험에 기반한 조직화와 제도화를 통해 자본의 힘에 대항한다.[2] 그러나 쪽방촌 주민들은 생애 전반에 걸친 매우 다양한 요인들로 빈곤을 경험하고 쪽방촌에 정착한다. 따라서 공동의 경험에서 비롯된 동질적 정체성을 형성하기 힘들며, 노동계급에 비해 정치적 주체화에 한계가 있을 수밖에 없다. 또한 정치적 주체화와 조직화된 집합행동이 이루어진다고 하더라도 그 실질적인 효과는 미미할 수 있다. 1971년 광주대단지 사건이 보여주듯이 빈민에게는 오히려 소요(insurgency)나 폭동(protest) 등 우발적이고 불규칙적이며 불안정한 방식의 저항이 더 큰 효과를 가져올 수 있다.[3]

그러나 삶의 공간이 위협받자 주민들은 쪽방 세입자 모임을 결성하고 강제 퇴거에 공동으로 저항해 9-20을 지켜냈다. 삶의 환경에 대한 위협은 분명 안타까운 일이지만, 그 위협 때문에 그동안 불가능해 보였던 주민들의 정치적 연대가 일시적으로나마 가능했다. 9-20의 주민들은 비상대책위원회를 구성하고 건물 앞에서 농성에 돌입했다.[4] 건물주와 만남을 추진하고 용산구에 집단 민원을 제기하거나 언론 인터뷰도 진행했다. 국회, 용산구의회, 서울시 분쟁조정실, 대한법률구조공단, 서울시장 등을 직접 방문해 지속적으로 권리를 주장하기도 했다.[5] 마침내 주민들이 낸 공사중지가처분신청이 받아들여지고, 서울시가 9-20 건물을 임대해 '서울시 저렴쪽방'으로 운영하기로 결정했다. 9-20을 떠났던 주민 중 몇몇이 돌아와 재입주했다. 2015년 당시 집합행동을 통한 주민들의 "유대"와 "활기"는 9-20을 지켜내기 위한 싸움을 성공으로 이끌었다.

2019년, 같은 문제

　강제 퇴거 사태가 종료된 이후 현재까지 9-20 건물은 서울시 저렴쪽방 사업의 일부로 운영되고 있다. 2013년부터 시행된 서울시 저렴쪽방 사업은 "쪽방촌 주민들의 주거비 부담 완화 및 지속가능한 주거공동체 마련"을 목적으로 서울시가 기존 쪽방 건물을 임차해 시세의 약 70% 가격으로 세입자에게 재임대하는 사업이다.[6]

　2017년을 기준으로 서울시는 총 8개 건물에 178호의 물량을 확보해 저렴쪽방으로 운영하고 있다. 그중 2015년에 저렴쪽방으로 지정된 동자동 9-20번지의 새꿈하우스 4호, 일명 해뜨는집을 비롯해 총 4개의 건물을 동자동에서 운영하고 있다([표 10]). 노랗게 칠한 건물 외벽과 '해 뜨는 집' 간판은 9-20 건물이 서울시 저렴쪽방 사업에 포함되면서 진행된 리모델링 작업의 결과다.

　그러나 2015년 연대를 통해 지켜낸 9-20은 5년이 지난 현재 또다시 비슷한 문제에 맞닥뜨렸다. 문제는 9-20번지의 해뜨는집이 아닌 동자동 35-145번지의 '시계토끼집'에서 불거졌다. 건물 외벽에 시계를 든 토끼 그림이 그려져 있어 시계토끼집으로 불리는 이곳은 저렴쪽방 사업의 일환으로 2013년 7월 개소해 2019년 6월까지 약 5년간 '새꿈하우스 1호'로 운영되었다.[7]

　2019년 6월 세 명의 시계토끼집 주민이 사랑방을 찾아왔다. 동자

구분	소재지	기본 구조	방 개수	주요 개보수·교체 내역					
				문	창호	화장실	세면장 샤워실	주방	난방
계	6개소		133개	130	85	20	14	12	-
새꿈 1호	동자동 35-145	목조 2층	17개	17	1	2	1	싱크대 3	보일러 1
새꿈 2호	동자동 9-3 2동 2층 우측	철근 콘크리트 4층	7개	7	2	1	신설1	-	보일러 1
	동자동 9-3 2동 3층 우측		8개	8	3	1	신설1	-	보일러 1
새꿈 3호	동자동 19-69 1층	철근 콘크리트 2층	8개	-	-	-	-	5	보일러 8
새꿈 4호	동자동 9-20	철근 콘크리트 4층	51개	56	60	8	5	2	전기판넬 온수기
디딤돌 1호	창신동 436-27	벽돌조 4층	23개	23	-	신설4	3	-	전기판넬 온수기
디딤돌 2호	동자동 9-9	철근 콘크리트 3층	19개	19	19	4	신설3	신설2	-

※ 건물 도장 공사 및 방 내부 도배·장판은 공통으로 전면 교체

[표 10] 2013년 저렴쪽방 운영 현황 및 주요 개선 내용(서울시 자활지원과, 2013)

동사랑방 활동가 강은미, 주민활동가 조태인, 그리고 내가 모인 자리에서 주민들은 현재 상황을 어떻게 해결해나가면 좋을지 물었다.

"우리가 어떻게 하는 게 제일 좋을까요?"

강은미는 대책을 이야기하기에 앞서 현재까지 파악한 상황을 설명했다.

"먼저 상황을 보고해드릴게요. 지금 시계토끼집에 계속 살고 싶으신 거잖아요? 근데 집주인이 이제 임대 사업은 안 한대요. 게스트하우스도 안 한대요. '개보수하고 나서 임대 사업은 이제 안 할 거다' 그

런 얘기를 했어요. 사실 임대 사업을 안 하겠다고 하면 상가를 하는 게 뻔하잖아요?"

2019년 6월 초 서울시와 계약 기간이 만료되자 시계토끼집의 건물주는 재계약을 거부했다. 건물주는 쪽방 임대를 중단하고 건물을 개보수해 상업용으로 활용하고자 하는 뜻을 보였다. 시계토끼집에 거주하는 주민들은 공사가 시작되기 전까지 방을 비워야 했다.

시계토끼집 주민 한용건(60대)은 답답함을 토로했다.

"내가 원래 해뜨는집에 살았는데 거기서 4개월 만에 쫓겨난 거예요. 그래서 여기(시계토끼집)로 이사 온 거야. 지쳐서 내려왔는데 이제 여기서 또 나가야 되는 거야."

2015년 9-20에 거주하던 한용건은 9-20 강제 퇴거 사태를 겪으며 다른 주민들과 함께 저항했지만, 보금자리를 두고 반복된 일련의 사건들에 지쳐 결국 9-20을 포기했다. 그 후 그가 선택할 수 있는 선택지는 기초생활수급자가 감당할 수 있는 가장 저렴한 월세방을 찾는 것이었다. 그는 동자동에 위치한 또 다른 저렴쪽방인 시계토끼집으로 이주했다. 서울시가 임대하는 저렴쪽방의 월세는 17만 원 안팎으로, 20~25만 원에서 많게는 30만 원까지도 나가는 일반 쪽방보다 저렴했다. 그러나 5년이 흐른 지금 한용건은 같은 문제로 다시 한 번 거주지를 옮겨야 한다. 2015년 9-20 사태의 원인으로 지목된 건물주의 일방적인 의사 변경과 퇴거 통보가 저렴쪽방 사업에서도 동일하게 반복되고 있었다.

저렴쪽방 사업은 서울시가 민간 소유의 건물을 일정 기간 임차해 주민에게 임대하는 형태로 이루어진다. 약 5년의 계약 기간 동안 서울시가 건물의 임대와 관리 및 보수에 관한 권한을 갖지만, 건물의 소유권은 건물주에게 있다. 즉 저렴쪽방은 공공재가 아닌 사유재다. 소유 주체인 건물주의 의사에 반해 더 저렴한 월세를 제공하거나, 노후한 건물을 대대적으로 보수하고 장기간 저렴쪽방으로 임대하는 일에는 한계가 있을 수밖에 없다.

특히 이러한 문제는 서울시와 건물주 간의 계약이 만료되는 시점에 가장 극명하게 드러난다. 시계토끼집의 사례가 보여주듯이, 건물주가 재계약을 거부하거나 건물의 용도 변경을 원한다는 이유만으로 저렴쪽방의 지속가능성은 불투명해진다. 해당 건물에 거주하는 주민들은 제대로 된 대비도 하지 못한 채 당장 방을 비워야 한다.

승리의 기억

2015년과 비슷한 형태로 반복되고 있는 저렴쪽방 문제는 동자동 쪽방촌 주민들로 하여금 당시 있었던 주민들의 정치적 연대와 저항, 그리고 성취를 계속해서 소환하게 만든다.

"그 당시에는 사람이 많았으니까……. 우리가 시청도 갔잖아요. 시청 안에도 들어가고 머리에 끈 동여매고 시위도 해서 인정받았는데, 지금 우리는 사람이 너무 없어."

한용건은 시계토끼집에 거주하는 주민 자체가 적기 때문에 5년 전과 같이 집합행동을 벌이는 것이 불가능하다고 진단했다. 주민들과의 대화가 이루어지던 2019년 6월 당시 시계토끼집에는 전체 17가구 중 11가구만이 거주하고 있었다. 그중 3가구는 퇴거 통보가 이루어진 뒤 이미 다른 쪽방으로 이주한 상황이었다. 남은 8명의 주민 가운데 동자동사랑방과 연락이 닿은 3명의 주민만이 대책회의를 위해 사랑방을 찾아왔다.

사태를 비관적으로 바라보는 한용건에게 강은미가 대답했다.

"서울시에서 하는 저렴쪽방이 이렇게 끝나버리면 나머지 디딤돌하우스나 해뜨는집에 사시는 분들도 똑같은 문제를 겪는 거예요. 그래서 같은 문제가 생기지 않도록 세 분이 좋은 예시를 만들어주셔야 해요."

강은미는 2015년과 같은 문제가 반복되고 있을 뿐 아니라 앞으로 동자동에 있는 다른 저렴쪽방에서도 문제가 반복될 것이라 우려했다. 그래서 이 문제를 가장 먼저 마주한 시계토끼집 주민들이 좋은 선례를 남겨야 했다.

강은미의 말은 일리가 있었다. 동자동 안 다른 저렴쪽방들도 시계토끼집과 마찬가지로 2~14개월 이내에 계약 만료를 앞두고 있었다. 특히 9-20 해뜨는집은 이미 서울시와 건물주 간의 재계약이 불발되어 거주민들은 자체적으로 구제 방안을 마련해야 했다. 계약이 만료되는 2020년 1월 말까지 어떻게 해서든 거주할 곳을 찾아야 하는 생존 싸움을 벌이고 있었다.

"분명히 그때랑 맥락이 같아요. 근데 '추적60분' 팀도 와서 같이 이야기해주고 「한국일보」에서 기사도 나왔잖아요. 전에 쪽방 기사 보셨잖아요, 신문에 나왔던 거. 그거 때문에 언론에서는 굉장히 집중하고 있고 관심도 많아요. 계속 전화도 오고요. 상황이 그렇게 나쁘지는 않아요."

강은미는 지금 상황을 2015년 9-20의 상황과 비교했다. 강은미가 볼 때 2015년의 상황과 지금의 상황은 크게 다르지 않았다. 게다가 각종 언론 보도를 통해 쪽방촌의 문제가 조명 받고 있어, 오히려 2015년보다 현재가 9-20을 지켜내기에 더 유리했다.

시계토끼집의 주민들이 돌아가고 난 6월 12일 저녁 동자희망나눔카페에서 행사가 열렸다. 일명 '빈곤 비즈니스'를 고발한 「한국일보」 기사가 이슈화되며 쪽방촌 문제가 사회적으로 떠오르자, 이를 계기로 빈곤사회연대, 홈리스행동, 동자동사랑방이 쪽방촌 주민을 대상으로 하는 주거권 교육을 마련했다.[8] 총 세 차례에 걸쳐 이루어진 주거권 교육의 마지막 시간이었다. 여기에서도 시계토끼집과 해뜨는집

이야기가 주요 주제로 언급되었다.

교육을 듣기 위해 모인 30~40명의 주민 앞에서 빈곤사회연대[9] 안유진 활동가가 이야기했다.

"우리가 9-20도 막아봤잖아요? 9-20 게스트하우스. 많은 분들이 '건물 주인 마음이다', '우리가 그걸 어떻게 하냐'고 생각하시는 거 같아요. 근데 저는 우리의 삶이 문제가 되는 것이기 때문에 공공에서, 서울시가 관여를 해야 한다고 생각해요."

안유진 역시 2015년의 경험을 다시 소환했다. 그녀 역시 과거와 비슷한 상황에서 9-20 사태와 같은 긍정적 결과가 충분히 성취될 수 있다고 보았다.

이러한 승리의 기억은 주거권 교육 일주일 뒤 다시 열린 대책 회의에서도 반복되었다. 구체적인 행동 대책을 이야기하는 자리에서 주민 권홍일(60대)은 시계토끼집의 주민들에게 당부했다.

"거기 사시는 분들도 행동을 하게 되면 꼭 동참을 해줘야 돼."

동자동사랑방과 주민협동회에서 주민활동가로 일하는 권홍일은 시계토끼집에 거주하지는 않지만 이날 시계토끼집 대책 회의에 참여해 함께 대응 방안을 구상했다.

그러자 시계토끼집 주민 유지호(60대)가 대답했다.

"에이, 우리는 밥풀떼기라서 안 돼."

평소 이러한 활동에 참여해본 적이 거의 없는 유지호는 스스로를 "

밥풀떼기"라고 표현했다. 별 도움이 되지 않을 거라는 말이었다.

권홍일의 대답은 곧장 2015년의 사례로 이어졌다.

"옛날에 해뜨는집 있죠? 같이 가서 시위도 하고 시청도 찾아가고 해서 저게 저렴쪽방이 된 거에요. 게스트하우스 하려고 다 내보냈는데, 우리가 기자 회견하면서 막 떠들어대니까 주인이 '그럼 접고 다시 쪽방을 하겠다. 그 대신에 서울시가 관여를 해달라' 이렇게 된 거에요. 그래서 쪽방으로 원상복귀해서 저렴쪽방으로 만든 거예요."

유지호의 이야기에 권홍일은 2015년의 경험을 상기시켰다. 그도 주민들의 정치적 행동을 통해 충분히 저렴쪽방을 지켜낼 수 있으리라는 희망을 내비쳤다.

이처럼 2015년 사건은 쪽방 주민들이 "유대"와 "활기"를 가지고 정치적 주체가 되었던 성공의 기억이자, 집합행동을 통해 건물주의 일방적 퇴거 통보에 저항하고 자신들의 권리를 지켜낸 승리의 기억이다. 특히 2008년 '동자동 제4구역 도시환경정비사업'으로 동자동 45번지 일대에 있던 100여 개의 고시원과 쪽방이 철거되고, 2013년부터는 동자동에 여러 게스트하우스가 차례로 개업하며 동자동 쪽방촌의 규모가 점차 줄어드는 추세다.[10] 이런 상황에서 2015년의 기억은 쪽방 주민들의 요구를 관철시킨 드문 사례이자 소중한 승리의 기억이다. 과거의 기억은 계속해서 소환되며 주민들에게 정치적 행동을 촉구하고 승리의 가능성을 환기한다.

거짓말

2019년 5월 「한국일보」에 "지옥고 아래 쪽방"[11]이라는 제목의 기획 기사가 연재되었다. '누가 쪽방으로 돈을 버는가'라는 도발적인 질문을 던진 이 연재 기사는 쪽방촌의 건물을 소유한 건물주들의 빈곤 비즈니스 실태를 낱낱이 파헤쳤다.

기사가 나간 뒤 동자동 쪽방촌에는 작은 파란이 일었다. 내가 동자동 쪽방촌에 처음 방문한 5월 말, 주민들은 이 연재 기사가 밝힌 빈곤 비즈니스의 실태와 쪽방 건물주들의 행태에 대응하기 위한 활동을 진행 중이었다. 그 첫 단계는 동자동 쪽방촌 주민들에게 빈곤 비즈니스의 실상을 알리는 일이었다. 동자동사랑방과 주민협동회는 연재 기사를 8면으로 압축한 신문을 인쇄해 쪽방 주민들에게 배포했다.[12] 내가 현장연구를 시작하며 가장 처음으로 맡은 일은 바로 주민들과 함께 마을을 돌며 신문을 돌리는 것이었다.

「한국일보」의 연재 기사가 반향을 불러일으킨 뒤 여러 언론사가 앞다투어 찾아왔다. 2019년 6월 중순 「KBS」 추적60분 팀도 동자동을 찾았다. 이들은 쪽방촌을 카메라에 담고 주민들을 인터뷰했으며, 현장연구하는 나에게 정보를 묻거나 쪽방촌의 안내를 부탁하기도 했다.

촬영분은 2019년 7월 초 방영되었다. 「한국일보」의 기사와 비슷한 맥락이었다. 쪽방의 평당 가격이 고급 주상복합 건물의 평당 시세보다도 비싸고, 쪽방촌의 건물주들이 저렴한 거주지를 찾을 수밖에 없는 빈민을 이용해 경제적 수익을 창출하고 있다는 내용이었다. 간접적이지만 시계토끼집과 해뜨는집의 사례도 언급되었다. 건물주의 일방적 통보로 주민들이 부당한 퇴거 위기에 놓여 있다는 내용이었다.[13]

방송이 나오자 마을 주민 권홍일은 흥미로운 소식을 전했다.

"어제 건물주가 찾아왔어요. 자기는 억울하다고."

방송을 본 9-20의 건물주가 억울함을 호소하며 동자동사랑방을 찾아왔다는 것이다.

"거기 사는 사람 있냐고 묻더라고. 자기는 저렴쪽방을 안 하려는 게 아니라는 거야. 서울시가 안 할려고 한 거고, 자기는 하겠다는 거지."

권홍일과 함께 집주인의 하소연을 들은 배한영도 거들었다.

"어저께 와 가지고 억울해서 죽겠다고, 억울해서 못 살겠다고 하더라고. 방송에서는 건물주를 막 악덕으로 매도해버리고, 하지도 않은 얘기를 했다고 해버리니까……."

건물의 수리와 보수에 관한 책임을 외면하거나 경제적 수익을 위해 주민을 일방적으로 퇴거시킨다는 방송 내용에 건물주는 사실과 전혀 다른 내용이라며 "억울해 죽겠다"는 뜻을 내비쳤다.

지금껏 알고 있던 사실과 완전히 다른 집주인의 호소에 주민들은 당황하면서도 분노했다.

"누가 됐든 거짓말을 한 거야." 주민 조태인(74세)이 말했다.

서울시와 건물주의 서로 다른 이야기는 둘 중 누군가 "거짓말"을 한다는 확신으로 이어졌다.

"만약에 상담소하고 서울시가 짜고 우리한테 기만했다면 이거는 보통 문제가 아닌 거야." 또 다른 주민 심인호(60대)가 이야기했다.

그는 집주인의 말대로 재계약을 거부한 것이 건물주가 아니라 저렴쪽방의 운영 주체인 서울시와 쪽방상담소라면, 사태가 지금보다 더 심각해질 거라 이야기했다.

"만약에 거짓말했다면 주민들이 그거 가만히 놔두겠냐고?"

"가만히 놔두지 않겠다"라는 심인호의 말은 좀 더 구체적인 행동 방법으로 이어졌다.

"쪽방상담소 건물 1층에 있는 카페 앞에서 집회라도 한 번 해야 될 것 같아요." 강은미가 이야기했다.

"기자 회견하고 서울시랑 면담 신청해서 따져야지." 조태인 역시 강은미와 비슷한 생각이었다.

다음날 강은미는 저렴쪽방 사업을 담당하는 서울시 자활지원과에 전화를 걸었다.

"며칠 전에 해뜨는집 건물주가 찾아왔어요. 건물주는 계속 계약을 유지하고 싶다는데 어떻게 된 건가요? 건물주는 서울시에서 재계약을 거부했다고 하는데요."

해뜨는집의 재계약 불발은 계약의 주체인 건물주와 서울시 중 한쪽이 저렴쪽방의 운영을 원치 않는다는 것을 뜻했다. 억울함을 토로하는 건물주를 본 이상 서울시가 책임을 건물주에게 떠넘기며 "거짓말"하고 있는 건지 확인할 필요가 있었다. 만약 서울시의 "거짓말"과 "기만"이 사실로 밝혀진다면 주민들의 분노는 "집회"나 "기자 회견", 서울시와의 "면담" 같은 구체적인 행동 방안으로 이어질 참이었다.

그러나 서울시의 대답은 주민들의 예상과 달랐다.

"찾아가실 줄 알았어요."

자활지원과의 직원은 대수롭지 않게 이야기했다.

"저렴쪽방을 연장하는 건 좋은데, 연장하시려면 건물주로서 역할과 책임을 다하셔야 돼요. 안전상의 문제죠. 아시겠지만 그 건물이 굉장히 노후해서 일부만 수리하고 보수하는 게 아니라 전반적으로 안전 문제를 다 진단하고 해결하셔야 돼요. 그게 안 되면 저희도 유지를 할 수가 없어요."

통화 내용에 따르면, 건물주와 마찬가지로 서울시도 저렴쪽방 사업의 연장을 원했다. 그러나 당장 큰 사고가 발생해도 이상하지 않을 9-20의 노후하고 위험한 환경이 선결되지 않는 한 위험을 무릅쓰고 계약을 연장할 수는 없었다.

"건물주 분한테 진단을 해보고 어떤 조치를 취해야 되는지 확인을 해보시라 말씀을 드렸는데, 돈이 많이 들어가는 수리는 원하지 않으세요."

건물주 역시 위험한 9-20의 환경과 안전 문제를 인지하고 있었다. 그러나 부분적 개보수 이외에 더 큰 돈이 들어가는 대대적 진단과 수리는 원하지 않았다. 쪽방촌의 건물을 소유한 건물주가 쪽방 월세를 통해 얻는 경제적 수익은 매달 평균 287만 5,168원에 육박한다.[14] 하지만 극도로 노후한 9-20의 환경을 대대적으로 수리하는 데 드는 비용은 쪽방 건물로부터 나오는 수익을 넘어설 정도로 크다. 최소한의 비용으로 쪽방을 유지하면서 최대한의 이익을 내는 것이 건물주의 '합리적' 판단이었다.

이는 쪽방상담소와 해뜨는집 주민들이 모인 대책 회의에서도 재확인되었다. 쪽방상담소가 주민들과 공유한 내부 보고 자료에 따르면,[15] 서울시는 "건물의 안전성"과 "입주민의 주거 환경"이 반드시 보장되어야만 하며 "열악한 주거 환경으로 입주가 어려운 방은 임대료에서 반드시 제외"해야 한다고 명시하고 있다. 또한 "건물의 노후화로 인한 보수가 필요하고 주민들의 주거 환경 개선이 절실(화장실, 지하 1층 누수)"하다는 근거를 들어 재계약이 어려울 것이라 판단하고 있다.

결국 주민들의 분노와 달리 건물주나 서울시 중 그 누구도 "거짓말"하고 있지 않았다. 건물주는 대대적 수리를 하지 않은 채 쪽방을 저렴쪽방으로 유지하길 원했다. 서울시 역시 재계약을 통해 저렴쪽방 사업을 지속하고자 했다. 양쪽 모두 9-20을 저렴쪽방으로 유지하길 원했다. 자신은 저렴쪽방을 원하지만 서울시가 거부한다는 건물주의 말도, 건물주가 안전 문제를 고려하지 않으므로 재계약할 의사가 없다고 판단한 서울시의 말도 모두 거짓이 아니었다.

주거권의 딜레마

9-20을 둘러싼 서울시와 건물주 간의 설전은 인프라의 '노후함과 황폐함(disrepair)'[16]의 문제로 수렴된다. 쪽방촌의 노후함은 서울시에는 건물의 상태가 사업 기준에 미달한다는 행정적 판단으로, 건물주에게는 수리비가 쪽방 운용 수익을 초과한다는 경제적 판단으로 이어졌다. 그 결과 쪽방에 살고 있는 주민들의 의사와 관계없이 재계약을 지속할 수 없는 상황을 초래했다. 쪽방촌의 노후한 건물이 안전 규제의 대상으로 혹은 수익 창출의 수단으로 이야기되는 한 지속적인 거주를 요구하는 주민들의 목소리는 힘을 잃을 수밖에 없다.

현장연구 기간에 우연히 9-19의 건물주와 마주친 적이 있다. 안제동의 장례가 있는 날이었다. 장례가 끝난 뒤 장례에 참석한 쪽방촌 주민들은 유족과 함께 동자동으로 돌아왔다. 유품을 수습하고 생전 그가 살던 곳을 마지막으로 둘러보고 싶다는 유족의 부탁 때문이었다.

안제동의 방은 잠겨 있었다. 열쇠를 가지고 있는 건물주에게 연락했지만 세 시간 뒤에나 도착한다고 했다. 유족과 함께 두 시간이 넘도록 기다리던 주민들은 결국 열쇠수리공을 불렀다.

방문을 따고 얼마 지나지 않아 건물주가 도착했다. 건물주는 불같이 화를 냈다.

"아니, 내가 온다고 했잖아요. 그런데 왜 사람을 불러서 문을 따요. 내 허락도 없이."

유족의 마지막 부탁을 들어주는 것이 망자에 대한 예의라고 생각한 주민들은 강력하게 항의했다.

"지금 유족들이 몇 시간을 기다렸는데 말을 그렇게 해요?"

그러자 건물주가 대꾸했다.

"나는 40일을 참고 기다렸어요. 근데 당신들은 세 시간을 못 기다려요?"

"40일을 참고 기다렸다"라는 말은 안제동이 생전에 지불하지 못한 월세를 일컫는다. 안제동은 사망 직전까지 한 달 반치의 월세를 내지 못했다. 건물주는 월세를 독촉하거나 퇴거를 종용하지 않았는데도 마을 주민들이 자신의 소유물, 즉 쪽방을 마음대로 다룬 것에 대해 화를 냈다.

"나는 여기를 관리하는 게 의무이고 권리예요. 나한테 알리지도 않고 여기에서 뭘 하면 기분이 좋겠어요?"

고성이 오간 끝에 화난 주민들은 끝내 욕설을 내뱉었다. 건물주도 더욱 격양된 목소리로 소리쳤다.

"아니, 당신들이 뭔데? 당신들은 없는 사람들끼리 모여서 자기들끼리 좋아서 하는 거 아냐! 근데 당신들이 무슨 권리가 있어?"

건물주가 내뱉은 "권리" 앞에서 주민들의 행위는 "없는 사람들끼리 모여서 자기들끼리 좋아서" 하는 일종의 사적 모임으로 전락한다. 반면 건물주가 가진 소유자로서의 "권리"는 건물주가 행하는 모든 행위의 법적 정당성을 입증한다.

그러나 건물주의 행위가 사적 소유 재산에 대한 소유권으로 이루어지는 한 주민들은 건물에 살아가는 세입자이자 쪽방 주민으로서 이에 대응할 수 있는 정치적 언어와 윤리적 정당성을 갖는다. 2015년 9-20 강제 퇴거 사태 당시 주민들은 건물주가 이야기하는 소유자로서의 권리에 맞서 세입자로서의 주거권을 주장했다. 주민들은 스스로를 권리를 지닌 정치적 주체로 설정하고, 건물주의 행위를 "가난하고 아픈 고령의 쪽방 세입자들을 몰아내는 위선적인 행태"로 규정하며 건물주를 비난했다. 더군다나 표면적으로는 안전상의 이유를 내세웠지만 퇴거 통보가 이루어지고 얼마 지나지 않아 건물주는 건물의 용도 변경을 신청했다. 더 큰 경제적 수익을 원하는 건물주의 의도가 선명히 드러난 이상 주민들의 적대(antagonism)가 향하는 대상은 명확했다. 주거권이라는 권리의 언어는 이러한 적대를 표출하고 이를 통해 건물주의 권리에 대항하는 효과적인 매개이자 수단이었다.

그러나 2019년 현재의 상황은 다르다. 9-20이 마주한 문제가 건물주의 경제적 판단이나 서울시의 무관심이 아닌 노후함 자체의 문제로 이야기되자, 주민들의 적대가 향한 과녁은 희미해지고 주거권이라는 저항의 언어 역시 힘을 잃는다.

주거권은 이중적 의미를 지닌다. 소극적 의미에서의 주거권은 도시 재개발, 젠트리피케이션, 임대료 상승, 일방적 퇴거 통보 등 빈민의 삶을 파괴하는 시장 논리에 대항해 지속적인 거주를 요구할 수 있는 권리를 말한다. 한편 적극적인 의미의 주거권은 헌법 제34조 제1항의 "인간다운 생활을 할 권리", 헌법 제35조 제1항의 "건강하고 쾌적한 환경에서 생활할 권리"에 기반해 지속적인 거주를 넘어 더욱 나은 삶의 환경을 요구할 수 있는 권리를 말한다.[17]

9-20의 건물주는 최소한 '계속 살게 해달라'는 주민들의 소극적 주거권 주장을 받아들이면서 저렴쪽방을 계속 유지하고 싶다는 의사를 밝혔다. 그러나 그 주거권에 '쾌적한 환경에서 살 권리'는 포함되지 않는다. 건물주는 주민들이 9-20에 계속 거주하도록 내버려두겠다는 데에만 동의했을 뿐 노후한 환경을 개선해야 한다는 서울시의 요구는 거부했다. 여기에서 서울시의 요구는 두 번째 의미를 포함하는, 더욱 확장된 의미의 주거권 주장에 가깝다.

두 주체가 각각 다른 방식으로 주거권의 논리를 받아들이는 가운데 계약 만료라는 시한부 문제는 주민들의 저항을 딜레마 속으로 몰아넣었다. 주민들은 지금껏 자신들이 요구해온 주거권을 소극적 차원으로 축소할 수밖에 없었다. 계약 만료를 앞두고 당장 6개월 뒤면 거리로 내몰릴 위기 앞에서 더 나은 환경을 위해 장기적 저항을 기획하는 것보다 당장 눈앞에 닥친 퇴거 위기를 막는 일이 중요했다.

하지만 이러한 소극적 주장은 동자동사랑방과 주민협동회 등 여러 빈민 운동 단체가 주장해온 포괄적 의미의 주거권과 대치된다. 저렴쪽방 사업은 공적 영역과 사적 영역이 중첩된 회색 지대에 있다. 서울시는 건물주의 사적 소유 재산을 임차해 대리로 운영한다. 따라서 건물의 임대와 사업의 지속 여부는 운영 주체인 서울시가 공공성에 따라 결정한다. 하지만 건물 자체의 대대적 수리 및 보수, 용도 변경 등에 관한 권한은 전적으로 건물주에게 있다. 건물주는 시장의 논리에 따라 최소한의 주거권 요구만을 받아들이면서 저렴쪽방을 지속하고자 한다. 그 의도는 다르지만, 건물주의 판단은 '이대로 계속 살게 해달라'는 주민들의 주장과도 맞아 떨어진다. 자신들의 요구를 '계속 살게 해달라'는 소극적 차원으로 축소하는 한 주민들은 빈곤 비즈니스의 논리를 스스로 옹호하는 셈이다.

주민들은 "거짓말"과 "기만"을 한 주체가 누구이든 문제를 초래한 주체를 "가만히 놔두지 않을 것"이라 다짐했다. 계속해서 등장한 2015년의 기억은 정치적 행동과 승리의 가능성을 환기하면서 맞서

싸울 것을 촉구했다. 그러나 2015년과 달리 문제의 원인이 건물의 노후함으로 밝혀진 상황에서 문제의 원인을 초래한 명시적인 적은 존재하지 않는다. 2015년의 퇴거 사태가 수익 창출을 위한 건물주의 권리 행사에서 비롯되었다면, 2019년 해뜨는집 문제는 주거 공간의 노후함 자체에서 비롯되었다.

낡아버린 공간의 역사

동자동의 노후함은 지난 60년간 빈민과 쪽방촌의 환경에 대한 공적·사적 개입이 전혀 이루어지지 않았음을 보여주는 증거다.

건축물대장상 9-20번지의 사용승인일은 1968년 8월이다. 저렴쪽방 재계약 만료 문제가 불거진 2019년을 기준으로 볼 때 준공된 지 50년이 넘은 건물이다. 9-20과 나란히 위치한 다른 두 건물, 그리고 동자동 쪽방촌에 위치한 대부분의 건물 역시 마찬가지다. 9-18, 9-19번지의 사용승인일은 9-20보다 약 1년이 빠른 1967년 11월과 1967년 12월이다.[18]

그런데도 50가구가 넘는 큰 규모, 새꿈어린이공원과 서울역 쪽방상담소와 가깝다는 지리적 이점 때문에 많은 주민이 9-20과 그 근처에 거주한다. 정영희와 홍인택은 2020년 현재에도 9-19번지에 거주하고 있으며, 강영섭은 또 다른 저렴쪽방인 디딤돌하우스로 이사하기 전까지 9-20에 살았다. 최경철과 안제동 역시 생전에 9-20에 거주했다. T고등학교 학생들이 봉사 활동을 하며 주민들의 방을 청소한 곳도 9-18, 9-19, 9-20번지 건물이었다.

세 건물이 지어진 1960년대 후반은 한국전쟁 이후 이 지역에 존재했던 일명 '판자촌'이 사라지고 현재의 쪽방촌과 비슷한 형태의 빈민 밀집 거주 지역이 형성되던 시기다. 정부가 도동과 양동 일대의 판자촌을 철거하고 윤락 업소 밀집 지역을 집중적으로 단속하자 건물주들은 윤락 시설로 이용되던 건물을 여관과 여인숙으로 활용하기 시작했다. 동자동 일대는 도시 하층 노동자들을 대상으로 한 거주 공간으로 탈바꿈했다.

1960년대 이래 동자동과 같은 도시 하층민의 주거 공간은 이중적 방식으로 다루어졌다. 첫째, 도심 안 무허가 정착지를 도시 외곽으로 이주시키는 방식이다. 산업화를 위해 도시 공간을 재편하는 과정에서 정부는 서울 안의 빈민 밀집 지역을 서울 외곽과 경기도로 이주시키고자 했다. 1970년 당시 동자동의 행정관할구인 중구에서도 남대문 일대와 도동, 동자동에 있는 512동의 무허가 건물을 철거하고 2,700여 명의 주민을 광주대단지로 이주시켰다.

둘째, 빈민 거주 지역의 확산을 암묵적으로 용인하는 방식이다. 빈민 거주 지역은 도시 하층민에게 저렴한 주거 환경을 제공함으로써 산업화에 필요한 저임금 노동력을 안정적으로 재생산하는 기능을 수행했다.[19] 철도, 도로, 빌딩과 같은 기반 시설들이 근대화의 표상으로 도심 한복판에 자리 잡아야 했다면, 빈민의 공간은 근대성의 표상 밖에서 그것을 가능케 하는 또 하나의 기반 시설로 존재했다.[20] 국가의 의도된 무관심으로 도시 하층민의 주거 공간은 유지될 수 있었다. 하지만 빈민 거주 지역에 대한 개입이 최소화되면서 열악한 주거 환경은 빈민 자신이 전적으로 감당해야 할 몫으로 남았다. 빈민 밀집 지역을 이동시키거나 유지하는 문제, 즉 존재 그 자체가 문제시 되었을 뿐 질적으로 열악한 쪽방촌의 주거 환경은 고려의 대상이 아니었다.

1980년대 이후에는 동자동이 재개발 지역으로 지정되면서 투기 이익을 노린 자본이 이 지역을 점령했다. 그러나 시장의 논리 역시 동자동의 환경에 섣불리 개입할 수 없었다. 도시의 규모가 점차 확장되고 인구 집중 현상이 심화됨에 따라 서울 안 개발 가능 지역이 부족해지자, 정부는 도심 외곽 지역 무허가 정착지를 개발해야 할 필요성을 느꼈다. 특히 1983년부터 실시된 합동 재개발 방식은 투기 자본을 도시 재개발 과정에 적극 끌어들임으로써 무허가 정착촌의 해체를 가속화했다. 또한 1979년 이후 건설 경기의 침체 및 중동 경기의 쇠락으로 대규모의 건설 자본이 투자 기회를 찾아 국내 시장으로 선회하면서 도심 재개발 사업은 더욱 활성화되었다.

1978년 서울시도 본격적인 도시 재개발을 위해 동자동 일대 1만

3,400여 평에 대한 건축 계획을 확정하고 건설부에 사업 승인을 요청했다.[21] 재개발 계획 인가와 함께 지하철 3·4호선 완공 소식이 전해져 동자동 일대의 땅값이 오른다는 기대가 부풀어 올랐고, 일대의 부동산 매물 정보가 쏟아졌다. 그러나 재개발 이익을 노린 투기자본의 예측과 달리 본격적인 사업이 착수된 것은 2007년 2월에 이르러서다. 이미 높은 빌딩들이 들어선 동자동 외곽 지역을 제외하면, 대부분 지역은 동자동 일대가 재개발 구역으로 지정된 뒤 약 30년 동안 잠재적 재개발 구역으로만 존재해왔다.[22]

잠재적 재개발 구역으로 존재해온 30여 년의 세월을 거치면서 주민들에게는 재개발과 강제 퇴거에 관한 소문도 "말 뿐이다", "재개발될 리가 없다", "이번에도 그냥 지나갈 것이다"라며 별일 아닌 듯 넘어가는 것이 자연스런 일상이 되었다. 하지만 건물주들의 사정은 다르다. 9-20의 건물주가 쪽방 운영을 통해 경제적 수익을 얻고 있음에도 대대적인 수리를 꺼린 이유는 동자동이 언제 개발될지 모르는 잠재적 재개발 구역이기 때문이다. 건물주는 재개발이 시작되면 당장 건물을 허물기만 해도 엄청난 재개발 이익을 올릴 수 있다. 건물에 굳이 큰 수리비를 쓰거나 환경 개선을 위해 추가 비용을 투자할 필요가 없다. 마치 언제 터질지 모르는 유전처럼 재개발과 함께 엄청난 경제적 이익을 가져다줄 동자동은 쉽게 손댈 수도, 그렇다고 내버려둘 수도 없는 곳이다.

결국 건물주가 최대한의 이익을 창출할 수 있는 방법은 빈곤 비즈니스, 즉 건물을 쪽방으로 운영하는 것이다. 주민들은 노후하고 위험한 환경을 감당하고서라도 저렴한 월세를 찾아 쪽방촌에 거주할 수밖에 없다. 건물주에게는 쪽방의 유지비용을 최소화하면서도 재개발되기 이전까지 부수적 이익을 지속적으로 창출할 수 있는 최적의 조건인 셈이다.

국가도 시장도 개입하지 않은 수십 년의 세월 동안 동자동의 환경은 점차 노후되었다. 손이 닿기만 해도 스르르 부서져 내릴 정도로 부식된 벽면과 노출된 전기 배선, 날씨와 계절을 불문하고 습기 찬 천장에서 뚝뚝 떨어지는 물, 건물 전체에 가득 차 있는 곰팡이와 악취는 주민들의 일상이나 마찬가지다.

2018년 8월 9-19번지 1층에 무료 세탁 시설 돌다릿골빨래터가 문을 열었다. 박원순 서울시장과 황창규 KT 그룹 회장, 이재훈 온누리복지재단 이사장, 성장현 용산구청장 등 유명 인사들이 참여할 만큼 대대적인 개소식이었다. 그러나 몇 달 지나지 않아 돌다릿골빨래터는 10-7번지의 단층 건물로 자리를 옮겼다. 노후한 9-19의 전기 시설로는 세탁소 운영에 필요한 전력을 감당할 수 없는 데다가, 세탁소에서 사용하는 전력으로 인해 때때로 건물 전체에 정전마저 일어나기 때문이었다. 세탁기와 건조기에서 발생하는 진동이 건물 전체의 안정성에 악영향을 끼친다는 사후 평가도 있었다. 대대적인 개소식이 무색하게도 돌다릿골빨래터는 곧 다른 곳으로 자리를 옮기고 말았다. 돌다릿골빨래터가 자리 잡고 있던 9-19번지의 1층은 현재 세탁기와 건조기가 필요하지 않은 의류 수선 작업에만 이용되고 있다.

9-18, 9-19, 9-20뿐 아니라 동자동 쪽방촌에 위치한 대부분의 건물도 마찬가지다. 동자동에서 많은 쪽방 주민이 거주하는 건물 중 하나인 새마을아파트 역시 건물 바깥으로 전깃줄이 노출되어 있고 부서지고 갈라진 외벽은 구멍이 뚫린 채 그대로 방치되어 있다.

동자동 쪽방촌에서 가장 오래되었다고 알려진 갈월동 5-17번지의 일명 '거지 아파트'는 칠성사이다의 전신인 동방청량음료의 공장으로 사용되던 곳이다. 동방청량음료의 창립이 1950년이니 1960년대 지어진 9-20보다도 10~15년이 더 오래됐다. 지은 지 70년이 넘은 이 건물은 현재 재난위험시설(D등급)로 지정되어 있다. '특정관리대상시설 등 보고 등에 관한 규정'에 따르면 "재난위험시설(D, E등급)이란 긴급히 보수·보강하여야 하거나, 사용 및 거주 제한이 요구되는 정도의 재난 발생 위험이 높은 시설"을 말한다. 2010년에는 건너편 모델하우스에서 발생한 화재가 건물에 옮겨 붙은 사건도 있었다. 그러나 지금도 이 건물에는 여전히 몇몇 주민이 거주하고 있다. 행정구역상 동자동이 아닌 갈월동에 위치하고 있기 때문에 서울역 쪽방상담소의 관리 대상에서조차 제외된다.

2015년 9-20 사태를 취재한 이문영 기자는 말했다.

"거기 있던 분들이 뿔뿔이 흩어졌죠. 그 상황(9-20 강제 퇴거 사태)을 거치면서 생겼던 유대와 활기 같은 것들도 이제 없어지고요."

당시 역설적으로 존재했던 "주민들의 정치적 연대"가 사태가 종료되고 난 뒤에는 다시 찾아보기 힘들어졌다는 것이다.

하지만 2019년 9-20이 맞닥뜨린 문제는 주민들의 정치적 연대가 단순히 물리적 응집의 문제만은 아니라는 사실을 말해준다. 9-20에는 여전히 약 50가구의 주민이 거주하고 있고, 그중에는 2015년 사태를 직접 경험하거나 당시 집합행동에 참여한 이들도 있다. 또한 강은미의 말처럼 빈곤 비즈니스에 관한 「한국일보」의 기사가 파장을 불러일으키고, 여러 언론사가 앞다투어 쪽방촌에 주목하고 있어 2015년보다도 지금이 주민들에게 더 유리한 조건이다.

그러나 유리한 조건에도 불구하고 건물의 '노후함'이 문제의 근본 원인으로 지적되면서 주민들의 선택지는 두 가지로 축소된다. 제대로 된 보상을 받을 수 있다면 일단 쪽방촌을 나가 더 나은 주거 환경으로 이주해야 하는가? 열악한 환경을 감당하면서라도 부당한 퇴거 요구와 시장의 논리에 저항하며 계속 쪽방에 거주해야 하는가? 쫓겨나지 않고 계속 쪽방에 거주하기 위해서는 장기 투쟁이 필요한 환경 개선 요구를 유예하고 열악하고 노후한 환경을 받아들여야 한다. 반대로 더 나은 환경에 살고자 한다면 건물주의 요구를 받아들여 거주지를 옮길 수밖에 없다.

건물의 노후함이 문제의 근본 원인으로 이야기되면서 주민들의 주거권 주장은 딜레마에 부딪친다. 저항의 언어와 논리가 상실되자 정치적 연대와 집합행동의 가능성은 더욱 희미해진다.

삶의 공간

그러나 동자동 쪽방촌을 낡고 마모된 건축물의 문제만으로 이야기하기는 힘들다. 동자동 쪽방촌은 노후함과 열악함을 견뎌내며 이 지역을 삶의 공간으로 만들어내고자 한 주민들의 역사이자 성취이기도 하다.

안토니오 네그리(Antonio Negri)와 마이클 하트(Michael Hardt)는 도시가 "단지 건물·도로·지하철·공원·폐기물 처리 시설·소통 케이블로 이루어진 물리적 환경이기만 한 것이 아니라 문화적 실천, 지적 회로, 정동적 네트워크, 사회적 제도들의 살아 있는 역동체"라고 말한다. 이들에 따르면 도시는 "공통적인 것(the common)의 원천"이자 "공통적인 것이 흘러들어가 모이는 저장소"다.[23] 즉 도시에서 생산되는 모든 생산물과 가치는 도시 공간에 밀집한 물질적 요소뿐 아니라 도시 공간 내부에서 다양한 형태로 살아가는 사람들에 의해 공동으로 생산된다. 그러므로 도시 공간은 교환가치에 기반한 사유재산이나 이윤 창출의 수단이 될 수 없다. 도시 공간을 각자의 필요와 욕구에 따라 사용하고 도시를 구성하는 정치적 과정에 참여할 '도시에 대한 권리(right to the city)'는 도시에서 살아가는 모든 이들에게 주어진다.[24]

주민들은 상호 의존의 연대를 통해 쪽방촌의 열악함을 견뎌내고 살아냄으로써, 그리고 점유와 참여를 통해 공간을 재구성해냄으로써 동자동을 '살만한 곳'으로 만들어왔다. 9-20 건물에 대형 현수막을 늘어뜨리고 제대로 된 주거 정책을 요구하는 시위를 벌일 때,[25] 새꿈 어린이공원에서 재개발과 퇴거에 관한 공적 대안을 요구하는 기자회견을 열 때,[26] 공원의 한구석에 동료 주민의 죽음을 애도하기 위한 공동 분향소를 차리고 돗자리에 둘러앉아 명절 음식을 함께 나누어 먹을 때[27] 노후함과 열악함 자체이자 삶을 위협하는 요소인 쪽방촌은 정치적 공간으로, 추모의 공간으로, 상호 돌봄과 교류의 공간으로 탈바꿈한다. 주민들에게 동자동 쪽방촌은 노후하고 열악한 인프라를 넘어 다양한 의미와 사용가치를 제공하는 삶의 공간이다. 그리고 쪽방촌을 삶의 공간으로 만들어왔던 주민들의 노력은 이 공간이 누군가의 소유가 아닌 공동의 것이라는 사실을 의미한다.

정영희의 사례는 동자동 쪽방촌이 주민들에게 어떤 의미인지 잘 보여준다. 정영희는 공공임대주택 입주자로 선정돼 서울 강북구의 한 임대주택으로 이사하고도 얼마 지나지 않아 동자동 쪽방촌으로 돌아왔다. 그녀는 가족의 집, 병원과 보호 시설, 공공임대주택이라는 여러 선택지를 거부하고 동자동 쪽방촌에서의 삶을 선택했다.

2019년 7월 한국토지주택공사에 동행해 임대주택 계약서 작성을 돕고, 이삿짐을 옮기고, 새집 청소까지 함께한 나는 이사한 지 열흘도 되지 않아 동자동으로 돌아온 그녀를 보고 실망감을 감출 수 없었다. 연구와 별개로 정영희가 더 나은 주거 환경에서 살아가는 데 조금이나마 도움이 되었다는 성취감은 그동안의 노력이 모두 허사가 되었다는 허무함과 실망감으로 바뀌었다.

나는 한숨을 쉬며 동자동사랑방 강은미 활동가에게 아쉬움을 털어놓았다.

"정영희 님이 다시 오셨더라고요."

"맞아요. 저도 들었어요."

"그 고생을 하면서 도와드렸는데 며칠도 안 돼서 결국 다시 오시더라고요. 어찌나 힘이 빠지던지……."

강은미는 격려의 말을 건넸다.

"한계가 있나 봐요. 가능한 분들은 전부 쪽방 밖으로 내보내야 하는데……. 그래도 그런 걸로 힘 빠지면 안 돼요. 그러면 계속 못해. 그냥 한계라고 생각해야지."

강은미는 정영희의 사례가 주민들에게서 종종 관찰되는 "한계"라고 이야기하면서 크게 괘념치 않는 편이 나을 것이라 조언했다. 하지만 동자동으로 다시 돌아온 정영희의 사례는 단지 "한계"라는 말로 넘겨버리기에는 많은 것을 말해주고 있다.

정영희가 동자동 쪽방촌으로 다시 돌아오게 된 까닭은 사실혼 관계의 동거인 홍인택과 관계가 이 공간에 기반을 두고 있기 때문이었다. 정영희는 동자동 쪽방촌이 제공하는 삶의 환경 덕분에 홍인택과 함께 독립적인 삶을 꾸려나가며 돌봄을 주고받을 수 있는 주체가 될 수 있었다. 비록 열악한 환경이지만 주거급여를 통해 감당할 수 있는 낮은 월세로 보금자리를 마련할 수 있었고, 주민들에게 제공되는 여러 물품과 서비스 지원 활동의 도움을 받을 수 있었다. 또한 주민 대부분이 비슷한 삶의 조건을 공유하고 있어서 상대적으로 박탈감을 덜 느끼는 데다 각종 복지 관련 정보도 쉽게 얻을 수 있었다.

정영희에게 주어진 다른 선택지들, 예컨대 가족의 집, 병원과 노숙인 시설은 쪽방촌보다 월등히 쾌적한 물리적 환경을 제공했다. 하지만 이러한 환경에서 정영희는 간섭과 통제의 대상이 되거나 사회적 연결과 단절된 고립된 주체가 되어야 했다. 그것이 가족의 애정이나 돌봄의 일부였다는 점은 부인할 수 없지만, 정영희에게는 자신의 욕망을 억압하고 통제하는 것과 다르지 않았다. 그녀는 다른 누군가를 돌볼 수 있는 적극적 주체가 아니라, 가족과 의료·보호 시설의 돌봄을 일방적으로 받아들여야 하는 수동적 존재가 되어야 했다. 병원과 보호 시설에서 "나오지 못하고 지체될까봐" 걱정된다는 정영희의 말은, 이처럼 상호 돌봄의 가능성을 제공하지 않는 공간과 그 안에서 수동적 주체가 되어야 하는 데 대한 두려움을 뜻했다.

서울 외곽에 위치한 공공임대주택에 거주하는 일 역시 돌봄의 가능성을 차단한다. 동료 주민들과 교류하거나 주민자조조직의 활동가와 쪽방상담소의 사회복지사에게 도움을 받는 등 동자동 쪽방촌에 뿌리내린 여러 사회적 관계는 물리적 거리로 인해 지속되지 못한다. 청소와 빨래를 하고 끼니를 해결하는 일부터 병원에 가거나 각종 생필품을 구비하는 일에 이르기까지 정영희는 다른 사회적 관계에 의존하지 않은 채 삶의 모든 측면을 독립적으로 운영해야 한다. 하지만 그동안 정민희나 홍인택과 관계에 의지함으로써 주체적이고 독립적인 삶을 추구할 수 있었던 정영희에게 고립된 삶은 불가능했다.

정영희 사례에서처럼 임대주택 입주자가 기존의 사회적 관계로부터 단절될 가능성이 크다는 점은 주거취약계층 주거지원사업의 대표적인 한계로 이야기된다. 이 사업은 전세임대(LH공사만 시행)와 매입임대(LH공사와 SH공사 모두 시행)를 통해 공공임대주택을 공급한다. 전세임대는 입주 대상자가 집주인과 전세 계약을 체결하면 LH공사가 최대 9천만 원까지(광역시 7천만 원, 그 외 지역 6천만 원, 2019년 1월 기준) 전세금을 지원한다. 매입임대는 LH공사와 SH공사가 직접 매입한 물량을 최대 20년(최초 임대 기간 2년, 9회까지 재계약 가능) 동안 입주 대상자에게 임대한다.

전세임대는 입주 선정자와 집주인이 계약을 체결한다. 따라서 지정된 지원 금액 이내의 주거지를 찾을 수 있다면, 입주 선정자는 지리적 위치와 관계없이 자신의 선호에 따라 입주가 가능하다. 그러나 매입임대는 도심의 높은 부동산 가격 때문에 두 공사가 확보한 물량 대부분이 서울 외곽에 위치한다. 입주자는 기존에 살던 공간에서 멀리 이주할 수밖에 없다. 매입임대를 통해 제공되는 임대주택이 대체로 전세임대보다 더 넓고 쾌적한 것은 사실이다. 하지만 지리적 위치 때문에 익숙한 삶의 공간과 축적된 사회적 관계로부터 고립될 가능성이 크다. 정영희가 이사한 임대주택도 동자동에서 멀리 떨어져 있는 매입임대주택이었다.

주민 송미영(60세)의 사례도 정영희와 비슷하다. 송미영은 이웃주민들에게 자기 딸이 얼마나 효녀인지 자랑하느라 여념이 없었다. 연락이 끊겼던 딸이 찾아와 '왜 이런 곳에서 사시냐'며 이제부터 자기가 어머니를 모시고 살겠다고 선언했기 때문이다. 며칠 만에 이삿짐을 싼 송미영은 마을 주민들의 축하를 받으며 딸과 함께 동자동을 떠났다.

그러나 채 한 달도 되지 않아 그녀는 다시 동자동 쪽방촌으로 돌아왔다. '답답하고 재미없어서 못 살겠다'는 것이 이유였다. 송미영의 걸걸한 성격은 동자동에서도 유명했다. 누구도 그녀를 쉽게 건드리지 못했다. 싸움이 일어나면 불같이 달려들어 끝장을 봤다. 행여 누군가 시끄럽게 술주정이라도 부리면, 술이 번쩍 깰 정도로 온갖 욕설을 퍼부으며 멀리 쫓아내곤 했다. 그래서 그녀는 동자동에서 모르는 사람이 없었다. 골목 어귀에 접시를 깔아놓고 다른 주민들과 술자리를 갖는 모습도 자주 목격할 수 있었다.

그러나 딸의 집에 머무르기 시작하자 지금까지 송미영이 한 모든 행동은 더 이상 불가능했다. 딸의 집에서는 싸움을 거는 사람도, 술주정을 부리는 사람도, 함께 술 마실 사람도 없었다. 행여 담배라도 한 대 피우려면 동네 주민의 손가락질을 받을까 걱정해야 했고, 딸에 대해서까지 안 좋은 소리가 돌까 근심해야 했다. 강은미 활동가의 말처럼 "남 신경 쓰지 않고 사람들과 자유롭게" 사는 것은 오직 동자동 쪽방촌에서나 가능했다.

'공동의 것'의 위기

해뜨는집과 관련한 일련의 사태는 여전히 잠잠하다. 9-20의 건물주는 서울시와 계약 기간이 만료되었는데도 주민들을 퇴거시키지 못했다. 서울시와 쪽방상담소 역시 건물주를 설득하거나 주민들에게 상황을 설명하려는 별다른 시도를 하지 못했다. 몇 차례의 주민 모임이 있었지만 직접적인 집합행동으로 이어지지 않았고, 주민자조조직은 9-20의 주민들이 다른 거주지로 옮길 수 있도록 돕는 일에 집중했다. 건물주, 서울시와 쪽방상담소, 쪽방촌 주민들과 주민자조조직까지 저렴쪽방과 관련한 여러 주체 중 어느 누구도 이 사태에 쉽사리 개입하지 못했다.

해뜨는집과 관련한 사건이 소강상태에 접어드는 동안 주민들의 이목은 길 건너 남대문로5가의 재개발로 옮겨갔다. 동자동과 마찬가지로 남대문로5가도 1978년 재개발 지역으로 지정된 뒤 아무런 개발이 이루어지지 않았다.[28] 하지만 2019년 10월 서울시 도시계획위원회에서 '양동 도시 정비형 재개발 구역 정비 계획 변경안'이 수정 및 가결되며 재개발 위협이 본격적으로 가시화되기 시작했다.[29]

쪽방촌 주민들은 관할 구청인 중구청에 의견서를 제출하고 대대적인 기자 회견을 진행했다. 관련 자료를 주민들에게 배포하고 임대주택 이주 방안과 주거 이전비 등의 대책도 요구했다. 적극적인 대응이 이루어지지 않고 있는 해뜨는집의 사례와 대조적이었다.

1960년대 빈민 밀집 지역이 형성된 이후 동자동 쪽방촌은 켜켜이 쌓인 시간의 무게 속에서 서서히 낡고 부서지고 갈라지고 마모되었다. 빈민의 열악한 삶은 경제 발전과 산업화를 위한 필요악으로 묵과되었고, 아이러니하게도 시장의 논리 역시 재개발의 이익과 손해를 저울질하는 가운데 이 지역에 쉽게 손을 뻗지 못했다. 그렇게 60여 년이 지난 현재 2015년의 강제 퇴거 사태를 성공적으로 막아낸 승리의 기억이 주민들의 정치적 연대와 집합행동을 촉구함에도, 노후한 동자동 쪽방촌의 환경은 주민들의 주거권 주장을 딜레마로 몰아넣으며 삶을 위협하고 있다.

주민들은 점차 낡고 마모되어가는 공간에서도 상호 연결을 만들어냄으로써 서로를 돌보아왔다. 쪽방촌이 제공하는 모든 돌봄의 가능성과 사회적 관계, 의미와 사용가치는 주민들이 함께 만들어온 결과물이었다. 정영희와 송미영이 다시 동자동 쪽방촌으로 돌아오길 선택한 이유는 쪽방촌에 축적된 사회적 관계들 속에서 살아갈 때 비로소 돌봄을 주고받을 수 있는 주체로서, 다른 사람들과 관계 속에서 "자유롭게" 살아갈 수 있는 주체로서 존재할 수 있기 때문이었다. 동자동 쪽방촌 이외의 다른 주거 공간이 훨씬 더 나은 물질적 환경을 제공할 수는 있지만, 그것이 동자동 쪽방촌에 축적된 사회적 관계와 분리될 때 주민들의 삶은 결코 온전한 형태일 수 없다.

반면 저렴쪽방을 둘러싼 서울시와 건물주 사이의 시비에서 동자동 쪽방촌이 돌봄과 사회적 관계, 공간의 의미와 가치를 포함하는 삶의 공간이라는 사실은 고려되지 않았다. 서울시가 말하는 9-20은 건축물로서의 9-20을 의미했다. 서울시가 제기한 안전의 문제는 건물의 상태가 사업 진행을 위한 행정 기준에 미치지 못한다는 사실만을 뜻했다. 이에 따라 서울시는 저렴쪽방의 연장을 잠정적으로 중단했다. 한편 건물주가 이야기하는 9-20은 부동산으로서 자신이 사용하고 처분할 수 있는 사유재산이었다. 손익을 계산해 재산을 이용하고 처분할 권리는 전적으로 소유주인 건물주에게 있다. 건물주는 최소한의 조치로 최대한의 이윤을 창출하고자 했다.

　동자동 쪽방촌이 살만한 공간이 될 수 있었던 까닭은 주민들이 이 공간을 상호 돌봄과 사회적 관계로 채워왔기 때문이다. 열악한 환경을 견뎌내며 이 공간에 살아온 주민들의 역사는 동자동 쪽방촌이 이미 공동의 것으로서 주민들의 몫을 포함하고 있다는 것을 뜻한다. 쪽방촌의 노후함은 건축물이나 부동산의 문제가 아니라 삶의 공간에 대한 위협이다. 그리고 동자동 쪽방촌에 포함된 모든 사회적 삶과 의미, 사용가치를 포괄하는 공동의 것의 위기이다.

나가며

쪽방촌의 사회적 삶

현장연구를 시작한 뒤 이 글의 마지막 부분을 쓰기까지 1년 여의 시간이 지났다. 그동안 내가 목격한 주민들의 삶은 그다지 달라진 것이 없었다.

얼마 전 신용정보 회사로부터 한 통의 전화를 받았다. 정영희와 함께 통신사를 방문했을 때 전화가 끊긴 그녀 대신 연락처를 남겨놓았기 때문이다. 2019년 5월 660만 원이던 미납금은 2020년 2월 780만 원으로 불어나 있었다. 그녀는 생활비가 부족하다며 내게 또다시 도움을 요청하기도 했다. 경제적 불안정에 시달리고 온갖 사고에 휘말리면서도 여전히 홍인택과 관계를 단절하지 못하고 있다.

최경철을 돌보던 강영섭은 장례 이후 알코올에 더 의존하는 듯했다. 나는 글을 쓰는 데 필요한 몇몇 사실관계를 확인하기 위해 전화를 붙잡고 술 취한 그의 목소리와 씨름해야 했다.

동자동 쪽방촌의 무료 물품 지원 활동도 여전하다. 동자동 쪽방촌 한구석에 또 다른 도시락 지원 단체가 둥지를 틀었고, 대학과 봉사 단체에서 동자동 쪽방촌을 찾아오고 있다. 주민들은 여전히 쪽방상담소 앞 새꿈어린이공원에서 긴 줄을 선다.

해뜨는집 문제 역시 해결되지 않은 채 방치되고 있다. 서울시와 쪽방상담소, 건물주, 주민자조조직과 주민들, 그 누구도 해뜨는집에 쉽게 개입하지 못하는 상황에서 주민들은 다른 보금자리를 찾아 하나둘씩 9-20 건물을 떠나고 있다.

이 책은 동자동 쪽방촌이라는 환경 속에서 주민들의 사회적 삶이 어떠한 형태로 나타나며 그 효과는 무엇인지를 그려내고자 한 시도이다. 사회적 삶의 형태에 관해 정리하기에 앞서, 우선 '환경'을 구성하는 여러 개입에 관해 언급할 필요가 있다.

먼저 기초생활보장제도와 무연고 공영장례제도는 혈연가족이라는 특정한 형태의 규범을 전제한다. 혈연가족과의 사회적 연결이 완전히 단절되었다는 전제하에서만 복지 수혜자가 될 수 있다. 그래서 이들에게는 혈연가족의 규범 바깥에 놓여 있다는 비정상의 낙인이 따라붙는다. 누군가로부터 돌봄을 받을 수도, 누군가에게 돌봄을 제공할 수도 없는 일반수급자 정영희는 아이의 양육권을 포기해야 한다. 강영섭은 동료 최경철에게 부여된 나쁜 죽음과 무연고자의 위상을 회피하기 위해 고군분투한다.

한편 주민들의 생존에 가장 큰 영향을 미치는 기초생활보장제도와 무료 물품 지원 활동은 자립과 자활 중심의 자유주의적 서사를 개입의 기준이자 궁극적인 목적으로 전제한다. 일반수급자라는 정영희의 지위는 임금노동을 통해 자활할 수 있는 가능성과 의지가 전무하다는 표지이다. 이러한 낙인은 양육권 분쟁에서 다시 한 번 그녀에게 불리하게 작동한다. 관계와 돌봄을 향한 그녀의 욕망 또한 자립과 자활을 위해 치료되어야 할 병리적 대상으로 환원된다. 또한 무료 물품 지원이 내포하는 의존에서 자립으로서의 서사는 주민들의 의존을 낙인화한다. 주민들은 윤리적 악이자 가난을 벗어날 수 없는 존재로 격하된다. 복지의 수혜자가 된다는 것은 거기에 수반되는 윤리적 낙인과 부정적 시선을 온몸으로 감내하는 일이다.

때때로 빈민에 대한 개입은 삶의 온전함을 경제적 차원으로 환원하면서 사회적 연결과 인정 속에서 만들어지는 삶의 또 다른 측면을 부정한다. 상호 돌봄과 관계에 대한 정영희의 욕구는 기초생활보장제도가 제공하는 물질적 지원만으로는 획득할 수 없다. 그래서 홍인택과 관계를 통해 욕구를 충족시키고 삶의 온전함을 획득하고자 한다. 공짜 짜장면이나 자활사업과 같은 지원에도 주민들은 온전한 삶을 경험하지 못한다. 그래서 박현욱과 정민규는 의도적으로 지원을 거부한다. 이를 통해 상호의존의 관계를 형성하고 소속감과 인정을 획득하고자 한다. 마지막으로 주거취약계층 주거지원사업과 같은 주거 복지 정책 또한 주민들을 삶의 공간에 뿌리내린 사회적 관계와 분리시킴으로써 온전한 삶의 형태를 유지하기 어렵게 만든다.

이처럼 혈연가족주의, 자립과 자활의 서사, 의존의 낙인화 등 빈곤에 대한 개입이 전제하는 규범과 삶의 형식 속에서 주민들은 '버려짐'을 경험한다. 때때로 이들은 인격 손상과 박탈감을 피하고 인정과 돌봄의 부재를 메꾸기 위해 개입 자체를 거부하거나, 이를 받아들이면서도 또 다른 사회적 실천을 통해 삶의 온전함을 획득하고자 한다. 주민들이 경험하는 가난과 고통은 경제적·물질적 차원을 넘어 상호 돌봄과 관계, 인정과 연대를 포함하는 사회적 차원에 가깝다.

그러나 쪽방이라는 공간 자체가 상징하듯 흔히 주민들이 경험하는 고통은 경제적·물질적 궁핍의 문제로, 쪽방 주민들은 대부분의 사회적 관계가 완전히 단절된 고립된 주체로 이야기되곤 한다. 물론 빈곤이 일차적으로 경제적·물질적 결핍을 의미한다는 사실을 부인할 수는 없다. 안제동과 최경철의 사례처럼 대부분의 쪽방 주민이 혈연가족과 관계가 단절된 채 홀로 살아가는 단신 생활자라는 점 역시 사실이다. 2019년 이루어진 쪽방촌 거주민 실태 조사에 따르면, 서울시 전체 쪽방 주민의 74.3%, 동자동 쪽방촌 주민의 77.4%가 배우

자·형제자매·자녀·친척·부모와 연락이 완전히 단절되었다고 응답했다.[1]

하지만 혈연가족과 관계가 단절된 주민에게도 분명 사회적 연결은 존재한다. 정영희는 자신의 존재를 있는 그대로 인정받고자 하는 욕망을 홍인택과 관계를 통해 실현하고자 하며, 강영섭은 최경철의 장례에 적극 관여함으로써 동료 주민과 연결을 지속하고자 한다. 정민규와 박현욱은 낙인화된 의존을 거부하고 받은 것을 되돌려주고자 하는 실천을 통해 다른 주민들과 긍정적 상호 의존의 관계를 형성한다. 삶의 공간을 지키기 위한 주민들의 분노와 실천은 2015년 정치적 연대와 집합행동으로 이어진다.

그러나 주민들이 보여주는 사회적 연결을 완전한 상부상조나 호혜의 관계로 바라보며 전적으로 긍정하기는 어렵다. 쪽방촌 주민들의 사회적 관계는 매우 취약한 형태로 나타난다. 여기에서 '취약하다'는 것은 주민들의 연결이 쉽게 단절될 수 있다거나, 공동의 정체성이 미약하다는 뜻이 아니다. 오히려 관계가 단절되는 것이 두려워 병원 치료를 거부할 정도로 정영희와 홍인택의 연결은 강하다. 강영섭이 최경철에게 지속적으로 돌봄을 제공할 수 있었던 까닭도 그가 동료 주민이라는 정체성을 최경철과 공유하고 있어서다. 2015년 9-20 사태에 맞닥뜨린 주민들은 빈민이자 쪽방 주민이라는 공동의 정체성으로 건물주와 서울시에 분노하고 적극적인 집합행동으로까지 나아간다.

　내가 말하는 관계의 취약함이란 주민들의 사회적 연결이 역설적으로 그 내부에 부분적인 자기 파괴를 동반한다는 점이다. 정영희는 돌봄에 대한 욕망을 홍인택과의 관계를 통해 충족하고자 한다. 그러나 관계의 불안정함을 해소하기 위해 자기 삶을 위협하는 각종 행위에 연루될 수밖에 없다. 일반장례를 통해 망자와의 지속적인 관계를 유지하고자 하는 강영섭의 시도는 스스로의 건강과 경제적 상황을 망가뜨릴 만큼의 무거운 대가를 필요로 한다. 주민들의 물질적 결핍을 해결하고자 하는 무료 물품 지원 활동에서 주민들은 오히려 강한 인격 손상과 박탈감을 경험한다. 삶의 공간을 지키기 위한 주민들의 정치적 연대는 노후한 환경 속에서 자연스레 무력해진다.

이처럼 주민들이 보여주는 사회적 관계는 돌봄과 파괴, 책임과 자기 소모, 환대와 타자화, 투쟁과 무력함 사이에서 주민들의 경제적·육체적·정신적 삶을 갉아먹고, '우리'로서의 느낌과 실천이 온전한 모습으로 이루어지지 못하게 만든다. 취약한 연결 속에서 주민들의 일상은 서서히 파괴된다. 세계 안에서의 위치와 존재 방식, 인격과 자존감, 사회적 관계와 연결, 필요와 욕망은 총체적·부분적으로 부정당한다. 쪽방촌에서 형성되는 사회적 관계는 서로에 대한 인정과 의존의 일부이지만, 동시에 가난한 이들의 삶을 짓누르는 무거운 짐이기도 하다.

생물학적 생명만이 사람의 유일한 조건은 아니다. 우리는 모두 인간으로 태어나지만, 사람임을 인정하는 사회적 과정을 거쳐서야 비로소 사람이 된다. 생물학적 종으로서 부여되는 인간의 범주와 달리 사람은 "어떤 보이지 않는 공동체 안에서 성원권을 갖는다는 뜻"이기 때문이다. 사람임은 "일종의 자격"이며 따라서 항상 "타인의 인정"을 필요로 한다.[2] 취약한 연결 속에서 주민들이 경험하는 사람됨의 부정, 상호 돌봄과 사회적 관계의 박탈은 결코 온전한 형태의 삶으로 이어질 수 없다. 동자동 쪽방촌에서 살아간다는 것은 파괴적 결과와 자기 소모, 인격 손상과 무력함을 견뎌내는 일의 연속이다. 또한 삶의 온전함을 획득하기 위한 시도와 실패가 끊임없이 반복되는 과정이다. 이 과정에서 결과적으로 이들이 경험하는 삶은 '사회적 버려짐'과 다르지 않다.[3]

다시 어슐러 k. 르 귄의 소설로 돌아가보자. 몇몇 시민은 벽장 안의 아이를 마주하고 난 뒤 오멜라스를 떠난다. 소설의 결론은 윤리적 응답 문제를 제기한다. 벽장과 마주한 오멜라스의 시민은 어떤 방식으로 벽장 안의 아이에게 응답할 수 있을까? 소설의 결론처럼 유일한 응답과 실천은 그저 체념하고 혼자서 떠나는 것뿐일까? 대부분의 시민이 그러하듯 다시 원래 자리로 돌아가 벽장 안의 아이를 잊어야 할까?

인류학자 엘리자베스 포비넬리(Elizabath Povinelli)는 르 귄의 소설이 '전미래 시제(前未來 時制, the future anterior)'[4]의 관점을 기각한다고 본다.[5] 전미래적 시점에서 현재는 아직 발생하지 않은 미래를 향해 나아가는 것으로 이야기된다. 현재에는 아직 발생하지 않았으나 미래 어느 시점에 모든 문제는 해결될 것이다. 그러므로 일종의 구원적 미래(redemptive future)를 상상하고 그것을 목표로 삼아 미래를 향해 나아가야 한다. 현재는 미래를 향해 나아가는 과정의 일부이자 현재에 도래한 미래와 같다.[6]

그러나 오멜라스에서 전미래적 관점은 작동할 수 없다. 시민들의 행복이 아이의 불행 속에 있는 한 시민들의 행복을 해치지 않은 채 아이의 고통을 줄이는 방법은 존재하지 않는다. 그 어떤 수단과 방법을 동원한다 하더라도 구원적 미래는 결코 도래할 수도, 상상할 수도 없다. 그래서 르 귄의 소설에는 아무런 출구가 없다.

출구 없는 세계에서 과연 어떤 윤리적 응답이 가능할지, 그 응답의 형태는 무엇일지 쉽게 결론내리기 힘들다. 포비넬리 또한 명확한 해답을 제시하지 않는다. 다만 포비넬리는 하나의 실마리를 제시한다. 그는 "삶은 어떤 구원적 미래를 설정하는 것이 아니라 '이것이 지금 여기의 모습이다(this is what is)'라는 사실을 이해함으로써만 가능하다"라고 말한다. 전미래적 관점에서 '이렇게 하면 더 나아질 것이다'라는 대안을 제시하기에 앞서 벽장 안의 아이와 자신이 연결되어 있다는 사실, 아이의 고통 위에서만 자신의 행복이 가능하다는 사실을 이해해야 한다는 것이다. 또한 이러한 연결이 어떠한 공통의 구조 위에서 등장하는지 '지금 여기의 모습'을 이해하는 작업이 선행되어야만 한다.

이 책이 사회적 관계에서 나타나는 사회적 버려짐의 모습을 포착

하고자 한 이유 역시 마찬가지다. 여러 개입에 대해 비판적 관점을 유지하면서도 '이렇게 하면 더 나아질 것'이라는 궁극적 해답을 제시하기보다 동자동 쪽방촌이라는 환경에서 주민들이 보여주는 '지금 여기의 모습'을 가능한 한 충실히 그려내고자 했다.

이러한 작업 이후 다시금 맞닥뜨리게 되는 질문이 있다면 그것은 '그래서 대안이 무엇이냐'라는 질문이 아니라, 벽장을 마주하고 난 오멜라스의 시민으로서 '무엇을 할 것인가' 혹은 '어떻게 살 것인가'라는 물음이다.

이제 이 책을 통해 벽장 안을 들여다본 독자와 쪽방촌 주민들 사이에도 부분적인 연결이 생겨났다. 이 연결이 지속될 수 있을지, 지속된다면 언제까지 가능할지, 또 어떠한 형태로 지속될는지는 알 수 없다. 하지만 벽장과 그 바깥의 부분적인 연결이 존재하는 한, 우리는 무엇을 해야 하며 또 어떻게 살아야 하느냐는 물음과 계속해서 마주할 수밖에 없을 것이다. 비록 그 방식은 같지 않을지라도, 각자가 벽장 안의 고통에 윤리적으로 응답하는 일 또한 이러한 물음을 놓지 않는 한에서만 가능할 것이다.

우리는 타자의 삶을 모른다. 쪽방촌을 개선하기 위한 여러 시도들에도 결국 주민들이 사회적 버려짐을 경험하는 까닭은, 이러한 시도가 전미래 시점에 서서 '이렇게 하면 더 나아질 것이다'라는 구원적 미래를 너무나 섣불리 제시하기 때문일지도 모른다. 그래서 '지금 여기의 모습'을 그려내는 작업은 중요하다. 공통의 구조 위에서 벽장 안팎의 부분적 연결은 드러난다. 타자의 고통에 대한 윤리적 응답은 이때 비로소 가능해질 것이다.

주

1장

1. 용산문화원, 『용산향토사료편람(I)』, 1998.
2. 서울특별시 용산구, 『龍山區誌』, 2009; 서울특별시 중구, 『中區誌』(上), 1994.
3. 용산문화원, 『용산향토사료편람(XI) : 도시 개발로 본 용산』, 2012.
4. "20년 불명예 씻어 桃洞 私娼街 정화 끝내", 「경향신문」 1970년 10월 30일.
5. "中區 새봄의 새 사업 각 區廳이 펼 개발 계획", 「경향신문」 1970년 2월 11일.
6. "中區 陽洞·桃洞 잇단 暴力·盜難…우범자 들끓는 난장판", 「동아일보」 1977년 12월 23일; "다시 고개 든 變態盛業", 「경향신문」 1981년 9월 15일.
7. "소설 취재로 인신매매범 쫓다 '모가지 두 개냐' 협박당하던…", 「문화일보」 2015년 11월 27일.
8. 건강세상네트워크빈곤층건강권팀·동자동사랑방·사랑방마을공제협동조합, 『동자동 쪽방 주민 건강권 실태 조사 : "동자동 쪽방 김 씨는 건강한가?"』, 2012.
9. 한국보건사회연구원, "2016년도 노숙인 등의 실태 조사", 『보건복지부 용역 보고서』, 2016.
10. 장세훈, 「현 단계 도시 빈곤의 지속과 변모 : '신빈곤' 현상에 대한 탐색」, 『경제와사회』 66, 2005, 95~125쪽; 이진경, 「프롤레타리아트와 프레카리아트 : 정규직 노동자와 비정규직 노동자의 비대칭성에 관하여」, 『마르크스주의 연구』 9(1), 173~201쪽; 오세일·조재현, 「한국 사회의 삶의 질 저하 현상에 관한 사회학적 성찰 : 신자유주의 노동시장의 불안정성을 중심으로」, 『생명연구』 42, 2016, 127~167쪽; 김교성·백승호·서정희·이승윤, 『기본소득이 온다 : 분배에 대한 새로운 상상』, 사회평론아카데미, 2018.
11. 보건복지부 복지자원정책과, 「연도별 노숙인 발생 현황 1999~2004」, 보건복지부·국립중앙의료원, 『2019 공공보건의료 통계집』, 2019; 송제숙, 추선영 옮김, 『복지의 배신』, 이후, 2017.
12. 이동현, 「홈리스의 상태 변화와 경제 범죄 피해에 관한 연구 : 서울 지역 거리 홈리스를 중심으로」, 성공회대학교 NGO대학원 석사학위논문, 2017.
13. Gøsta Esping-Andersen, *The Three Worlds of Welfare Capitalism*, Princeton University Press, 1990.

14. Huck-Ju Kwon, "Beyond European Welfare Regimes : Comparative Perspectives on East Asian Welfare Systems", *Journal of Social Policy 26*, 1997, pp. 467~484; _____, "Transforming the Developmental Welfare State in East Asia", *Development and Change 36(3)*, 2005, pp. 477~497; Christian Aspalter, "The East Asian welfare model", *International Journal of Social Welfare 15*, 2006, pp. 290~301; Chan-ung Park·Dongchul Jung, "Making Sense of the Asian Welfare Regimes with the Western Typology", *Korean Journal of Sociology 43(3)*, 2008, pp. 57~85.
15. 양재진, 「한국의 산업화 시기 숙련 형성과 복지 제도의 기원 : 생산레짐 시각에서 본 1962~1986년의 재해석」, 『한국정치학회보』 38(5), 2004, 85~103쪽; 정무권, 「한국 발전주의 생산레짐과 복지 체제의 형성」, 『한국 사회정책』 14(1), 2007, 256~307쪽.
16. 통계청, 「2014년 사회보험 가입 현황」, 2014.
17. 통계청, 위의 문서.
18. 지그문트 바우만, 이일수 옮김, 『액체근대』, 강, 2009; 가이 스탠딩, 김태호 옮김, 『프레카리아트 : 새로운 위험한 계급』, 박종철출판사, 2014; 제임스 퍼거슨, 조문영 역, 『분배 정치의 시대 : 기본소득과 현금지급이라는 혁명적 실험』, 여문책, 2017.
19. Tania Li, "To Make Live or Let Die? Rural Dispossession and the Protection of Surplus Populations", *Antipode 41(1)*, 2010, pp. 66~93.
20. Clara Han, "Precarity, Precariousness, and Vulnerability", *Annual Reviews of Anthropology 47*, 2016, pp. 311~343.
21. 클라라 한은 '불안정성(Precariousness)'을 보편적이고 실존적인 차원으로 확장하고자 하는 주디스 버틀러의 시도에 대해서도 문제를 제기한다. 버틀러에게서 주체는 타자와의 관계와 상호 의존 속에서만 형성될 수 있다. 불안정성은 주체의 이러한 불완전한 성질을 가리키는데 한은 이러한 시도가 마치 불안정성을 이 세계 밖에 존재하는 보편개념(general concept)처럼 이야기할 뿐 아니라, 그것이 모두 유사한 형태로 나타나는 것처럼 간주한다고 지적한다. 존재론적 불안정성을 받아들인다 하더라도 이는 생활세계 안에서 각기 다른 결을 지닌 채 나타나므로 보편개념으로서의 불안정성에서 출발하는 것이 아니라, 에스노그라피를 통해 불안정성이 드러나는 다양하고 구체적인 양상을 밝혀야 한다는 것이다.
22. 제임스 퍼거슨, 조문영 역, 『분배 정치의 시대 : 기본소득과 현금지급이라는 혁명적 실험』, 여문책, 2017.
23. Michel Foucault, *Security, Territory, Population : Lectures at the College De France 1977-1978*, New York, NY : Picador, 2009, pp. 20~23.
24. 조르주 캉길렘, 여인석 옮김, 『정상적인 것과 병리적인 것』, 그린비, 2018.
25. 쪽방상담소는 행정·생계·의료·주거 지원 및 자활사업 등을 통해 노숙인과 쪽방 주민의 복지를 전문적으로 담당하는 복지 기관이다. 2000년 말 새해 예산안에 쪽방 생활자 지원 예산이 편성되고 김대중 대통령의 지시로 사회안전망에 대한 전반적 실태 점검이 실시되면서 서울, 부산, 대구 등 쪽방 밀집 지역에 쪽방상담소가 설립되었다. 2001년 4월 동자동에도 서울역 쪽방상담소의 전신인 용산구쪽방상담센터가 개소했다. 특히 2014년 6월 서울역 쪽방상담소에 설립된 동자희망나눔센터는 주

목할 만하다. 동자희망나눔센터는 서울시와 KT가 공동 출자하고 사회복지법인인 온누리복지재단이 위탁 받아 운영하는 민관 협력의 주민 공동 이용 시설이자 복합 커뮤니티 센터로, 전국에서 최초로 쪽방촌 안에 설치된 복합 문화 시설이다. 현재까지도 동자동에서 가장 규모가 큰 시설이기도 하다.

26. 동자동사랑방과 동자동사랑방마을주민협동회는 동자동 안에 위치한 주민자조조직이다. 사랑방이라는 이름이 말해주는 것처럼, 동자동사랑방은 2008년 한 쪽방촌 주민이 주민들의 친교를 위해 설립한 공간이다. 이후 1명의 상임활동가와 주민 당사자로 이루어진 임원진을 갖춘 주민자조조직으로 발전했다. 각종 현장 지원을 통해 쪽방촌 주민들의 어려움을 해결하고, 주민들의 조직적 연대와 의식화를 통해 빈곤, 인권, 복지 체계 등에 관해 비판적인 목소리를 내고자 한다. 주민협동회는 2011년 협동조합 아카데미와 주민설명회, 출자금 마련 등을 거쳐 창립된 협동조합으로 소액 대출과 의료실비 보험 등을 운영하고 있다. 139명의 조합원과 1천만 원의 출자금으로 출발한 주민협동회는 2020년 1월 458명의 조합원과 3억 4,500만 원의 출자금을 운영하는 협동조합으로서 성장했다.

27. 서울특별시,「서울시 쪽방 밀집 지역 건물 실태 및 거주민 실태 조사 결과 보고서」, 2019.

28. 김승희 의원실, "무연고 사망자 10명 중 7명은 기초생활수급자", 자유한국당 김승희 의원실 보도 자료, 2019.

29. 이 글의 초안이 완성될 무렵인 2020년 3월 16일 배한영은 폐암으로 인한 급성 호흡기능부전으로 영등포의 한 요양병원에서 66세로 사망했다. 그는 나와 현장연구 과정에서 개인적인 친분을 쌓은 주민 중 최초의 사망자였다. 배한영은 2020년 2월 12일 갑작스런 폐암 진단을 받은 뒤 항암 치료를 시작했지만, 진단 당시 이미 척추까지 암이 전이되어 별다른 차도를 보지 못하고 한 달 만에 숨을 거뒀다. 주민협동회의 임원을 맡았던 배한영은 언제나 사랑방을 지켰다. 다소 무뚝뚝하고 퉁명스러웠지만, 현장연구가 진행되면 될수록 "오늘도 이렇게 일찍 나왔냐?"라며 나를 외부인이 아닌 주민자조조직의 일원이자 동료로 기꺼이 받아주었다. 그래서 나는 내심 뿌듯함과 고마움을 느끼기도 했다. 그에게 완성된 글을 보여주지 못해 안타까운 마음뿐이다. 이 글을 빌려 고인의 명복을 빈다.

30. 김진선,「연고 사망자 장례식의 실천과 그 의미 : 서울시 NPO 단체의 무연고 장례를 중심으로」, 강원대학교 문화인류학과 석사학위논문, 2019.

31. 김진선, 위의 논문, 34~35쪽.

32. 김진선, 위의 논문, 35~36쪽.

33. 한국도시연구소,『비주택 주거 실태 파악 및 제도 개선 방안』, 국가인권위원회 용역 연구 보고서, 2018.

34. 동자동과 갈월동의 소속 행정동은 남영동이며, 후암동의 소속 행정동은 후암동이다.

35. 서울시 자활지원과, "서울역 쪽방촌 임차형 저렴쪽방 추가 확보 계획", 2017.

2장

1. 이 글에서는 국민기초생활보장법에 의거한 복지 제도로서의 기초생활보장제도, 그 행정적 결과물인 일정 금액의 기초생활수급비, 그리고 이에 동반되는 모든 행정적 절차를 포괄하는 의미에서 기초생활보장제도, 기초생활수급, 기초수급 등을 혼용해 사용한다. 다만 수급의 종류를 구분할 필요가 있다고 판단할 때에는 생계급여, 주거급여, 의료급여, 교육급여, 장제급여 등으로 구분해 표기한다.

2. 물론 명의 도용 문제를 해결했다고 말하기는 어렵다. 법적으로 정영희의 문제를 해결할 수 있는 방안

이 없었다. 정영희를 도와 내가 할 수 있는 일은 미납금을 확인하고 추가 금액이 청구되지 않도록 그녀 명의로 된 휴대폰들을 정지하는 것뿐이었다.

3. Veena Das, "Wittgenstein and Anthropology", *Annual Review of Anthropology 27*, 1998, pp. 171~195; ___, *Life and Words: Violence and the Descent into the Ordinary*, Berkeley, CA : University of California Press, 2007; Veena Das and Clara Han, *Living and Dying in the Contemporary World: A Compendium*, Berkeley, CA : University of California Press, 2015.

4. 기초생활보장법바로세우기공동행동 · 빈달팽이유니온 · 장애인과가난한사람들의3대적폐폐지공동행동, 「중앙생활보장위원회는 기준 중위소득 대폭 인상, 부양 의무자 기준 완전 폐지를 논의하라!」, 보도자료, 2019.

5. 수급 가구 내 학교에 다니는 가구원이 있을 때 연 1회 지급되는 급여다. 초등학생은 20만 3,000원(부교재비 13만 2,000원, 학용품비 7만 1,000원), 중학생과 고등학생은 29만 원(부교재비 20만 9,000원, 학용품비 8만 1,000원, 고등학생은 그 외 교과서와 입학금/수업료 전액)의 급여가 지급된다(2019년 기준).

6. 장경섭, 「가족자유주의와 한국 사회 : 사회 재생산 위기의 미시정치경제적 해석」, 『사회와이론』 32, 2018, 193~197쪽.

7. Aurel Croissant, "Changing Welfare Regimes in East and Southeast Asia : Crisis, Change and Challenge", *Social Policy and Administration 38*, 2004, pp. 504~524; Chan-ung Park and Dongchul Jung, "Making Sense of the Asian Welfare Regimes with the Western Typology", *Korean Journal of Sociology 43(3)*, 2008, pp. 57~85.

8. 장경섭 · 진미정 · 성미애 · 이재림, 「한국 사회 제도적 가족주의의 진단과 함의 : 소득 보장, 교육, 돌봄 영역을 중심으로」, 『가족과문화』 27(3), 2015, 1~38쪽.

9. 2017년 말 보건복지부와 여러 시민단체들로 구성된 부양의무자기준폐지방안마련을위한민관협의체는 2020년 발표될 예정이었던 '제2차 기초생활 종합 계획'에 생계급여와 의료급여의 부양 의무자 기준 폐지 방안을 담는 것을 목표로 논의를 진행했다. 그러나 논의 내용과 달리 2019년 9월 5일 보건복지부는 '복지 위기 가구 발굴 대책 보완 조치'를 통해 2023년까지 생계급여에서만 부양 의무자 기준을 단계적으로 폐지할 계획이라고 밝혔다(기초생활바로세우기공동행동 외, 2019).

10. 신유정, 「1단지 사람들의 "사람값" : 영구임대주택 거주자들의 인격 손상 경험과 외로움에 대한 연구」, 서울대학교 인류학과 박사학위논문, 2019.

11. 빈곤사회연대 · 홈리스행동 · 한국도시연구소, 『기초생활보장제도 자활사업 참여자 인터뷰 조사 : 자활사업 문제점과 개선 방안』, 2018; 보건복지부, 『2020년 자활사업 안내(1)』, 2020.

12. 정영희가 기초생활수급을 신청한 2007~2008년 무렵에는 장애등급제가 있어서 장애를 정도에 따라 1~6급으로 구분했다. 현재 장애등급제는 폐지되어 과거 1급~3급은 중증장애로, 4급~6급은 경증장애로 구분한다.

13. 쪽방, 고시원, 여인숙, 비닐하우스, 노숙인 시설, 컨테이너, 움막 등에 3개월 이상 거주한 주거취약계층을 대상으로 시행되는 주거지원사업으로 한국토지주택공사(LH공사)는 2007년, 서울주택도시공사(SH공사)는 2018년부터 임대주택을 공급하고 있다.

14. 서울특별시, 위의 보고서, 2019.

15. 건강세상네트워크빈곤층건강권팀 · 동자동사랑방 · 사랑방마을공제협동조합, 「동자동 쪽방 주민 건

강권 실태 조사 : "동자동 쪽방 김 씨는 건강한가?"」, 2012.
16. 김두나, 「기혼 여성의 홈리스(homeless) 경험에 관한 여성주의적 접근」, 이화여자대학교 대학원 석사학위논문, 2008.
17. 신유정, 위의 논문, 178~180쪽.
18. 박형수 활동가 역시 나와 함께 정영희의 명의 도용 문제와 임대주택 이사 등을 도왔다. 동자동 쪽방촌에서 현장연구를 진행하는 내가 주로 현장에서 발로 뛰는 역할을 맡았다면, 활동 경험이 풍부한 박형수는 일종의 관제탑 역할을 맡았다. 그는 나와 지속적으로 연락을 취하며 정영희의 문제를 해결하기 위한 각종 정보를 제공하거나 큰언니와 연락을 취했다. 그는 정영희가 동자동에 정착한 2018년 무렵부터 전남편과의 이혼 절차나 수급비 관리 등을 도왔다. 그 밖에도 원불교봉공회의 김현우 활동가, 장애여성공감의 한지은 활동가 등도 장기간 정영희의 사례를 관리하며 그녀를 도왔다. 이렇게 다양한 단체의 여러 활동가가 장시간 동안 정영희에게 집중한 까닭은 그녀의 사례가 빈곤, 여성, 가정폭력, 장애, 질병 등 다양한 조건이 복잡하고 중첩적으로 얽혀 있었기 때문이다.
19. Erving Goffman, *Asylums : Essays on the Social Situation of Mental Patients and Other Inmates*, New York, NY : Anchor Books, 1961.
20. 정영희가 말하는 "예배"는 교회나 성당 같은 종교 기관이 아니라 그녀가 자주 방문하는 한 복지관에서 이루어진 것이다. 대부분의 복지관이 종교 기관에 의해 운영되기 때문에 복지관 이용자들은 무료 급식을 받기 위해 자기 의사와 관계없이 종교 행사에 의무적으로 참여해야 하는 경우가 많다. 2014 홈리스추모제공동기획단의 실태 조사에 따르면, 무료 급식을 이용하는 서울역·영등포역·을지로역의 거리 노숙인, 쪽방 및 고시원 주민 101명 중 22%가 무료 급식소를 이용할 때 가장 불편한 점으로 종교 행사를 꼽았다. 이는 지나치게 긴 대기 시간(34%) 다음으로 높은 수치다.
21. 주거급여는 정해진 기준액 이하에서 기초생활수급 대상자의 임대차 계약서에 명시된 월세와 동일한 금액이 지급된다. 예컨대 홍인택이 거주하는 쪽방의 월세가 20만 원이라고 할 때, 1인 가구 기준 주거급여 기준인 23만 9,084원 이하이므로 월세 전액에 해당하는 매달 20만 원의 주거급여가 지급된다. 만약 쪽방의 월세가 25만 원이라면, 이는 기준을 초과하므로 최대 지급액인 23만 9,084원의 주거급여만 매달 지급된다. 차액인 1만 1,000원가량의 월세는 본인이 직접 부담해야 한다.
22. James Scott, *Domination and the Arts of Resistance : Hidden Transcript*, New Haven, CT : Yale University Press, 1990.
23. 나는 정영희가 임대주택의 계약서를 작성하고, 이삿짐을 옮기고, 새집을 청소하는 전 과정을 함께했다. 그러나 이사한 지 열흘도 안 돼 그녀는 홍인택과 떨어져 있을 수 없다며 동자동 쪽방촌으로 돌아왔다. 나는 허탈함을 감출 수 없었다. 하지만 나의 개인적 실망감은 오히려 그녀가 홍인택과의 관계 단절을 얼마나 두려워하는지, 그에게 얼마나 강하게 의지하고 있는지를 다시금 생각하는 계기가 되었다. 기존에 알고 있던 정영희의 생애사와 홍인택과의 관계 사이의 접점을 발견한 것도 이 시점이다.
24. 내가 만난 한 주민은 자기 이름 앞으로 법인세를 비롯한 각종 세금이 청구되기도 했다. 피해액은 총 1억 원이 넘었다. 정영희 명의 도용에 연루된 것이 결코 바람직한 일은 아니지만, 이러한 사례에 비한다면 상대적으로 가볍다고 할 수 있다.
25. 이동현,「홈리스의 상태 변화와 경제 범죄 피해에 관한 연구 : 서울 지역 거리 홈리스를 중심으로」, 성공회대학교 NGO대학원 석사학위논문, 2017.

26. 박경희·이재현, 「졸피뎀, 과연 안전한 불면증 치료제인가?」, 『대한내과학회지』 84(6), 2013, 802~803쪽.
27. 서울특별시, 위의 보고서, 120~125쪽.
28. 또 다른 두 가지의 연구는 2019년 서울특별시 조사를 훨씬 웃도는 수치를 보여준다. 먼저 건강세상네트워크와 동자동사랑방, 주민협회회가 수행한 2012년 연구에 따르면, 동자동 쪽방촌 주민의 51.2%가 최근 한 달 내에 우울과 불안감으로 원하는 일을 달성하지 못했다고 대답했다. 또한 전체 주민 중 61.5%에 해당하는 136명이 최근 1년 내에 자살을 생각한 적이 있다고 대답했다. 그중 21.9%에 해당하는 30명의 주민이 실제 자살을 시도했다고 대답했다. 두 번째로 2016년 한국보건사회연구원의 정책 보고서는 전체 쪽방 주민의 82.6%가 우울증을 가지고 있다고 분석했다.
29. Jieun Kim, "The Specter of "Bad Blood" in Japanese Blood Banks", *New Genetics and Society* 37(4), 2018, pp. 296~318.
30. Elizabeth Povinelli, "The Child in the Broom Closet: States of Killing and Letting Die", *South Atlantic Quarterly* 107(3), 2008, pp. 509~530.
31. 기초법바로세우기공동행동·장애인과가난한사람들의3대적폐지공동행동, 「부양 의무자 기준 완전 폐지 공약 이행 촉구 공개 질의서」, 2019.
32. João Biehl and Peter Locke, "Deleuze and Anthropology of Becoming", *Current Anthropology* 51(3), 2010, pp. 317~351.

3장

1. 2019년 10월 22일 보건복지부가 발표한 '장사 등에 관한 법률 시행령 일부개정령안'은 10년으로 규정되어 있는 무연고 사망자 시신의 매장 및 봉안 기간을 5년으로 줄이는 것을 주된 내용으로 한다. 이 개정안은 2020년 1월 7일부터 시행돼 현재 무연고 사망자 유골의 봉안 기간은 5년으로 줄어들었다. 이 기간이 지나면 유골은 매장된다.
2. 김진선, 「무연고 사망자 장례식의 실천과 그 의미: 서울시 NPO 단체의 무연고 장례를 중심으로」, 강원대학교 문화인류학과 석사학위논문, 2019.
3. 국회사무처, 「제208회국회 국회 본회의 회의록」 제21호, 1999, 6쪽.
4. 보건복지부 노인지원과, 「2018년 화장 통계」, 2018.
5. 이도정, 「망자의 공간, 그 재편과 의미: 전라남도 진도군 의신면 칠전리를 중심으로」, 서울대학교 인류학과 석사학위논문, 2015.
6. 비마이너, 『애도되지 못한 슬픔, 처리되는 죽음: 2018 무연고사 실태 리포트』, 2018.
7. 돌이켜보건대 마을 주민들이 나에게 장례 참석을 흔쾌히 허락한 이유 중 하나는 관을 옮길 사람이 부족하기 때문이었다. 운구 거리가 짧고 장례에 참석하는 인원이 충분하다고 하더라도, 주민들의 연령이나 건강 상태 때문에 관을 들어 옮길 수 있는 인원이 모자라는 경우가 발생하기도 한다. 이후 목격한 또 다른 무연고 장례에서도 마을 주민들은 종종 "운구할 사람이 없다"라며 함께 장례에 참석할 인원을 찾기도 했다.
8. 2017홈리스추모제공동기획단, 「서울시공영장례조례(안) 개선 요구 기자 회견」 취재 요청서, 2017;

_____ , 「과제만 남긴 서울시공영장례조례 통과, 이제는 제대로 된 서울시공영장례조례 '시행 규칙' 제정을 촉구한다」 성명서, 2018.

9. 대한조계종 사회노동위원회는 성소수자, 장애인, 빈곤, 인권 등 다양한 분야의 사회 문제를 종교적으로 해결하기 위해 2012년 출범했다. 대한조계종 사회노동위원회는 사단법인 나눔과나눔과 함께 무연고 사망자 장례를 함께 진행하며, 매년 무연고추모의집에서 '무연고 사망자 극락왕생 발원 기도회'를 연다.

10. Maurice Bloch and Jonathan Perry, *Death and the Regeneration of Life*, Cambridge : Cambridge University Press, 1982.

11. Jieun Kim, "Necrosociality: Isolated death and Unclaimed Cremains in Japan", *Journal of the Royal Anthropological Institute 22(4)*, 2016, pp. 843~863.

12. 송현동, 「현대 한국의 장례 의식에 나타난 죽음관」, 『종교연구』 43, 2006, 139~166쪽.

13. 나눔과나눔, 『무연고 사망자 등의 사후자기결정권 한일 비교 및 입법 · 정책 방안 연구』, 화우공익재단, 2019; 박진옥, 「한국의 무연고 사망자의 사후자기결정권 실태 및 정책 제언」, 『사후자기결정권에 관한 국제 심포지엄 : 고립사 · 무연사와 공영 장례』, 화우공익재단 설립 5주년 기념 국제 심포지엄 자료집, 2019. 2019년 7월 사망한 서울시 중구의 한 쪽방촌 주민 김정원은 사망지가 서울/경기가 아닌 춘천의 요양병원이라는 이유로 무연고 장례 대상에서 제외돼 아무런 장례 절차도 치르지 못한 채 '처리'되었다. 서울시 공영장례조례의 규정과 달리 중구청은 사망지가 서울/경기 지역일 경우에만 무연고 공영 장례를 지원하도록 규정하고 있다. 연고자의 법적 규정 문제와 함께, 이처럼 관할 관청에 따라 임의적으로 집행되는 무연고 공영 장례의 문제도 지속적으로 비판받고 있다(2020홈리스추모팀, 2020b).

14. 권헌익, 박충환 · 이창호 · 홍석준 옮김, 『베트남 전쟁의 유령들』, 산지니, 2016; Bo Kyeong Seo, "Caring for Premature Life and Death : The Relational Dynamics of Detachment in a NICU", *Medical Anthropology : Cross Cultural Studies in Health and Illness 35(6)*, 2016a, PP. 560~571.

15. 우석균 · 이상윤, 「정치경제학으로 한국의 건강과 보건의료 들여다보기」, 『의료와사회』 8, 2017, 180~214쪽.

16. 보건복지부 · 국립중앙의료원, 『2019 공공보건의료 통계집』, 2019.

17. 박금령 · 김명희 · 전진아 · 김남순, 「한국 공공 의료 체계에 대한 비판적 고찰 : 지방 의료원의 탈공공화(脫公共化)에 대한 실재주의 분석」, 『비판사회정책』 52, 2016, 289~329쪽.

18. "3개월마다 병원 찾아 떠도는 재활난민", 「한국일보」 2017년 1월 17일.

19. 보건복지부, 『2019 국민기초생활보장사업 안내』, 2019, 315쪽.

20. 최경철이 병원에 있던 2018년을 기준으로 계산했다. 2019년 장기 입원에 따른 생계급여 공제금액은 22만 500원이다(가구 규모 1명, 입원자 수 1명 기준).

21. 국민기초생활보장법상 생계급여의 지급 기준(2018년 기준 50만 1,600원, 2019년 기준 51만 2,000원)이 의료급여의 지급 기준(2018년 기준 66만 8,800원, 2019년 기준 68만 3,000원)보다 낮기 때문에, 기초생활수급 신청자가 의도적으로 의료급여를 신청하지 않는 것이 아니라면 의료급여 없이 생계급여만 지급받는 경우는 드물다. 최경철은 대리 신청자인 강영섭의 실수로 의료급여를 신청하지 않았거나, 이미 국민건강보험 가입자이기 때문에 의료급여가 필요하지 않다는 판단에서 의료급여를 신청하지 않은

것으로 추측된다.

22. Bo Kyeong Seo, "Patient waiting : Care as a gift and debt in the Thai healthcare system", *Journal of the Royal Anthropological Institute 22(2)*, 2016, PP. 279~295.
23. 김용민, "환자 중심의 의료 전달 체계 구축에 관한 연구 : 일차 의료 강화와 관련된 유럽연합의 예를 중심으로", 『의료법학』 20(3), 2019, 235~262쪽.
24. "'목숨보다 수납 먼저' 무연고 응급환자 방치, 보호자 보증 요구 관행 뿌리 깊어, '응급의료기금' 유명무실", 「메디게이트」 2007년 6월 25일; "돈이냐, 생명이냐……, 돈 없으면 치료도 못 받나요?'", 「머니투데이」 2018년 6월 23일; "무연고 뇌사자 22명 뇌 수술한 국립의료원 의사", 「중앙일보」 2019년 10월 9일.
25. 조르조 아감벤, 박정우 옮김, 『호모 사케르 : 주권 권력과 벌거벗은 생명』, 새물결, 2008.
26. Angela Garcia, *The Pastoral Clinic : Addiction and Dispossession along the Rio Grande*, Berkeley, CA : University of California Press, 2010.
27. 강영섭이 말한 "형 돈 70만 원"은 최경철이 받는 51만 2,000원의 생계급여와 최대 23만 3,000원의 주거급여를 합친 금액이다. 주거급여는 최대 23만 3,000원 안에서 주민등록상 등록된 거주지의 월세와 동일한 금액이 지급된다. 그러나 최경철은 기초생활수급을 신청할 때부터 이미 병원에 입원해 있었기 때문에 6개월에 한 번씩 이루어지는 LH공사의 주거 조사가 이루어지기 전 몇 달간은 주거급여가 지급되었을지 모르나, 기초생활보장 대상자가 된 이후부터 병원에 입원했던 약 10개월 동안 내내 주거급여를 지급받은 것은 아니었을 테다. 또한 입원한 지 3개월이 지난 뒤에는 최경철의 생계급여도 삭감되었기 때문에 강영섭은 자신의 수급비 70만 원과 최경철의 수급비 29만 원을 합한 99만 원가량의 돈으로 본인과 최경철의 월세, 생계비, 입원 및 치료비를 모두 감당했다.
28. 2014년 2월 서울 송파구 석촌동의 단독주택 지하에서 엄마와 두 딸이 번개탄을 이용해 동반 자살한 사건이다. 현장에는 현금 70만 원이 든 봉투와, 집세와 공과금이 밀려 죄송하다는 쪽지가 발견되었다.
29. 생계급여, 의료급여, 주거급여 중 하나 이상의 급여를 받는 기초생활수급자가 사망할 경우 장례를 담당하는 주체에게 1가구당 75만 원의 장제급여를 지급한다(2019년 기준). 이처럼 생애 과정에서 발생하는 특수한 사건에 대해 지급되는 기초생활수급은 장제급여 외에도 해산(解産)급여가 있다. 해산급여는 생계급여, 의료급여, 주거급여 중 하나 이상의 급여를 받는 기초생활수급자가 출산할 시 지급된다. 2019년을 기준으로 1인당 60만 원, 추가 출생 영아 1인당 60만 원(쌍둥이 출산 시 120만 원)이다.
30. 김진선, 위의 논문.
31. Jieun Kim, 위의 논문.
32. 폴 라비노우(Rabinow, 1996, 2006)의 '생명에 근거한 사회성(bio-sociality)'을 변주한 개념이다. 라비노우는 현대 유전공학의 발전으로 생명과학적 사실에 근거한 새로운 형태의 집단, 정체성, 실천 등이 등장한다고 본다. 예컨대 신경섬유종 환자 집단은 자신들의 경험을 공유하고 질병과 관련한 로비 활동을 하며, 아이에게 질병에 관련한 교육을 하고 질병에 맞게 집안의 환경을 바꾼다.
33. 송현동, "현대 한국 장례의 변화와 그 사회적 의미", 『종교연구』 32, 2003, 289~314쪽.
34. 나눔과나눔·서울특별시, 『서울특별시 공영 장례 지원 업무 안내』, 2019, 37쪽.
35. John Law and Annemarie Mol, "Notes on Materiality and Sociality", *The Sociological Review* 43(2), 1995, pp. 274~294.

36. 파주 무연고추모의집은 매년 개최되는 '무연고 사망자 위령제' 날에만 언론과 일반인에게 공개된다.
37. 로와 몰의 논의는 브뤼노 라투르의 행위자 네트워크 이론(Actor Network Theory, ANT)과 유사하다. 이들이 이야기하는 물질성은 비인간 행위자로서의 사물을 포함하는 개념이며, 사회성 역시도 인간 사이의 관계뿐 아니라 이러한 물질들 사이의 연결망을 포함한다. 그러나 저자들은 ANT의 논의를 직접적으로 가져오지 않고 사회성과 물질성이라는 두 개념을 통해 논의를 전개한다. 굳이 ANT에 관한 논의까지 나아가지 않고도 저자들이 제시한 두 개념을 통해 물질(유골)을 매개로 이루어지는 강영섭과 최경철 사이의 연결을 해석하는 데 유용한 통찰을 얻을 수 있다.
38. 2011년 위안부 피해자들에 대한 장례 지원을 계기로 설립된 나눔과나눔은 고립사와 무연고 사망의 발생을 사회적 문제로 보고 이들이 사회의 책임하에 존엄한 죽음을 맞이할 수 있도록 장례 상담 및 지원, 캠페인 및 교육, 정책 제안 활동 등을 펼치고 있다. 2014년 서울시 비영리 민간단체로 등록되었고, 2019년 3월부터는 서울시와 업무 협약을 맺고 서울시 공영장례지원상담센터를 운영하고 있다.
39. 김진선, 위의 논문.

4장

1. 2005년 동자동에 둥지를 튼 G교회는 주민을 상대로 한 식량 및 생필품 지원, 의료비 지원, 자체 일자리 지원 등 다양한 복지 사업을 기반으로 활발한 전도와 복음 활동을 펼치고 있다. 매달 약 500~1,500인분의 짜장면을 나누는 '사랑의 짜장면 나눔 행사'는 여러 정치인과 기업인, 자원봉사자가 찾아와 함께 짜장면 배달에 참여할 정도로 유명하다.
2. Veena Das, "Wittgenstein and Anthropology", *Annual Review of Anthropology* 27, 1998, pp. 171~195; ＿＿, *Life and Words: Violence and the Descent into the Ordinary*, Berkeley, CA : University of California Press, 2007; Veena Das and Clara Han, *Living and Dying in the Contemporary World : A Compendium*, Berkeley, CA : University of California Press, 2015.
3. 1991년 영국에서 설립된 사회적 기업으로, 홈리스에게 잡지 판매 일자리를 제공함으로써 합법적인 수입을 통해 빈곤과 홈리스 상태로부터 벗어날 수 있도록 돕는 것을 목적으로 한다. 「빅이슈」 판매원이 6개월 이상 일자리를 유지하고 수입을 저축하면 임대주택 입주 신청 기회를 준다. 한국판 「빅이슈」는 2010년 7월에 창간되었다.
4. 제임스 퍼거슨, 조문영 역, 위의 책.
5. 마르셀 모스, 이상률 옮김, 『증여론』, 한길사, 2002.
6. 제임스 퍼거슨, 조문영 역, 위의 책, 283쪽.
7. 신유정, 위의 논문.
8. Javier Auyero, *Patients of the State : The Politics of Waiting in Argentina*, Durham NC : Duke University Press, 2012.
9. 아쓰시 스기타, 이호윤 옮김, 『권력』, 푸른역사, 2015.
10. 미셸 푸코, 오생근 옮김, 『감시와 처벌 : 감옥의 역사』, 나남, 2012.
11. 조문영, 「'가난의 문화' 만들기 : 빈민 지역에서 '가난'과 '복지'의 관계에 대한 연구」 서울대학교 인류학과 석사학위논문, 2001; Asa Briggs, "The Welfare State in Historical Perspective", *European*

Journal of Sociology 11, 1961, pp. 221~258; Mun Young Cho, "On the Edge between 'the People' and 'the Population': Ethnographic Research on the Minimum Livelihood Guarantee", *The China Quarterly 201*, 2010, pp. 20~37; Clara Han, *Life in Debt : Times of Care and Violence in Neoliberal Chile*, Berkeley, CA : University of California Press, 2012.

12. 버지니아 유뱅크스, 김영선 옮김, 『자동화된 불평등』, 북트리거, 2018.
13. Michael Fisch, "Tokyo's Commuter Train Suicides and the Society of Emergence". *Cultural Anthropology 28(2)*, 2013, pp. 320~343.
14. 피쉬의 연구에서 최첨단 전산 시스템은 마치 생명체의 자율신경계처럼 최적의 오류 해결 절차를 가지고 있다. 그런데도 철로에 뛰어든 자살자를 처리하는 과정에서 최대한의 효율을 추구하지 못한다. 피쉬는 이 지점에서 인간의 세계와 데이터/기계의 세계가 결정적으로 어긋난다고 본다. 즉 자살자는 데이터와는 달리 피와 살(blood and flesh)로 이루어진 물질적 존재이며, 이러한 물질성은 결코 데이터로 환원될 수 없다. 그러므로 피와 살의 형태로 자살자의 물질성이 드러날 때 자율적 전산 시스템 안에서 데이터로 환원되었던 그/그녀의 '인간임' 역시 함께 드러난다. 이는 물질화된 몸의 상태를 강조한 김지은의 연구와 함께 물질화된 망자의 몸이 다루어지는 방식에 끊임없이 불만을 제기한 쪽방촌 주민들의 모습을 다시 한 번 연상시킨다. 타자와의 연결을 유지하고 누군가의 인간임을 인정하는 사회적 과정은 몸의 물질성과도 긴밀하게 연관된다.
15. "따끈따끈한 국밥, 이제 안에서 드소~", 「천지일보」 2010년 5월 4일.
16. James Scott, *Domination and the Arts of Resistance : Hidden Transcript*, New Haven, CT : Yale University Press, 1990.
17. 마르셀 모스, 이상률 옮김, 위의 책.
18. 신유정, 위의 논문, 204~214쪽.
19. 조문영, 위의 논문, 56~59쪽.
20. 소보검·이지은·임혜민·임효정·홍현재, 「상호 의존과 협동의 쪽방촌 : 동자동사랑방마을주민협동회 선동수」, 조문영 편집, 『우리는 가난을 어떻게 외면해왔는가』, 21세기북스, 2019.
21. 사랑방마을주민협동회, 「사랑방마을주민협동회 2020년 2월 소식지」, 2020.
22. 난협이나 주민협동회 이외에도 1994년 서울 성동구 행당동·금호동·하왕십리동 일대 철거민들이 설립한 논골신용협동조합 역시 잘 알려진 신용협동조합이다. 1997년 설립된 논골신협은 1993년 재개발과 철거 사업에 대항하는 과정에서 조직된 주민협동공동체실현을위한금호행당하왕지역기획단의 한 사업으로 출발했다. 투쟁이 이어지는 와중에도 500여 명의 주민들이 약 3년 동안 3억 원의 출자금을 마련해 협동조합을 운영했다. 2014년 12월 기준 논골신협의 출자금은 268억여 원, 조합원은 4,134명으로 성장했다. 현재는 연 소득 4,500만 원 이하의 서민을 대상으로 하는 저금리 대출 사업 햇살론, 대부업체나 제2금융권의 고금리 상품을 저금리로 전환해주는 대환 대출 사업 등을 시행하고 있다.
23. Clara Han, *Life in Debt : Times of Care and Violence in Neoliberal Chile*, Berkeley, CA : University of California Press, 2012, pp. 81~89.
24. Richard Borshay Lee, "Eating Christmas in the Kalahari", *The American Museum of Natural History 78(10)*, 1969, pp. 221~225.

25. 김현경, 『사람, 장소, 환대』, 문학과지성사, 2015.
26. 2019년 10월 주민 김성호(60세)와 나눈 대화의 일부다. "그런 쓰레기들이 없어. 쓰레기들 중에 쓰레기야. 하루에 한 끼씩만 얻어먹어도 10년이면 몇 천만 원일 텐데 밥이 어떠니 이딴 소리만 하고 있어. 몸이 아프거나 하면 이해를 해. 멀쩡한 것들이 일할 생각은 안 하고 '여기 몇 년 됐어?' '한 20년 됐어' 이 지랄하고 있어. 그럼 30대부터 얻어먹고 다녔다는 건데, 씨발."
27. 2019년 6월 마을 청소에서 목격한 장면이다. 마을 주민들은 한 달에 2번, 주말 아침마다 마을을 청소한다. 술에 취한 채 새꿈어린이공원에 누워 있는 한 주민을 보고 권인성이 말했다. "여기서 술 먹고 버리는 사람들이 치워야지, 에휴. 저것도 쓰레기랑 같이 쓸어버려, 개새끼들. 그래서 나는 여기 안 와."
28. 건강세상네트워크빈곤층건강권팀·동자동사랑방·사랑방마을공제협동조합, 위의 보고서; 서울특별시, 위의 보고서, 2019.

5장

1. "여기서 나가면 갈 데가 없다", 「한겨레21」 제1059호; "쪽방에서 난 길은 쪽방으로 통한다", 「한겨레21」 제1064호; "한양, 가장 가난한 자들의 도읍" 「한겨레21」 제1084호.
2. Walter Korpi, "The Democratic Class Struggle", *in The Democratic Class Struggle*, London : Routledge and Kegan Paul, 1983; _____ , "Power, Politics and State Autonomy in the Development of Social Citizenship : Social Rights During Sickness in Eighteen OECD Countries Since 1930", *American Sociological Review* 54, 1989, pp. 309~328.
3. 김원, 「1971년 광주대단지 사건 연구 : 도시 봉기와 도시 하층민」, 『기억과 전망』18(0), 2008, 196~232쪽; Francis Fox Piven and Richard Cloward, *Poor People's Movement: Why They Succeed, How They Fail*, New York, NY : Vintage, 1971.
4. 비상대책위원회가 구성되기까지의 과정은 다음과 같다. 2015년 2월 4일 건물주의 퇴거 공고가 붙자 2월 5일 주민 21명이 동자동사랑방에 모여 대책을 논의했다. 2월 6일 회의 결과에 따라 당시 동자동사랑방의 활동가였던 강진아가 서울역 쪽방상담소에서 서울시 자활지원과 주무관을 만나 안전 진단 시기와 결과, 건물주의 의도 등 사실 관계를 확인했다. 2월 8일 동자동 성민교회에서 주민 33명이 모여 비상 모임을 열고 비상대책위원 4명을 선출한 뒤 비상대책위원회 참여 동의서에 주민들의 서명을 받고 요구 사항을 작성했다. 2월 12일 2차 주민총회가 열려 비상대책위원회 참여 주민들에게 전국세입자협회의 세입자 권리와 법적 문제에 관한 교육을 진행했으며, 월세 납부 찬반 투표(반대로 가결)를 진행하고 비상대책위원 1명을 추가로 선출했다(동자동 9-20쪽방세입자모임, 2015: 2).
5. 동자동9-20쪽방세입자모임, 「동자동 9-20번지 쪽방 건물 철거 규탄 및 대책 요구 기자 회견」 취재 요청서, 2015.
6. 서울시 자활지원과, 「쪽방 임대 사업 지원을 통한 공동체 육성 계획」, 2013.
7. 2013년 시계토끼집이 저렴쪽방으로 개소했을 때에도 작은 문제가 있었다. 서울시와 쪽방상담소가 건물을 리모델링하는 과정에서 제대로 된 임시 거주 대안을 마련하지 않은 채 주민들에게 방을 비울 것을 요청했다. 결국 17명의 주민이 거주지를 옮겼고, 일부는 방을 구하지 못해 인근 교회나 공원, 사우나에서 생활해야 했다. 게다가 리모델링이 끝난 뒤에도 알코올 의존증이 없는 주민들만을 대상으로

저렴쪽방에 입주할 수 있는 자격을 부여했기 때문에 기존 건물에 살던 주민 중 상당수가 보금자리를 옮겨야 했다.
8. 이혜미, 『착취도시, 서울 : 당신이 모르는 도시의 미궁에 대한 탐색』, 글항아리, 2020.
9. 빈곤철폐를위한사회연대(빈곤사회연대)는 2001년 12월 최옥란 열사의 투쟁을 기점으로 만들어진 기초법연석회의를 전신으로 삼는다. 노점상을 운영하던 최옥란 열사는 2001년 12월 3일부터 8일까지 국민기초생활보장제도의 열악함과 최저생계비 보장을 외치며 명동성당 앞에서 농성했다. 이후 아들의 양육권을 되찾기 위해 저축한 돈 때문에 수급권이 박탈당할 위기에 놓이자 3월 21일 새벽 과산화수소와 수면제를 복용해 자살을 기도했고, 3월 26일 세상을 떠났다. 최옥란 열사의 투쟁을 계기로 설립된 기초법연석회의는 기초생활보장제도를 중심으로 한 다양한 생활권의 문제를 제기하다가 더욱 광범위한 도시 빈민의 연대를 모색하기 위해 2004년 3월 빈곤해결을위한사회연대를 창설한다. 2008년 4월 빈곤철폐를위한사회연대로 개칭한 뒤 지금까지 활발하게 반빈곤 운동을 이어오고 있다.
10. 동자동 제4구역주거세입자공동대책위원회, "동자동 제4구역 세입자 주거권 쟁취를 위한 결의대회" 취재 요청서, 2008.
11. 지하방, 옥탑방, 고시원과 같은 비적정 주거 시설보다도 더 열악하지만 서울 전체 아파트의 평균 평당 임대료의 4배가 넘는 임대료를 받는다는 의미다(『한국일보』, 2019년 5월 7일).
12. 홈리스주거팀, 「쪽방 기사 모아 보기」, 2019.
13. "2019 쪽방촌 리포트 : 빈곤 비즈니스", 「KBS」 추적60분, 2019년 7월 12일.
14. 이혜미, 위의 책, 103쪽.
15. 서울역 쪽방상담소, 「저렴쪽방 운영 현황」, 2019.
16. Julie Chu, "When Infrastructures Attack : The Workings of Disrepair in China", *American Ethnologist 41(2)*, 2014, pp. 351~367.
17. 김도희, "홈리스 주거 복지 보장을 위한 법제도 개선 방안", 동자동사랑방·빈곤사회연대·서울사회복지공익법센터·홈리스주거복지연구팀·홈리스행동, 『홈리스 주거권 실현을 위한 법제도 개선 방안 토론회』 자료집, 2018.
18. 등기부등본의 표제부에 설정된 세 건물의 최초 등기부 등록 날짜는 각각 1990년, 1990년, 1989년이다.
19. 이소정, 「판자촌에서 쪽방까지 : 우리나라 빈곤층 주거지의 변화 과정에 관한 연구」, 『사회복지연구』 29, 2006, 167~208쪽.
20. Brian Larkin, "The Politics and Poetics of Infrastructure", *Annual Review of Anthropology 42*, 2013, pp. 327~343.
21. "東子洞 일대 13,000여 坪 再開發 계획 확정", 「동아일보」 1979년 7월 24일.
22. 이동현, 「개발 사업과 가난한 이들의 삶 : 동자동 제4구역 개발 대응 활동 후기」, 『도시와빈곤』 88, 2009, 32~45쪽.
23. 안토니오 네그리·마이클 하트, 정남영·윤광영 옮김, 『공통체』, 사월의책, 2014.
24. 데이비드 하비, 한상연 옮김, 『반란의 도시 : 도시에 대한 권리에서 점령 운동까지』, 에이도스, 2014; Henry Lefebvre, *Writings on Cities*, Eleonore Kofman and Elizabeth Lebas (eds.), Oxford : Blackwell Publishers, 2000.

25. 2018년 8월 7일 돌다릿골빨래터 개소식에 박원순 서울시장이 방문하자 동자동사랑방, 주민협동회, 홈리스행동 등의 단체와 주민들은 서울시 저렴쪽방 사업 운영의 문제점을 비판하고 근본적인 주거 대책 마련을 요구하는 기습 시위를 벌였다. 이들은 박원순 시장에게 면담요청서를 전달하고, 쪽방의 순기능을 살린 공공 주거 대책, 재개발/젠트리피케이션 대응 및 쪽방 지역 재생, 쪽방 적정 주거 기준을 토대로 한 혹서·혹한기 대책 마련, 주거취약계층 매입임대/지원주택의 효율화와 공급 물량 확대를 요구했다.
26. 2020년 3월 23일 새꿈어린이공원에서는 동자동과 남대문로5가(과거 양동) 재개발에 대응해 공공 주도 순환형 재개발 방식을 요구하는 기자 회견이 열렸다. 2020년 1월 국토교통부와 서울시, 영등포구는 영등포 쪽방촌 재개발 과정에서 영구임대주택 370호를 별도로 마련해 쪽방 주민들을 전원 입주시키겠다는 계획을 발표했다. 계획에 따르면 쪽방 주민들은 기존 쪽방보다 2~3배 넓은 공간(16m²)을 3만 2,000원의 저렴한 임대료로 거주할 수 있다. 동자동사랑방, 빈곤사회연대, 홈리스행동 등의 단체와 주민은 이날 기자 회견에서 동자동과 남대문로5가의 재개발 과정에도 영등포형 선순환 개발 방식을 도입할 것을 주장했다(2020.홈리스주거팀, 2020c).
27. 주민자조조직의 가장 큰 연례행사 중 하나인 추석 풍경이다. 매년 추석마다 새꿈어린이공원에는 간소한 무대와 각종 마당놀이가 차려져 관계가 단절된 혈연가족을 대신해 마을 주민들이 함께 모여 명절을 쉰다. 공원 한편에는 사망한 쪽방 주민을 위한 분향소가 차려진다. 2020년 4월 8일에는 주민자조조직의 임원이었던 고 배한영의 추도식이 열렸다.
28. 전면적인 재개발은 진행되지 않았지만 2015년 남대문로5가의 약 4,900m²를 대상으로 부분적인 도시환경정비사업이 진행된 적이 있다. 2015년 조사에 따르면 남대문로5가 쪽방촌에는 47동의 건물, 965개의 쪽방에 839명의 주민이 거주했으나, 2015년 10월 시행된 남대문로5가 도시환경정비사업으로 인해 약 145~227명의 주민이 강제로 퇴거당했다(2016.홈리스주거팀, 2017). 2019년 현재 이 지역에는 33동의 건물에 809개의 쪽방이 있으며 704명의 주민이 거주하고 있다(서울특별시, 2019).
29. 2020.홈리스주거팀, "남대문(양동) 쪽방 재개발에 따른 주거 대책, 주민의 요구에 대한 구청의 대답은?", 「쪽방신문」, 2020.

나가며

1. 서울특별시, 위의 보고서, 177~178쪽.
2. 김현경, 위의 책, 2015.
3. 이 글에서는 사람됨을 상호 인정과 성원권의 문제로, 사회를 상호 인정과 사회적 연대의 문제로 바라보면서 선물 교환과 증여를 인정과 환대의 과정으로 해석했다. 하지만 이와는 다른 이론적 흐름 역시 존재한다. 예컨대 데리다에게서 선물은 "불가능한 것(the impossible)의 형상 자체"로 등장한다(derrida, 1994:7). 데리다에 따르면, 증여에 참여하는 주체가 증여를 증여로서 인지하게 되면 그것은 이미 (순수)증여가 아닌 교환이 되어 버린다. 그러므로 증여는 현상적으로 존재하는 것이 아니라 교환과 인정이 작동하지 않을 때에만 비로소 등장할 수 있는 "불가능한 것" 자체다(박일형, 2002; 변광배, 2008). 이승철(2019: 209)은 데리다의 논의가 상호성의 원리 이외에도 "상호 인정으로 구성된 사회의 영역 내부에 존재하지만 그것으로 환원될 수는 없는" 불가능성의 영역, 예컨대 적대(라클라우·무페, 2013)와 같

은 사회 구성의 원리들을 탐구해야 할 필요성을 남긴다고 본다.
4. 프랑스어에 존재하는 시제의 하나로, 현재와 미래 사이에서 미래의 어떤 시점보다 더 전에 존재하는 시점을 가리킨다.
5. Elizabeth Povinelli, "The Child in the Broom Closet : States of Killing and Letting Die", *South Atlantic Quarterly 107(3)*, 2008, pp. 509~530.
____, *Economies of Abandonment: Social Belonging and Endurance in Late Liberalism*, Durham : Duke University Press, 2011.
6. 알랭 바디우, 조형준 옮김, 『존재와 사건』, 새물결, 2013(서용순, 「바디우 철학에서의 존재, 진리, 주체 : 『존재와 사건』을 중심으로」, 『철학논집』 27, 2011, 79~115쪽에서 재인용).

참고문헌

단행본 및 학술 논문

가이 스탠딩, 김태호 옮김, 『프레카리아트 : 새로운 위험한 계급』, 박종철출판사, 2014.
권헌익, 박충환·이창호·홍석준 옮김, 『베트남 전쟁의 유령들』, 산지니, 2016.
김교성·백승호·서정희·이승윤, 『기본소득이 온다 : 분배에 대한 새로운 상상』, 사회평론아카데미, 2018.
김두나, 「기혼 여성의 홈리스(homeless) 경험에 관한 여성주의적 접근」, 이화여자대학교 대학원 석사학위논문, 2008.
김수영, 「사회 운동 조직의 사회 복지 제도화와 미시 저항 : 지역자활센터의 사례를 중심으로」, 『한국 사회복지학』 65(2), 2013, 255~285쪽.
김용민, 「환자 중심의 의료 전달 체계 구축에 관한 연구 : 일차 의료 강화와 관련된 유럽연합의 예를 중심으로」, 『의료법학』 20(3), 2019, 235~262쪽.
김원, 「1971년 광주대단지 사건 연구 : 도시 봉기와 도시 하층민」, 『기억과 전망』 18(0), 2008, 196~232쪽.
김진선, 「무연고 사망자 장례식의 실천과 그 의미 : 서울시 NPO 단체의 무연고 장례를 중심으로」, 강원대학교 문화인류학과 석사학위논문, 2019.
김현경, 『사람, 장소, 환대』, 문학과지성사, 2015.
데이비드 하비, 한상연 옮김, 『반란의 도시 : 도시에 대한 권리에서 점령 운동까지』, 에이도스, 2014.
마르셀 모스, 이상률 옮김, 『증여론』, 한길사, 2002.
미셸 푸코, 오생근 옮김, 『감시와 처벌 : 감옥의 역사』, 나남, 2012.
박경희·이재현, 「졸피뎀, 과연 안전한 불면증 치료제인가?」, 『대한내과학회지』 84(6), 2013, 802~803쪽.
박금령·김명희·전진아·김남순, 「한국 공공 의료 체계에 대한 비판적 고찰 : 지방 의료원의 탈공공화(脫公共化)에 대한 실재주의 분석」, 『비판사회정책』 52, 2016, 289~329쪽.
박일형, 「선물의 경제 : 모스, 바타이유, 데리다, 베케트」, 『비평과 이론』 7(1), 2002, 5~26쪽.
버지니아 유뱅크스, 김영선 옮김, 『자동화된 불평등』, 북트리거, 2018.
변광배, 「기부 문화의 이론적 토대 : 모스, 바타이유, 데리다, 사르트르의 증여 개념을 중심으로」, 『프랑스학연구』 44, 2008, 185~213쪽.

서용순, 「바디우 철학에서의 존재, 진리, 주체 : 『존재와 사건』을 중심으로」, 『철학논집』 27, 2011, 79~115쪽.

소보겸·이지은·임혜민·임효정·홍현재, 「상호 의존과 협동의 쪽방촌 : 동자동 사랑방마을주민협동회 선동수」, 조문영 편집, 『우리는 가난을 어떻게 외면해왔는가』, 21세기북스, 2019.

송제숙, 추선영 옮김, 『복지의 배신』, 이후, 2017.

송현동, 「현대 한국 장례의 변화와 그 사회적 의미」, 『종교연구』 32, 2003, 289~314쪽.

_____, 「현대 한국의 장례 의식에 나타난 죽음관」, 『종교연구』 43, 2006, 139~166쪽.

신유정, 「1단지 사람들의 "사람값" : 영구임대주택 거주자들의 인격 손상 경험과 외로움에 대한 연구」, 서울대학교 인류학과 박사학위논문, 2019.

아쓰시 스기타, 이호윤 옮김, 『권력』, 푸른역사, 2015.

안토니오 네그리·마이클 하트, 정남영·윤광영 옮김, 『공통체』, 사월의책, 2014.

알랭 바디우, 조형준 옮김, 『존재와 사건』, 새물결, 2013.

양재진, 「한국의 산업화 시기 숙련 형성과 복지 제도의 기원 : 생산레짐 시각에서 본 1962~1986년의 재해석」, 『한국정치학회보』 38(5), 2004, 85~103쪽.

어슐러 르 귄, 최용준 옮김, 「오멜라스를 떠나는 사람들」, 『바람의 열두 방향』, 시공사, 2014.

에르네스토 라클라우·샹탈 무페, 이승원 옮김, 『헤게모니와 사회주의 전략 : 급진 민주주의 정치를 향하여』, 후마니타스, 2013.

오세일·조재현, 「한국 사회의 삶의 질 저하 현상에 관한 사회학적 성찰 : 신자유주의 노동시장의 불안정성을 중심으로」, 『생명연구』 42, 2016, 127~167쪽.

우석균·이상윤, 「정치경제학으로 한국의 건강과 보건의료 들여다보기」, 『의료와사회』 8, 2017, 180~214쪽.

이도정, 「망자의 공간, 그 재편과 의미 : 전라남도 진도군 의신면 칠전리를 중심으로」, 서울대학교 인류학과 석사학위논문, 2015.

이동현, 「개발 사업과 가난한 이들의 삶 : 동자동 제4구역 개발 대응 활동 후기」, 『도시와빈곤』 88, 2009, 32~45쪽.

이소정, 「판자촌에서 쪽방까지 : 우리나라 빈곤층 주거지의 변화 과정에 관한 연구」, 『사회복지연구』 29, 2006, 167~208쪽.

이승철, 「불가능한 증여, 기생의 사회 : 자크 데리다와 미셸 세르의 상호성 비판」, 『비교문화연구』 25(2), 2019, 191~229쪽.

이진경, 「프롤레타리아트와 프레카리아트 : 정규직 노동자와 비정규직 노동자의 비대칭성에 관하여」, 『마르크스주의 연구』 9(1), 2012, 173~201쪽.

이혜미, 『착취도시, 서울 : 당신이 모르는 도시의 미궁에 대한 탐색』, 글항아리, 2020.

장경섭, 「가족자유주의와 한국 사회 : 사회 재생산 위기의 미시정치경제적 해석」, 『사회와이론』 32, 2018, 193~197쪽.

장경섭·진미정·성미애·이재림, 「한국 사회 제도적 가족주의의 진단과 함의 : 소득 보장, 교육, 돌봄 영역을 중심으로」, 『가족과문화』 27(3), 2015, 1~38쪽.

장세훈, 「현 단계 도시 빈곤의 지속과 변모 : '신빈곤' 현상에 대한 탐색」, 『경제와사회』 66, 2005,

95~125쪽.

정무권, 「한국 발전주의 생산레짐과 복지 체제의 형성」, 『한국 사회정책』 14(1), 2007, 256~307쪽.

제임스 퍼거슨, 조문영 역, 『분배 정치의 시대 : 기본소득과 현금지급이라는 혁명적 실험』, 여문책, 2017.

조르조 아감벤, 박진우 옮김, 『호모 사케르 : 주권 권력과 벌거벗은 생명』, 새물결, 2008.

조문영, 「'가난의 문화' 만들기 : 빈민 지역에서 '가난'과 '복지'의 관계에 대한 연구」, 서울대학교 인류학과 석사학위논문, 2001.

주디스 버틀러, 양효실 옮김, 『불확실한 삶 : 애도와 폭력의 권력들』, 경성대학교출판부, 2008.

지그문트 바우만, 이일수 옮김, 『액체근대』, 강, 2009.

Angela Garcia, *The Pastoral Clinic : Addiction and Dispossession along the Rio Grande*, Berkeley, CA : University of California Press, 2010.

Asa Briggs, "The Welfare State in Historical Perspective", *European Journal of Sociology 11*, 1961, pp. 221~258.

Aurel Croissant, "Changing Welfare Regimes in East and Southeast Asia : Crisis, Change and Challenge", *Social Policy and Administration 38*, 2004, pp. 504~524.

Bo Kyeong Seo, "Caring for Premature Life and Death : The Relational Dynamics of Detachment in a NICU", *Medical Anthropology : Cross Cultural Studies in Health and Illness 35(6)*, 2016a, pp. 560~571.

_____, "Patient waiting : Care as a gift and debt in the Thai healthcare system", *Journal of the Royal Anthropological Institute 22(2)*, 2016b, pp. 279~295.

Brian Larkin, "The Politics and Poetics of Infrastructure", *Annual Review of Anthropology 42*, 2013, pp. 327~343.

Chan-ung Park and Dongchul Jung, "Making Sense of the Asian Welfare Regimes with the Western Typology", *Korean Journal of Sociology 43(3)*, 2008, pp. 57~85.

Christian Aspalter, "The East Asian welfare model", *International Journal of Social Welfare 15*, 2006, pp. 290~301.

Clara Han, *Life in Debt : Times of Care and Violence in Neoliberal Chile*, Berkeley, CA : University of California Press, 2012.

_____, "Precarity, Precariousness, and Vulnerability", *Annual Reviews of Anthropology 47*, 2018, pp. 311~343.

Elizabeth Povinelli, "The Child in the Broom Closet : States of Killing and Letting Die", *South Atlantic Quarterly 107(3)*, 2008, pp. 509~530.

_____, *Economies of Abandonment : Social Belonging and Endurance in Late Liberalism*, Durham : Duke University Press, 2011.

Erving Goffman, *Asylums : Essays on the Social Situation of Mental Patients and Other Inmates*, New York, NY : Anchor Books, 1961.

Francis Fox Piven and Richard Cloward, *Poor People's Movement : Why They Succeed, How They Fail*, New York, NY : Vintage, 1971.

Gøsta Esping-Andersen, *The Three Worlds of Welfare Capitalism*, Princeton : Princeton University Press, 1990.

Henry Lefebvre, *Writings on Cities, Eleonore Kofman and Elizabeth Lebas (eds.)*, Oxford : Blackwell Publishers, 2000.

Huck-Ju Kwon, "Beyond European Welfare Regimes : Comparative Perspectives on East Asian Welfare Systems," *Journal of Social Policy 26*, 1997, pp. 467~484.

_____, "Transforming the Developmental Welfare State in East Asia," *Development and Change 36(3)*, 2005, pp. 477~497.

Jacques Derrida, *Given Time : I. Counterfeit Money*, University of Chicago Press, 1994, p. 7.

James Scott, *Domination and the Arts of Resistance : Hidden Transcript*, New Haven, CT : Yale University Press, 1990.

Javier Auyero, *Patients of the State : The Politics of Waiting in Argentina*, Durham NC : Duke University Press, 2012.

Jieun Kim, "Necrosociality : Isolated death and Unclaimed Cremains in Japan", *Journal of the Royal Anthropological Institute 22(4)*, 2016, pp. 843~863.

_____, "The Specter of "Bad Blood" in Japanese Blood Banks", *New Genetics and Society 37(4)*, 2018, pp. 296~318.

João Biehl, *Vita : Life in a Zone of Social Abandonment*, Berkeley, CA : University of California Press, 2005.

John Law and Annemarie Mol, "Notes on Materiality and Sociality", *The Sociological Review 43(2)*, 1995, pp. 274~294.

Julie Chu, "When Infrastructures Attack : The Workings of Disrepair in China", *American Ethnologist 41(2)*, 2014, pp. 351~367.

Maurice Bloch and Jonathan Perry, *Death and the Regeneration of Life*, Cambridge : Cambridge University Press, 1982.

Michael Fisch, "Tokyo's Commuter Train Suicides and the Society of Emergence", *Cultural Anthropology 28(2)*, 2013, pp. 320~343.

Michel Foucault, *Security, Territory, Population : Lectures at the College De France 1977-1978*, New York, NY : Picador, 2009, pp. 20~23.

Mun Young Cho, "On the Edge between 'the People' and 'the Population' : Ethnographic Research on the Minimum Livelihood Guarantee", *The China Quarterly 201*, 2010, pp. 20~37.

Paul Rabinow, *Essays on the Anthropology of Reason*, Princeton : Princeton University Press, 1996.

_____, "Biopower Today", *BioSocieties 1*, 2006, pp. 195~217.

Richard Borshay Lee, "Eating Christmas in the Kalahari", *The American Museum of Natural History 78(10)*, 1969, pp. 221~225.

Tania Li, "To Make Live or Let Die? Rural Dispossession and the Protection of Surplus Populations", *Antipode 41(1)*, 2010, pp. 66~93.

Veena Das, "Wittgenstein and Anthropology", *Annual Review of Anthropology 27*, 1998, 171~195.

_____ , *Life and Words : Violence and the Descent into the Ordinary*, Berkeley, CA : University of California Press, 2007.

Veena Das and Clara Han, *Living and Dying in the Contemporary World : A Compendium*, Berkeley, CA : University of California Press, 2015.

Walter Korpi, "The Democratic Class Struggle", *in The Democratic Class Struggle*, London : Routledge and Kegan Paul, 1983.

_____ , "Power, Politics and State Autonomy in the Development of Social Citizenship : Social Rights During Sickness in Eighteen OECD Countries Since 1930", *American Sociological Review 54*, 1989, pp. 309~328.

기타 자료

2014 홈리스추모제공동기획단,「홈리스 무료 급식 실태 보고 및 공적 급식 대책 촉구 기자 회견」기자 회견문, 2014.

2016 홈리스주거팀,『중구 남대문로5가동 쪽방 퇴거 주민 실태 조사 : '그들은 어디로 갔을까?'』, 한국도시연구소, 2017.

2017 홈리스추모제공동기획단,「서울시 공영장례조례(안) 개선 요구 기자 회견」취재 요청서, 2017.

_____ ,「과제만 남긴 서울시 공영장례조례 통과, 이제는 제대로 된 서울시 공영장례조례 '시행규칙' 제정을 촉구한다」성명서, 2018.

2020 홈리스주거팀,「남대문(양동) 쪽방 재개발에 따른 주거 대책, 주민의 요구에 대한 구청의 대답은?」,『쪽방신문』창간호, 2020a.

_____ ,「동자동&양동 쪽방 공공 주도 순환형 개발 방식 요구 서명 제출 기자 회견」보도 자료, 2020b.

건강세상네트워크빈곤층건강권팀 · 동자동사랑방 · 사랑방마을공제협동조합,「동자동 쪽방 주민 건강권 실태 조사 : "동자동 쪽방 김 씨는 건강한가?"」, 2012.

국회사무처,「제208회 국회 국회 본회의 회의록」제21호, 1999, 6쪽.

기초법바로세우기공동행동 · 장애인과가난한사람들의3대적폐폐지공동행동,「부양의무자 기준 완전 폐지 공약 이행 촉구 공개 질의서」, 2019.

기초생활보장법바로세우기공동행동,『복지 권리 안내 수첩』, 2019.

기초생활보장법바로세우기공동행동 · 민달팽이유니온 · 장애인과가난한사람들의3대적폐폐지공동행동,「중앙생활보장위원회는 기준 중위소득 대폭 인상, 부양의무자 기준 완전 폐지를 논의하라!」보도 자료, 2019.

김도희,「홈리스 주거 복지 보장을 위한 법제도 개선 방안」, 동자동사랑방 · 빈곤사회연대 · 서울사회복지공익법센터 · 홈리스주거복지연구팀 · 홈리스행동,『홈리스 주거권 실현을 위한 법제도 개선 방안 토론회』자료집, 2018.

김승희 의원실,「무연고 사망자 10명 중 7명은 기초생활수급자」, 자유한국당 김승희 의원실 보도 자료, 2019.

김홍신, 『인간시장』 1~10권, 해냄, 2015.
나눔과나눔, 『무연고 사망자 등의 사후자기결정권 한일 비교 및 입법·정책 방안 연구』, 화우공익재단, 2019.
동자동9~20쪽방세입자모임, 「동자동 9~20번지 쪽방 건물 철거 규탄 및 대책 요구 기자 회견」 취재 요청서, 2015.
동자동제4구역주거세입자공동대책위원회, 「동자동 제4구역 세입자 주거권 쟁취를 위한 결의 대회」 취재 요청서, 2008.
박진옥, 「한국의 무연고 사망자의 사후자기결정권 실태 및 정책 제언」, 『사후자기결정권에 관한 국제 심포지엄 : 고립사·무연사와 공영장례』, 화우공익재단 설립 5주년 기념 국제 심포지엄 자료집, 2019.
보건복지부, 『2018 국민기초생활보장사업안내』, 2018.
_____, 『2019 국민기초생활보장사업안내』, 2019a.
_____, 『2020년 자활사업 안내(I)』, 2020.
보건복지부 노인지원과, 「2018년 화장 통계」, 2018.
보건복지부 복지자원정책과, 「연도별 노숙인 발생 현황 1999~2004」, 2005.
보건복지부·국립중앙의료원, 『2019 공공보건의료 통계집』, 2019.
비마이너, 『애도되지 못한 슬픔, 처리되는 죽음 : 2018 무연고사 실태 리포트』, 2018.
빈곤사회연대·홈리스행동·한국도시연구소, 『기초생활보장제도 자활사업 참여자 인터뷰 조사 : 자활사업 문제점과 개선 방안』, 2018.
사랑방마을주민협동회, 「사랑방마을 주민협동회 2020년 2월 소식지」, 2020.
서울시 자활지원과, 「쪽방 임대 사업 지원을 통한 공동체 육성 계획」, 2013.
_____, 「서울역 쪽방촌 임차형 저렴쪽방 추가 확보 계획」, 2017.
서울역 쪽방상담소, 「저렴쪽방 운영 현황」, 2019.
서울특별시, 『서울시 쪽방 밀집 지역 건물 실태 및 거주민 실태 조사 결과 보고서』, 2019.
서울특별시 용산구, 『龍山區誌』, 2009.
서울특별시 중구, 『中區誌』(上), 1994.
용산문화원, 『용산향토사료편람 (I)』, 1998.
_____, 『용산향토사료편람(XI) : 도시 개발로 본 용산』, 2012.
추적60분, 「2019 쪽방촌 리포트 : 빈곤 비즈니스」, KBS, 2019년 7월 12일 방영분.
통계청, 「2014년 사회보험 가입 현황」, 2014.
한국도시연구소, 「비주택 주거 실태 파악 및 제도 개선 방안」, 국가인권위원회 용역 연구보고서, 2018.
한국도시연구소·경향신문, 「떠도는 사람들의 빈곤과 범죄 보고서」, 2020.
한국보건사회연구원, 「2016년도 노숙인 등의 실태 조사」, 보건복지부 용역 보고서, 2016.
홈리스주거팀, 「쪽방 기사 모아 보기」, 2019.

동자동 사람들

1판 3쇄 발행 2024년 4월 1일 | **1판 1쇄 발행** 2021년 1월 25일
지은이 정택진 | **펴낸이** 임중혁 | **펴낸곳** 빨간소금 | **등록** 2016년 11월 21일(제2016-000036호)
주소 (01021) 서울시 강북구 삼각산로 47, 나동 402호 | **전화** 02-916-4038
팩스 0505-320-4038 | **전자우편** redsaltbooks@gmail.com
ISBN 979-11-91383-00-3(03300)

• 책값은 뒤표지에 있습니다.